Tausendundeins

Mein Mathematikbuch
Begleitmaterialien 2

herausgegeben von
Dr. Hans-Günter Senftleben

erarbeitet von
Renate Amann, Brigitte Füchsle, Ingrid Haunschild, Franz Hübl,
Angelika Lehner, Monika Rothert

Zum Unterrichtswerk für das 2. Schuljahr gehören:
Schülerbuch Tausendundeins – Mein Mathematikbuch 2, Best. Nr. 70302
Arbeitsheft Tausendundeins – Mein Mathematikbuch 2, Best. Nr. 80302
Kartonbeilage (10er-Pack), Best.Nr. 43802

Sie finden uns im Internet unter:
www.wolfverlag.de

Best.-Nr. 01300
1. Auflage ⁴ ³ ² ¹   04 03 02 01
Die letzte Zahl bedeutet das Jahr dieses Druckes.
Alle Drucke dieser Auflage können im Unterricht
nebeneinander verwendet werden.
Verantwortliche Lektorin: Tanja Kaprykowski
Grafik: Elisabeth Lottermoser
Bildnachweis: Siemens Transportation (S. 177)

© 2001 Wolf Verlag GmbH & Co KG, Postfach 11 06 41, 93019 Regensburg

Dieses Werk sowie einzelne Teile desselben sind urheberrechtlich geschützt.
Jede Verwertung in anderen als den gesetzlich zugelassenen Fällen ist ohne
vorherige schriftliche Einwilligung des Verlages nicht zulässig.

ISBN 3-523-01300-3

Inhaltsverzeichnis

Einführung

Vorwort	4
Wie Wackelohr zu seinem Namen kam	5
Stoffverteilungsplan	6
Das kleine Geobrett	11
Der Mathe-Express (Kopiervorlage)	15

Vorschläge zur Unterrichtsgestaltung 22

Lernzielkontrollen

Hinweise	82
Kopiervorlagen	85

Übungen zum Aufholen

Hinweise	107
Kopiervorlagen	110

Übungen zum Vertiefen

Hinweise	140
Kopiervorlagen	143

Freiarbeit und Lernspiele

Hinweise	173
Kopiervorlagen	175

Offene Kopiervorlagen

Hinweise	213
Kopiervorlagen	215

Arbeitsheft (Lösungen) 222

Vorwort

Das Unterrichtswerk „Tausendundeins" wurde von erfahrenen Lehrerinnen und Lehrern aus Bayern für den neuen bayerischen Grundschullehrplan entwickelt und erprobt.

Das **Schülerbuch** zeichnet sich aus durch

- einen hohen Übungsanteil, wobei viele Übungen für leistungsschwächere Schüler (Übungsstraßen) und für leistungsstärkere Schüler (Sternchenaufgaben) entwickelt wurden
- spezielle Seiten für Kinder: ein eigenes Inhaltsverzeichnis, Lexikonseiten zum Nachschlagen sowie Knobel- und Spieleseiten
- Projektseiten für kleine überschaubare Unterrichtsprojekte mit fachübergreifenden Anbindungen
- viele Anregungen für handlungs- und kopfgeometrische Aufgaben (z. B. zum Einsatz vom Geobrett)
- Einbeziehung von kindgemäßen Sachsituationen und Sachaufgaben bzw. Anregungen zum Entdecken von mathematischen Bezügen in der Umwelt
- ein Doppelseitenprinzip, d.h. gegenüberliegende Seiten sind inhaltlich aufeinander abgestimmt, was ein variables Vorgehen unterstützt
- problemlose Orientierung für Kinder, Lehrkräfte und Eltern durch Kennzeichnung von Geometrie-, Knobel- und Spieleseiten, Lexikonseiten und Übungsseiten
- die motivierende Begleitfigur „Wackelohr", die die Kinder mit Rat und Tat durch das Buch führt.

Ergänzend zu jedem Schülerbuch wurde ein **Schülerarbeitsheft** entwickelt. Hier können die im Buch angeregten Übungen fortgesetzt bzw. vertieft werden.

Zum Schülerbuch gehören auch zwei gestanzte Beilagen als **Arbeitsmaterialien** für jeden Schüler. Die Beilagen enthalten einen Zahlenstrahl bis 100, Zehnerstreifen und Einerplättchen, ein Hunderterquadrat, ein Legespiel (zur Schulbuchseite 38) und eine Analoguhr.

Die **Begleitmaterialien** stellen ein wichtiges und arbeitserleichterndes Handbuch und Zusatzmaterial dar. Zu Beginn steht ein Vorschlag zur Stoffverteilung innerhalb des Schuljahres. Dabei wurde auch monatlich ein Hauptziel formuliert, das den Kindern mitgeteilt werden kann (z. B.: „Das lernst du im Dezember: ..."). Zur Unterstützung beim Arbeiten mit dem Geobrett werden spezifische Aufgabenstellungen und Lösungen für die 2. Jahrgangsstufe bereitgestellt. Die Kopiervorlage „Mathe-Express" unterstützt die Idee, einen Zug im Klassenzimmer zu gestalten und diesen im Laufe des Schuljahres mit neuen mathematischen Inhalten zu beladen („Das habe ich schon alles gelernt: ...").

Die **Begleitmaterialien** bestehen darüber hinaus aus

- konkreten Vorschlägen zur Unterrichtsgestaltung bzw. Hinweise zum Arbeiten mit dem Schülerbuch und zum Einsatz von Zusatzmaterialien
- 11 Lernzielkontrollen in je zwei Varianten für das gesamte Schuljahr mit Punktemaßstab und Lösungen
- 30 Kopiervorlagen mit Übungsaufgaben, die speziell für leistungsschwächere Kinder erarbeitet worden sind (Übungen zum Aufholen)
- 30 Kopiervorlagen mit Übungsaufgaben, die speziell für leistungsstärkere Kinder, für die „Rechenmeister" erarbeitet worden sind (Übungen zum Vertiefen)
- 10 Kopiervorlagen für Freiarbeit und 4 bewährten Lernspielen
- 8 frei gestaltbaren Kopiervorlagen zum Selbstausfüllen für Schwerpunktaufgaben, entsprechend der aktuellen Unterrichtssituation bzw. speziell abgestimmt auf einzelne Kinder
- allen Seiten des Arbeitsheftes mit den Lösungen zum schnellen Nachschlagen.

Wie Wackelohr zu seinem Namen kam

Durch dieses Buch begleitet dich das Mäuschen Wackelohr.
Möchtest du wissen, wie es zu seinem Namen kam?
Hier kannst du es lesen:

In einem großen Stadthaus wohnte ganz allein ein Mäuschen. Als Mäusekind war es einmal von einer bösen Katze überfallen worden, die ihm an einer Stelle das Ohr eingerissen hatte. Von nun an konnte das Mäuschen sein Ohr nicht mehr spitzen, sondern nur noch wackeln. Darum hieß es Wackelohr.

Möchtest du die Geschichte vom Mäuschen Wackelohr ganz kennen lernen?
Dann lass dir die Geschichte von deiner Lehrerin oder deinem Lehrer vorlesen. Hans Fallada hat sie für dich in seinem Buch „Geschichten aus der Murkelei" aufgeschrieben.

Überblick zu den einzelnen Inhaltsbereichen des Lehrplans

1. Geometrie	2. Zahlen	3. Rechnen	4. Sachbezogene Mathematik
2.1.1 Raumerfahrung und Raumvorstellung – mit Körperdrehung – gedanklich (5)	2.2.1 Zahlen bis 100 erfassen und auf verschiedene Weise darstellen (15)	2.3.1 Einspluseinssätze und Umkehrung – bis 20 automatisieren (5)	2.4.1 Größen – Zeit: Jahr, Monat, Minute (min) (5) – Geldwerte: Kommaschreibweise; rechnen (7) – Längen: m, cm (8)
2.1.2 Flächen- und Körperformen – Würfel – Quader – Kugel (11)	2.2.2 Zahlen und Rechenausdrücke bis 100 vergleichen und ordnen (5)	2.3.2 Addition und Subtraktion bis 100 (25)	2.4.2 Arbeit an Sachsituationen – einfache Sachaufgaben – einfache Texte, Skizzen (12)
		2.3.3 Multiplikation und Divison verstehen (8)	
		2.3.4 Multiplikationssätze – Strategien entwickeln und anwenden – Kernaufgaben und Quadratsätze des Einmaleins – Dividieren mit Rest (16)	
		2.3.5 Divisionssätze – Strategien entwickeln und anwenden – Dividieren mit Rest (8)	

Geht man von einem Stundenminimum von 130 Stunden aus, könnten sich diese wie folgt verteilen:

16 Unterrichtsstunden für Geometrie (5 + 11).
20 Unterrichtsstunden für den Zahlbegriff (15 + 5).
62 Unterrichtsstunden für das Rechnen bis 100 (5 + 25 + 8 + 16 + 8).
32 Unterrichtsstunden für die Behandlung von Größen und Sachaufgaben (5 + 7 + 8 + 12)

Das monatliche Hauptlernziel (formuliert für Kinder)

Sept.: „Ich wiederhole, was ich in Jahrgangsstufe 1 gelernt habe."
Okt.: „Ich lerne die Zahlen bis 100 kennen."
Nov.: „Ich kann Zahlen bis 100 zerlegen, ordnen und vergleichen."
Dez.: „Ich rechne Plus- und Minusaufgaben bis 100 und erkenne geometrische Formen."
Jan.: „Ich rechne Plusaufgaben mit Überschreiten und kenne mich mit dem Kalender aus."
Feb.: „Ich rechne Minusaufgaben mit Überschreiten und kann mit Geldbeträgen rechnen."
März: „Ich kann mit Zeitangaben rechnen inhd lerne Körperformen kennen."
April: „Ich lerne Mal- und Geteiltaufgaben kennen."
Mai: „Ich kann Mal- und Geteiltaufgaben rechnen und kann in m und cm messen."
Juni: „Ich kenne wichtige Aufgaben des kleinen Einmaleins auswendig."
Juli: „Ich kann Sachaufgaben lösen und staune, was ich alles in Jahrgangsstufe 2 gelernt habe."

Vorschlag zur Stoffverteilung

Vorschlag Stoffverteilungsplan (folgt der Chronologie des Buches)	Alternativvorschlag (Vorziehen der Einführung der Mal- und Geteiltaufgben
September/ Oktober • Wiederholung Jahrgangsstufe 1 • Zahlen bis 100 einführen <div align="right">Buchseite 4 bis 21</div>	**September/ Oktober** • Wiederholung Jahrgangsstufe 1 <div align="right">Buchseite 3 bis 15</div>
November/ Dezember • Zahlen bis 100 vergleichen, ordnen und zerlegen • Plus- und Minusaufgaben mit Zehnerzahlen, im gleichen Zehner, mit Übergang zum benachbarten Zehner • Geometrie: Raumlage, Ansichten, Flächenformen <div align="right">Buchseite 22 bis 39</div>	**November/ Dezember** • Zahlen bis 100 einführen, vergleichen, ordnen und zerlegen • Plus- und Minusaufgaben mit Zehnerzahlen, im gleichen Zehner, mit Übergang zum benachbarten Zehner <div align="right">Buchseite 16 bis 35</div>
Januar/ Februar • Kalender • Plus- und Minusaufgaben mit zweistelligen Zahlen • Geld, Kommaschreibweise <div align="right">Buchseite 40 bis 57</div>	**Januar/ Februar** • Geometrie: Raumlage, Ansichten, Flächenformen • Kalender <div align="right">Buchseite 36 bis 41</div> • Einführung ins Einmaleins • Mal- und Geteiltaufgaben <div align="right">Buchseite 70 bis 82</div>
März/ April • Uhrzeit • Sachaufgaben • Geometrie: Körper- und Flächenformen • Einführung ins Einmaleins <div align="right">Buchseite 58 bis 77</div>	**März/ April** • Plus- und Minusaufgaben mit zweistelligen Zahlen • Geld, Kommaschreibweise • Uhrzeit • Sachaufgaben <div align="right">Buchseite 42 bis 65</div>
Mai/ Juni • Längen: cm, m • Einmaleins: Kernaufgaben, Multiplikationssätze <div align="right">Buchseite 78 bis 101</div>	**Mai/ Juni** • Geometrie: Körper- und Flächenformen <div align="right">Buchseite 66 bis 69</div> • Längen: cm, m • Einmaleins: Kernaufgaben, Multiplikationssätze <div align="right">Buchseite 83 bis 101</div>
Juli • Sachaufgaben • Zusammenfassung Lernstoff Jahrgangsstufe 2 <div align="right">Buchseite 102 bis 119</div>	**Juli** • Sachaufgaben • Zusammenfassung Lernstoff Jahrgangsstufe 2 <div align="right">Buchseite 102 bis 119</div>
Vgl. ausführliche Erläuterung dieses Vorschlags: S. 8–10	

Vorschlag zur Stoffverteilung

Monat	Lernziel/ Lerninhalt	Buch Seite	Arbeitsheft Seite
September/ Oktober	2.3.1 – Einspluseinssätze mit Ergebnis bis 20 und deren Umkehrung automatisieren	4–9 12 14/15	1–5 7
	2.4.2 Sachsituationen und ihre Darstellung erschließen Lösungshilfen entwickeln und individuell anwenden Lösungswege finden → HSU 2.3.2, D 2.3.1	10/11	6
	2.1.1 Die Lage von Gegenständen im Raum erfassen und beschreiben	4/5	
	2.1.2 Mit Flächenformen handeln, Flächenformen entdecken → HSU 2.6.3, 2.4.3, KuE 2.2, MuE 2.4.1, WTG 2.3.1	13	8
	2.2.1 Zahlen in der Umwelt entdecken	16/17	
	Anzahlen bestimmen – Dekadisch bündeln und tauschen – Ergebnisse in der Stellenwerttabelle notieren Zahlen konkret, bildlich und symbolisch darstellen (Zehnerstreifen, Zahlenhaus, Hunderterquadrat, Zahlenstrahl) Zahlen bis 100 lesen und schreiben	18–21	9/10
November/ Dezember	2.2.2 Zahlen ordnen, nach selbst gefundenen und vorgegebenen Kriterien klassifizieren	21/22	10–13
	Zahlen und Rechenausdrücke vergleichen Verwenden der Zeichen >, <, = Zahlenfolgen bilden und fortsetzen	23/24	12
	2.2.1 Zahlen zerlegen	25	
	2.3.2 Aufgaben durch flexibles Zerlegen und Anwenden von Rechengesetzen lösen (Analogieaufgaben)	26–29	13–15
	Lösungswege entdecken und begründen Gleichungen lösen (Typ: Z + Z = ☐, ZE + Z = ☐, ZE + E = ☐, bzw. Z – Z = ☐, ZE – Z = ☐, ZE – E = ☐)	30–35	16–18
	2.1.1 Die Lage von Gegenständen im Raum erfassen und beschreiben – von verschiedenen Standorten aus – aus der Vorstellung	36	19
	Wege im Raum beschreiben Begriffe der räumlichen Lage sicher gebrauchen	37	
	2.1.2 Mit Flächenformen handeln → HSU 2.6.3, KuE 2.2, MuE2.4.2, WTG 2.3.1, D 1/ 2.3.3	38/39	20

Vorschlag zur Stoffverteilung

Monat	Lernziel/ Lerninhalt	Buch Seite	Arbeitsheft Seite
Januar/ Februar	2.4.1 Zeit: Kalender, Jahr, Monat, Tag → HSU 2.6.2	40/41	21
	2.3.2 Aufgaben durch flexibles Zerlegen und Anwenden von Rechengesetzen lösen – Lösungswege entdecken und begründen – verschiedene Lösungswege und Notationsformen vergleichen und individuell anwenden – Aufgaben gleich- bzw. gegensinnig verändern – Gleichungen lösen	42–51	22–26
	2.4.1 Geldwerte: – Beträge strukturieren und zählen – Kommaschreibweise verwenden – Geldbeträge wechseln → HSU 2.3.2	52–55	27
	2.3.2 Gleichungen lösen	54/55 56/57	28
März/ April	2.4.1 Zeit: Uhrzeit, Stunde, Minute – Zeitdauer erfahren – Uhrzeiten einstellen und ablesen → HSU 2.6.1	58–60	29/30
	2.4.2 Sachsituationen und ihre Darstellung erschließen – Informationen aus Bildern, Texten, Tabellen entnehmen und versprachlichen – Sachsituationen erweitern oder verkürzen – zu Sachsituationen mathematische Fragen stellen und beantworten Lösungshilfen entwickeln und anwenden Lösungswege finden	61–63	31
	2.3.2 Gleichungen lösen	64/65	
	2.1.2 Mit Flächenformen handeln Körperformen in der Umwelt entdecken Mit Körpermodellen handeln Körpermodelle herstellen Körperformen untersuchen, beschreiben, benennen, nach selbst gefundenen und vorgeschriebenen Kriterien vergleichen und klassifizieren Fachbegriffe: Würfel, Quader, Kugel, Ecke, Kante, Fläche	66–69	32/33
	2.3.3 Multiplikation und Division kennen lernen, verschieden darstellen: – durch Handlungen – zeichnerisch – symbolisch	70–77	34–37

Vorschlag zur Stoffverteilung

Monat	Lernziel/ Lerninhalt	Buch Seite	Arbeitsheft Seite
Mai/ Juni	2.3.3 Umkehroperationen zur Multiplikation und Division bilden	78–82	38/39
	2.3.2 Gleichungen lösen (Wiederholung Addition und Subtraktion	83	
	2.4.1 Längen: cm, m – mit selbstgewählten Maßeinheiten messen – mit konventionellen Maßeinheiten messen: reale Gegenstände, geometrische Figuren, Strecken – Strecken mit dem Lineal zeichnen Gleichungen lösen (Addieren und Subtrahieren mit Längen)	84–87	40/41
	2.3.4 Multiplikationssätze einführen Kernaufgaben automatisieren $1 \cdot x, x \cdot 1, 2 \cdot x, x \cdot 2, 5 \cdot x, x \cdot 5, 10 \cdot x, x \cdot 10$, Rechnen mit 0, Quadratsätze automatisieren	88–91	42–45
	Strategien zum Lösen von Multiplikationsaufgaben entwickeln und anwenden – Nachbaraufgaben lösen – Aufgaben additiv zusammensetzen und zerlegen Teilen mit Rest	92–99	46–49
	Mathematik-Lexikon zum Nachschlagen (wichtige Inhalte aus Jahrgangsstufe 2)	100/101	
Juli	2.3.2 Gleichungen lösen (zum Addieren und Subtrahieren bis 100)	106/107	52
	2.3.3 Gleichungen lösen (zum Multiplizieren und Dividieren bis 100, Kernaufgaben)	108/109 112/113	53
	2.4.2 Sachsituationen und ihre Darstellung erschließen Lösungshilfen entwickeln, Skizzen erstellen, Tabellen anlegen Lösungswege finden und beschreiben → HSU, D 1/ 2.3.1	102–105 110/111 114/115	50/51 54/55
	2.1.2 Flächen- und Körperformen (Falten) Denken, Knobeln, Rechnen und Kopfgeometrie	116/117 118/119	56

Das kleine Geobrett (Neuner-Brett)

In den Begleitmaterialien für Jahrgangsstufe 1 finden Sie auf den Seiten 12–16 Hinweise zum didaktisch-methodischen Einsatz des Geobrettes sowie einen Bauplan zur eigenen Anfertigung und Beispiele für geometrische Figuren (Dreiecke, Quadrate, Rechtecke und verschiedene Muster).

1. Beispiele für geometrische Figuren (Jahrgangsstufe 2)

a) Strecken

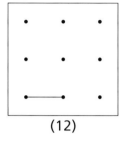 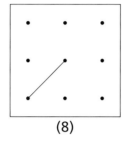 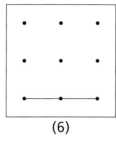 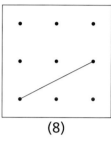

(12)　　　　　　　(8)　　　　　　　(6)　　　　　　　(8)

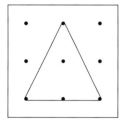

(2)

Es können 5 verschiedene Streckenlängen gespannt werden. Die Zahlen in Klammern geben an, auf wie viele Weisen jede Strecke gespannt werden kann.

b) Dreiecke

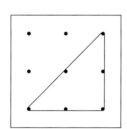 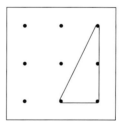 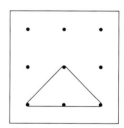

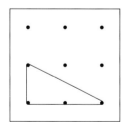 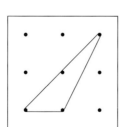 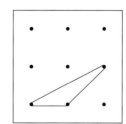 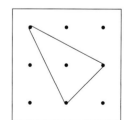

11

Das kleine Geobrett (Neuner-Brett)

c) Vierecke (Auswahl)

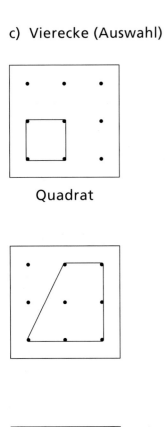 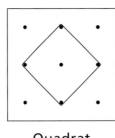 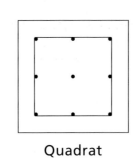 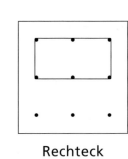

| Quadrat | Quadrat | Quadrat | Rechteck |

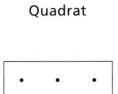 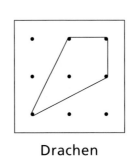 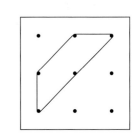

| | | Drachen | |

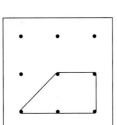 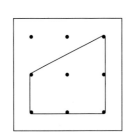 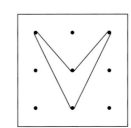 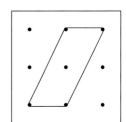

d) Vielecke (Auswahl)

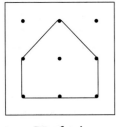 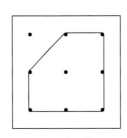 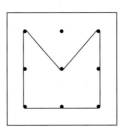 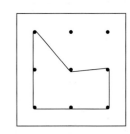

| Fünfeck | Fünfeck | Fünfeck | Fünfeck |

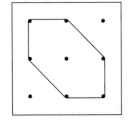 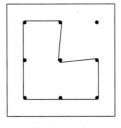 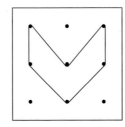 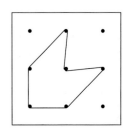

| Sechseck | Sechseck | Sechseck | Sechseck |

Das kleine Geobrett (Neuner-Brett)

2. Figuren zusammensetzen und zerlegen.

a) Spanne ein weiteres Dreieck so dazu, dass ein Viereck entsteht.

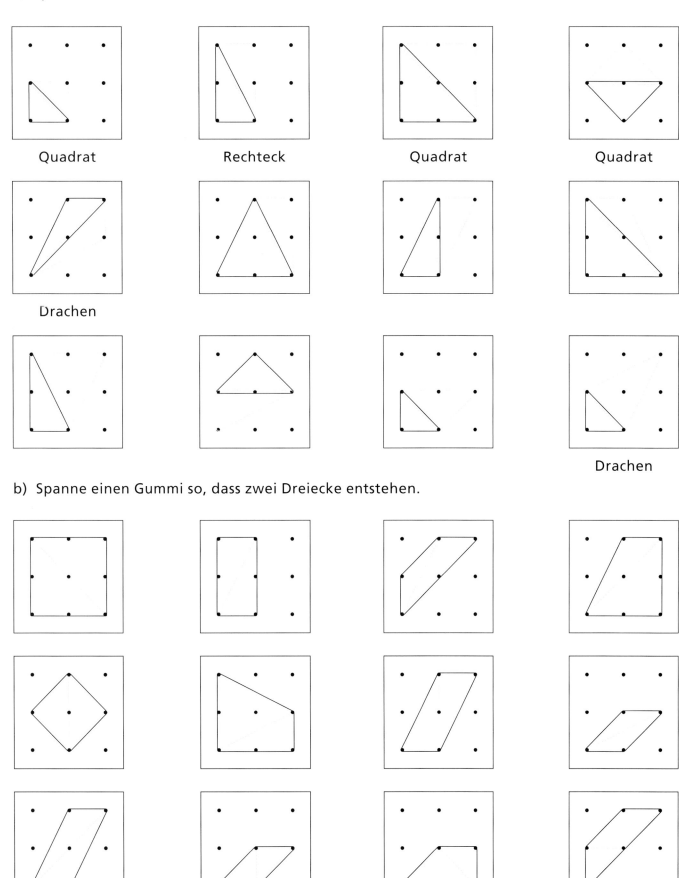

b) Spanne einen Gummi so, dass zwei Dreiecke entstehen.

Das kleine Geobrett (Neuner-Brett)

3. Muster spannen.

Spanne die Muster mit 2, 3 oder 4 Gummis nach.

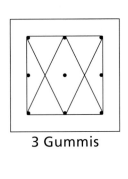
3 Gummis

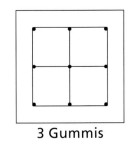
3 Gummis

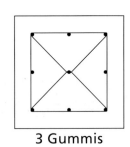
3 Gummis

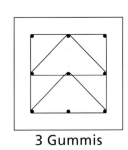
3 Gummis

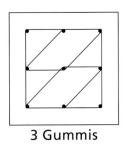
3 Gummis

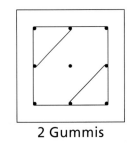
2 Gummis

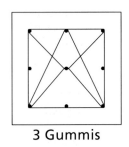
3 Gummis

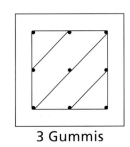
3 Gummis

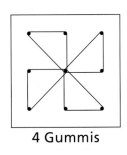
4 Gummis

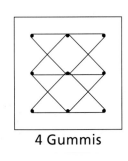
4 Gummis

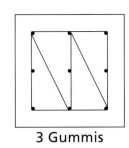
3 Gummis

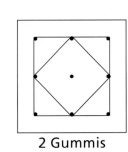
2 Gummis

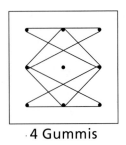
4 Gummis

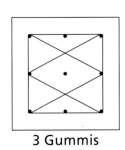
3 Gummis

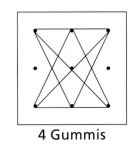
4 Gummis

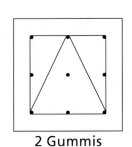
2 Gummis

Mathe-Express – Kopiervorlage Lok

Der Mathe-Express veranschaulicht das Gelernte im Klassenzimmer in Form eines Zuges, an den immer wieder Wagons angehängt werden. Pro Wagon sind zwei Arbeitskarten vorgesehen.

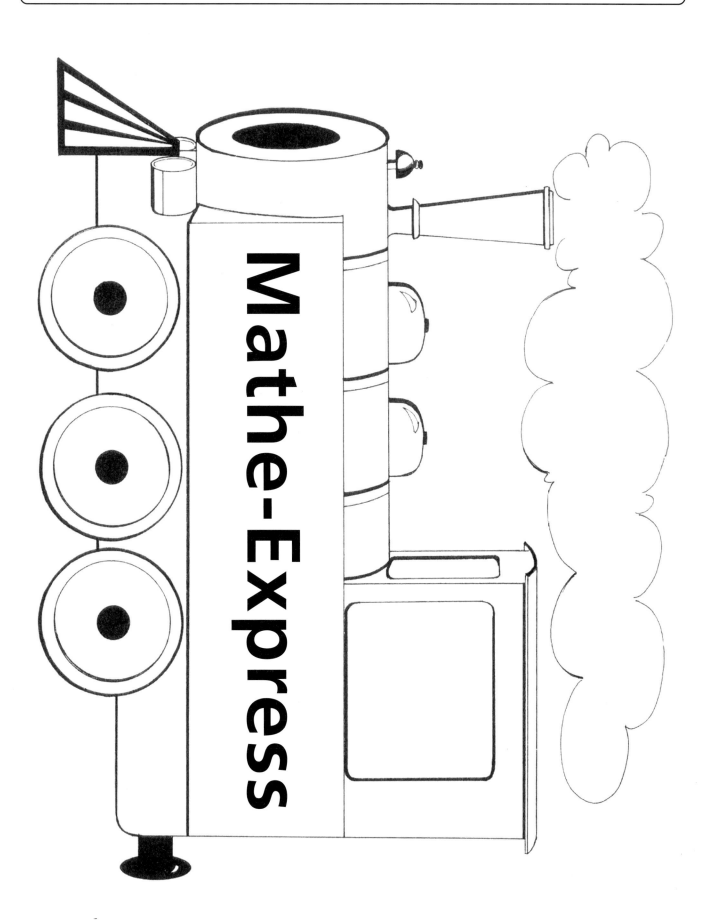

Mathe-Express – Kopiervorlage Wagon

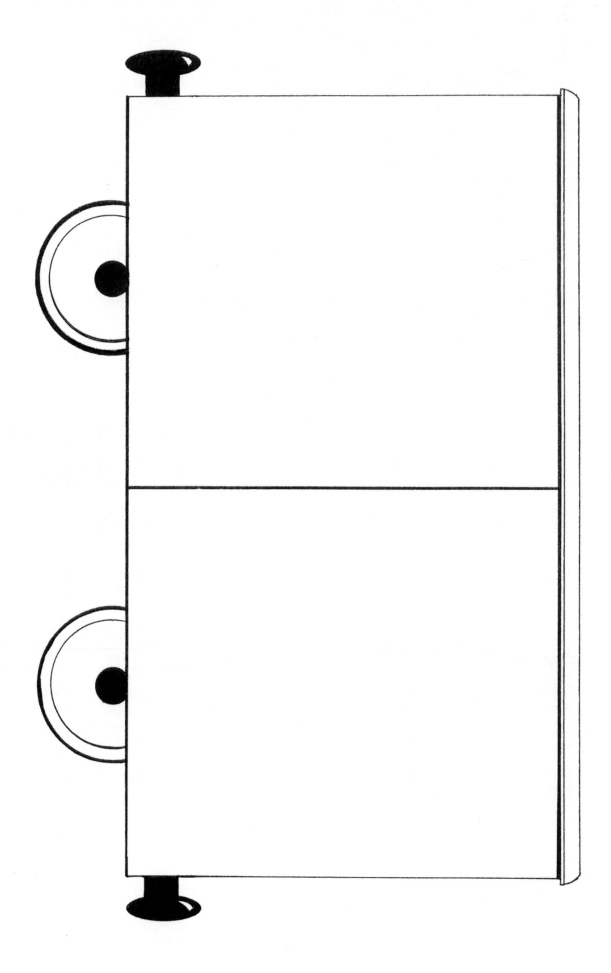

16

Mathe-Express – Kopiervorlage Arbeitskarten

Zahlen bis 100

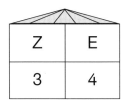

3 Z + 4 E

Hunderterquadrat

1	2	3	4	5	6	7	8	9	10
11	12	13	14	15	16	17	18	19	20
21	22	23	24	25	26	27	28	29	30
31	32	33	34	35	36	37	38	39	40
41	42	43	44	45	56	47	48	49	50
51	52	53	54	55	56	57	58	59	60
61	62	63	64	65	66	67	68	69	70
71	72	73	74	75	76	77	78	79	80
81	82	83	84	85	86	87	88	89	90
91	92	93	94	95	96	97	98	99	100

 Zehnerstreifen

 Einerplättchen

plus und minus mit Zehnerzahlen

50 + 20 = 70
80 − 60 = 20

plus und minus im gleichen Zehner

3 + 2 = 5
23 + 2 = 25
___
6 − 4 = 2
46 − 4 = 42

Mathe-Express – Kopiervorlage Arbeitskarten

Geometrische Formen erkennen und beschreiben

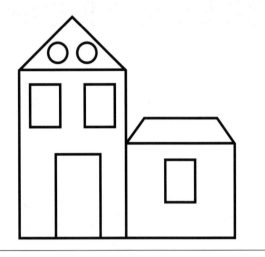

Kalender

Tag 1. Mai

Woche | Mo | Di | Mi | Do | Fr | Sa | So |

Monat

| Mai |
| 1 2 3 4 5 6 |
| 7 8 9 10 11 12 |
| 13 14 15 16 17 18 |
| 19 20 21 22 23 24 |
| 25 26 27 28 29 30 31 |

Jahr Kalender 2005

Plusaufgaben mit Zehnerüberschreiten

27 + 5 = ☐

27 + 3 = 30
30 + 2 = 32

Minusaufgaben mit Zehnerüberschreiten

32 − 7 = ☐

32 − 2 = 30
30 − 5 = 25

Mathe-Express – Kopiervorlage Arbeitskarten

Uhrzeit

Sekunde (s)

60 s = 1 min

Minute (min)

60 min = 1 h

Stunde (h)

Geld

68,18 €
68 Euro 18 Cent

Plusaufgaben mit zweistelligen Zahlen

27 + 18 = ☐

---

27 + 10 = 37
37 + 8 = 45

Minusaufgaben mit zweistelligen Zahlen

42 − 15 = ☐

---

42 − 10 = 32
32 − 5 = 27

Mathe-Express – Kopiervorlage Arbeitskarten

Malaufgaben

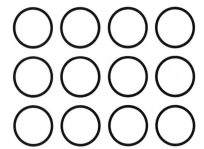

3 · 4 = 12
4 · 3 = 12

Geteiltaufgaben

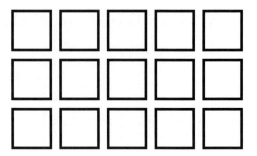

15 : 5 = 3
15 : 3 = 5

Verwandte Aufgaben

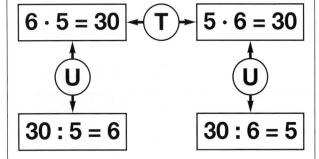

Geometrische Körper

 Würfel

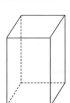 Quader

 Kugel

Mathe-Express – Kopiervorlage Arbeitskarten

Längen

1 Zentimeter = 1 cm
1 Meter = 1 m

100 cm = 1 m

Malaufgaben mit 0, 1, 2

0 · ☐ = 0

1 · 8 = 8

2 · 7 = 14

Malaufgaben mit 5 und 10

5 · 3 = 15
5 · 4 = 20

3 · 10 = 30
7 · 10 = 70

Quadratzahlen

Zwillingsaufgaben

1 · 1 = 1
2 · 2 = 4
3 · 3 = 9
4 · 4 = 16
5 · 5 = 25
6 · 6 = 36
7 · 7 = 49
8 · 8 = 64
9 · 9 = 81
10 · 10 = 100

Inhaltsverzeichnis Kommentar

In der Mathematikstunde	23
Plus- und Minusaufgaben bis 20	24
Tausch- und Umkehraufgaben/ Zahlen und Zeichen ergänzen	25
Sachaufgaben mit Geld/ Der Herbst ist da	26
Das kleine Einspluseins/ Mit geometrischer Brille sehen	27
Übungsstraße Haus 1 und Haus 2	28
Zahlen entdecken	29
Bündeln mit 10	30
Zehnerstreifen und Zahlenhaus/ Hunderterquadrat und Zahlenstrahl	31
Nachbarzahlen bestimmen/ Vergleichen und Ordnen	32
Kreuz und Quer im Zahlenraum bis 100/ Zerlegen von Zahlen bis 100	33
Plus- und Minusaufgaben mit Zehnerzahlen und im gleichen Zehner	34
Tauschaufgaben und Umkehraufgaben	35
Ergänzen bei Plusaufgaben und bei Minusaufgaben	36
Plus- und Minusaufgaben mit Überschreiten des Zehners	37
Fit bei Plus- und Minusaufgaben	38
Auf den Standort kommt es an/ Wege und Bilder beschreiben	39
Geometrische Figuren legen	40
Projekt „Kalender"	41
Plus- und Minusaufgaben mit zweistelligen Zahlen	42
Plusaufgaben mit zweistelligen Zahlen (mit Überschreiten)	43
Minusaufgaben mit zweistelligen Zahlen (mit Überschreiten)	44
Tausch-, Umkehr-, Ergänzungsaufgaben	45
Rechentraining mit Plus und Minus	46
Geldwerte erkennen/ Preise lesen und vergleichen	47
Rechnen mit Geld	48
Übungsstraße Haus 3 und 4	49
Projekt „Zeit"	50
Nimm dir Zeit für die Zeit/ Meine Haustiere	51
Reiseträume	52
Stationen-Rennen	53
Projekt „Mein Ideenbuch Geometrie"	54
Geometrische Körperformen kennen lernen/ Geometrische Körper entdecken	55
Malaufgaben kennen lernen	56
Malaufgaben finden und rechnen	57
Geteiltaufgaben kennen lernen	58
Geteiltaufgaben finden und rechnen	59
Tausch- und Umkehraufgaben finden und rechnen	60
Verwandte Aufgaben finden und rechnen	61
Übungsstraße Haus 5 und 6	62
Längen vergleichen/ In Metern messen	63
In Zentimetern messen/ Längen: schätzen, messen, zeichnen, rechnen	64/65
Verdoppeln und Halbieren/ Malnehmen und Teilen mit 2, 1 und 0	66
Entdecken von Nachbaraufgaben im 10er und 5er Einmaleins/ Malaufgaben mit 2 gleichen Zahlen – Zwillingsaufgaben	67
Aufgaben zusammensetzen und zerlegen/ Teilen mit Rest	68
Würfelspiel zum Einmaleins: Klettere auf den magischen Turm	69
Eine Einmaleins- und eine Einsdurcheins-Maschine bauen	70
Malfolgen im kleinen Einmaleins entdecken	71
Mein Mathelexikon für Jahrgangsstufe 2	72
Sport und Spiel machen Spaß	73
Ein Tag im Zoo	74
Von Station zu Station: Gut in Form bei Plus- und Minusaufgaben	75
Von Gerät zu Gerät: Gut in Form mit mal und geteilt	76
Im deutschen Museum	77
Übungsstraße Haus 7 und 8	78
Auf „Schatzsuche"	79
Projekt „Falten"	80
Knobeln mit Mäuschen „Wackelohr"	81

In der Mathematikstunde

zu Seite 4/5

Lernziele
- Beschreiben von Lagebeziehungen bestimmter Personen oder Objekte zueinander
- Erinnern an den Unterrichtsgegenstand in Mathematik Jahrgangsstufe 1
- Lösen von Wiederholungsaufgaben als Start in den Mathematikunterricht der Jahrgangsstufe 2

Einstiegsmöglichkeit
Für den Einstieg in die Thematik erfolgt ein Rückblick auf das vergangene Schuljahr („Was kannst du noch in Mathematik?") Ausgangspunkt können aber wichtige Hinweise zu Ordnung und Verhalten am Arbeitsplatz, zu neuen Lernmitteln im Mathematikunterricht und natürlich zu den fachlichen Inhalten („Was werden wir lernen?") im neuen Schuljahr sein. Dazu kann auch das Inhaltsverzeichnis für Kinder (Seite 3) genutzt werden. Unsere Begleitfigur im 2. Schuljahr ist Mäuschen Wackelohr.

Hinweise zu den Aufgaben
Vielfältige Fragen der folgenden Art sollten beim Anschauen der Doppelseite 4/5 besprochen werden:
- „Was kannst du alles entdecken?"
- „Beschreibe, was du siehst."
- „Welche Aufgaben rechnen die Kinder?"
- „Kannst du dir so ähnliche Aufgaben ausdenken, wie die Kinder sie rechnen?"
- „Was machen die Kinder am vorderen rechten Tisch (am …)?"
- „Wie viele … sind … rechts von … (links von …)?"

Die Seite gibt Anregungen für das Zählen und Rechnen bis 20 und darüber hinaus.

Bei allen auch weiteren noch denkbaren Unterrichtsaktivitäten sollte auch das Erkennen, Beschreiben, Benennen, Sortieren und Zuordnen von Dingen, das Beschreiben von räumlichen Lagebeziehungen, verschiedene Zählübungen und das Vergleichen mit dem eigenen Klassenraum eine Rolle spielen.

Weitere Übungen
Anschauen der Materialien und Lernmittel für den Mathematikunterricht.
Rechenspiele und Zählübungen zum kleinen Einspluseins.
Einrichten des Arbeitsplatzes (Schulbank).

 Seite 1

Plusaufgaben und Minusaufgaben bis 20

zu Seite 6/7

Lernziele
- Lösen von Plusaufgaben bis 20 am Zahlenstrahl
- Lösen von Plusaufgaben mit Zehnerüberschreitung in zwei Rechenschritten
- Lösen von Minusaufgaben bis 20 am Zahlenstrahl
- Lösen von Minusaufgaben mit Zehnerüberschreitung in zwei Rechenschritten

Einstiegsmöglichkeit
Das Rechnen mit Übergang bei 10 gehörte zu den anspruchsvollsten Inhalten des Mathematikunterrichts der ersten Jahrgangsstufe. Deshalb sind gerade hier gezielte Wiederholungen zur Automatisierung notwendig. Zur Wiederholung kann insbesondere das Vorgehen in zwei Schritten an einem großen Zahlenstrahl oder Zahlenband geübt werden. Als tägliche Fünf-Minuten-Übung sollten aber zunächst sichere Kenntnisse zu Aufgaben ohne Zehnerüberschreitung gesichert werden.

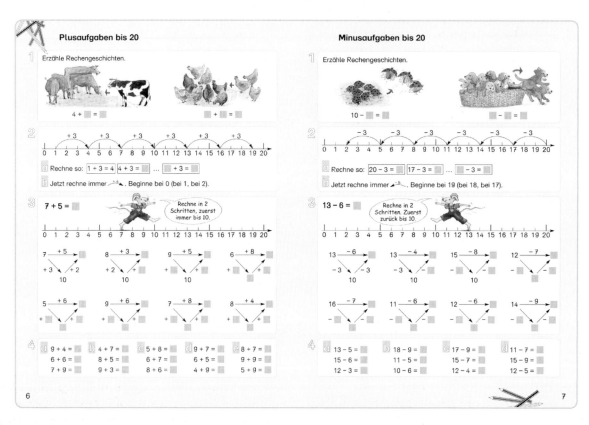

Hinweise zu den Aufgaben
Die Behandlung der Aufgaben auf der Doppelseite kann sowohl seitenweise (erst Addition, dann Subtraktion) als auch parallel (z. B. erst Aufgabe 1 der Seite 6, dann Aufgabe 1 der Seite 7 usw.) erfolgen. Begonnen wird mit einfachen Rechengeschichten. Dann erfolgt anschaulich das Rechnen mit und ohne Zehnerüberschreitung am Zahlenstrahl und schließlich das schrittweise Rechnen mit Operatorpfeilen. Ob und welche Hilfsmittel für das Lösen der Aufgabe 4 benutzt werden (z. B. das Zwanzigerfeld, der Zahlenstrahl oder Rechengeld) kann von den Kindern selbständig entschieden werden.

Weitere Übungen

Seite 2 und 3   KV 1

KV 8 bis 11 (aus Begleitmaterialien 1)
KV 15 (aus vorliegenden Begleitmaterialien, gilt immer)

Tausch- und Umkehraufgaben/ Zahlen und Zeichen ergänzen

zu Seite 8/9

Lernziele
- Bilden und Lösen von Tauschaufgaben zur Addition bis 20
- Bilden und Lösen von Umkehraufgaben zum Rechnen bis 20
- Lösen von Aufgaben mit Platzhaltern für Zahlen und für die Relationszeichen <, > und =

Einstiegsmöglichkeit
Für den Einstieg in die Thematik können die Kinder verschiedene Rechenspiele zur Wiederholung der Begriffe Tauschaufgabe und Umkehraufgabe durchführen. Als Inhalt der täglichen Fünf-Minuten-Übung empfehlen wir zunächst Aufgaben im ersten Zehner und entsprechende Analogieaufgaben im zweiten Zehner (z. B. 3 + 4 und 13 + 4 bzw. 7 – 5 und 17 – 5).

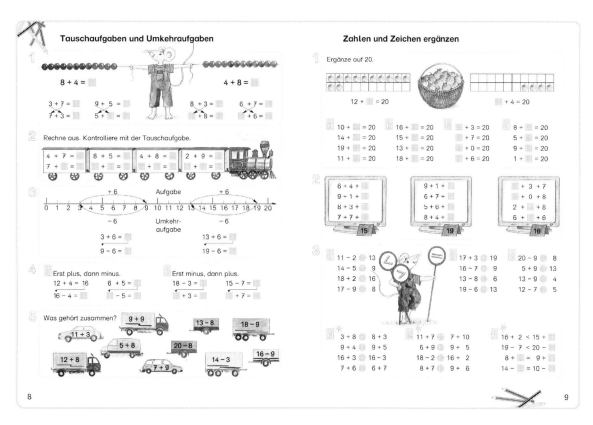

Hinweise zu den Aufgaben
Die linke Buchseite dient zur Wiederholung und Festigung der Begriffe Tauschaufgabe und Umkehraufgabe. Den Kinder soll wieder klar werden, dass
- eine Plusaufgabe und ihre Tauschaufgabe dasselbe Ergebnis haben,
- es zu Minusaufgaben keine Tauschaufgaben gibt,
- zu jeder Plusaufgabe als Umkehraufgabe eine Minusaufgabe gefunden werden kann (die Zahlen haben in der Umkehraufgabe die umgekehrte Reihenfolge),
- zu jeder Minusaufgabe als Umkehraufgabe eine Plusaufgabe gefunden werden kann (die Zahlen haben in der Umkehraufgabe die umgekehrte Reihefolge),
- Tauschaufgaben und Umkehraufgaben ermöglichen eine Kontrolle bzw. Probe des Ergebnisses der Ausgangsaufgabe

Die rechte Buchseite ermöglicht Wiederholungen zum Ergänzen von Zahlen und Zeichen. Diese Aufgaben erfordern Kenntnisse zum Addieren und Subtrahieren und ermöglichen ein vertieftes Verständnis zum Rechnen bis 20. Die Kinder können Umkehr- und Tauschaufgaben zur Bestimmung der Platzhalter heranziehen. Steht der Platzhalter bei dreigliedrigen Termen an verschiedenen Stellen und sind zweigliedrige Terme untereinander zu vergleichen, liegt eine erhöhte Schwierigkeit vor. Kinder, die diese Aufgaben sicher rechnen können, haben nicht nur sehr gute Rechenfertigkeiten im Zahlenraum bis 20, sondern auch ein gutes Konzentrationsvermögen.

Weitere Übungen

Seite 4 und 5 KV 1 und 2

KV 2

KV 9 (aus Begleitmaterielien 1)

Sachaufgaben mit Geld/ Der Herbst ist da

zu Seite 10/11

Lernziele
- Lösen von Sachaufgaben mittels Bildergeschichten
- Formulieren und Beantworten von Rechenfragen aus Situationsbildern
- Erzählen von Rechengeschichten zu einem vorgegebenen Bild bzw. Bildinformationen
- Ausdenken von thematischen Rechengeschichten

Einstiegsmöglichkeit
Für den Einstieg in die Thematik können sich die Kinder zu der bevorstehenden Jahreszeit Herbst Geschichten, insbesondere Rechengeschichten, ausdenken.

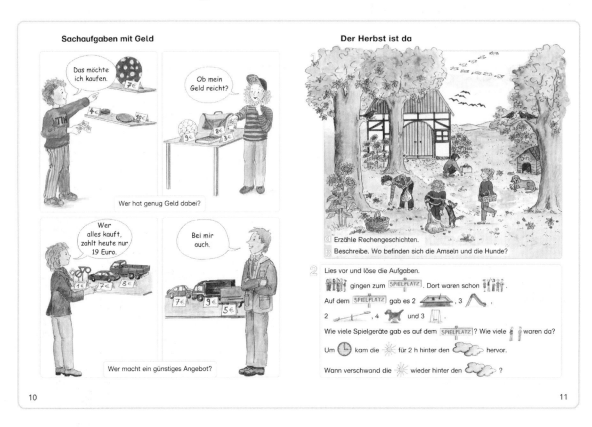

Hinweise zu den Aufgaben
Die Behandlung der sachbezogenen Mathematik erfordert den systematischen Aufbau der Fähigkeit, einfachen Sachsituationen (hier auf der linken Buchseite verschiedene kleine Bildszenen mit Sprechblasen und auf der rechten Buchseite die Bildsituation „Der Herbst ist da") relevante Informationen entnehmen und diese mathematisieren zu können. Dabei entstehen oft Gleichungen.
Auf der Buchseite 10 gehören immer 2 Sachsituationen thematisch zusammen. Diese müssen zunächst einzeln erfasst werden, um sie danach miteinander in Beziehung setzen zu können (entsprechend der vorgegebenen Fragestellung).
Das Herbstbild auf der Buchseite 11 ist Anlass zum Entdecken von verschiedenen Rechengeschichten. Das Beschreiben, an welcher Stelle im Bild sich einzelne Gegenstände befinden, ist eine zusätzliche Übung zur Festigung raumgeometrischer Lagebegriffe.
Die Erschließung der jeweiligen Sachaufgabe auf dem unteren Teil der Seite wird unterstützt durch einen einfachen Text mit Symbolen und Piktogrammen. Solche Bildgeschichten sind den Kindern schon aus Jahrgangsstufe 1 bekannt. So können sich die Kinder die Texte selbstständig und fantasievoll erschließen. Es wäre auch möglich, dass die Kinder solche Aufgaben selbst in ein Rechentagebuch schreiben bzw. zeichnen.

Weitere Übungen
 Seite 6   KV 3

Das kleine Einspluseins/ Mit geometrischer Brille sehen

zu Seite 12/13

Lernziele
- Festigen des kleinen Einspluseins, insbesondere das Erkennen und Lösen von Nachbaraufgaben
- Ableiten von Minusaufgaben als Umkehraufgaben aus bekannten Plusaufgaben
- Festigen der geometrischen Grundformen: dreieckig, viereckig und rund
- Verwenden der Begriffe „Quadrat", „Rechteck", „Dreieck", „Kreis", („Raute", „Drachen")

Einstiegsmöglichkeit
Für den Einstieg in die Thematik der Seite 13 können die Kinder geometrische Formen durch spielerische Übungen wie „Luftzeichnen" oder „Figuren auf dem Rücken des Partners mit den Fingern andeuten" durchführen.

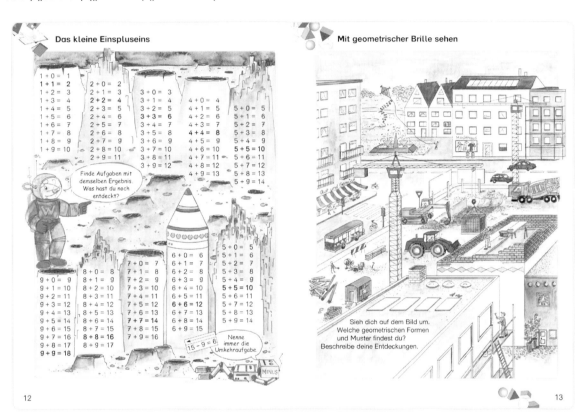

Hinweise zu den Aufgaben
Mit der linken Buchseite wird den Kindern eine Lexikonseite mit allen Plusaufgaben des kleinen Einspluseins bereitgestellt. Diese Seite ist aber nicht nur zum Nachschlagen gedacht. Viele Möglichkeiten zum entdeckenden Lernen lässt diese Lexikonseite zu, beispielsweise:
- „Welche Aufgaben haben das gleiche Ergebnis (z. B. immer das Ergebnis 9)?"
- „Nenne zu einer Aufgabe alle Nachbaraufgaben (z. B. zu 2 + 6 = 8)."
- „Sage zu jeder Plusaufgabe die Umkehraufgabe (Minusaufgabe)."
- „Finde Aufgaben, in denen nur gerade Zahlen vorkommen. Gibt es auch Aufgaben in denen nur ungerade Zahlen vorkommen?"
- „Suche zu jeder Plusaufgabe ihre Tauschaufgabe."

Auf der rechten Buchseite werden die Begriffe „Kreis", „Dreieck", „Viereck", „Rechteck", „Quadrat" (sowie „Drachen" und „Raute") gefestigt. Bei der Beschreibung des Bildes „Auf der Baustelle mitten in der Stadt" sollten diese Begriffe immer wieder von den Kindern benutzt werden. So werden Anregungen vermittelt, um Flächenformen in der Umwelt in verschiedenen Lagen, Größen und Farben wieder zu erkennen. Oft sind die Formen auch nur in kleinen Details versteckt. Die Kinder werden angeregt, genau hinzuschauen und sich auf das Bild zu konzentrieren. Außerdem müssen sie die räumliche Lage und die Art ihrer Entdeckungen beschreiben können.

Weitere Übungen

Seite 7 (Rechnen bis 20) und 8 (Geometrie)

KV 1

Übungsstraße 1 und 2

zu Seite 14/15

Lernziele
- Festigen von Grundaufgaben zur Addition im Zahlenraum bis 20
- Festigen von Grundaufgaben zur Subtraktion im Zahlenraum bis 20
- Festigen von Ergänzungsaufgaben im Zahlenraum bis 20

Einstiegsmöglichkeit
Zum Einstieg bieten sich an: Kopfrechenübungen, Übungen zum Umgang mit dem Zahlenstrahl und dem 20er-Feld, Befähigung zur Selbstkontrolle.

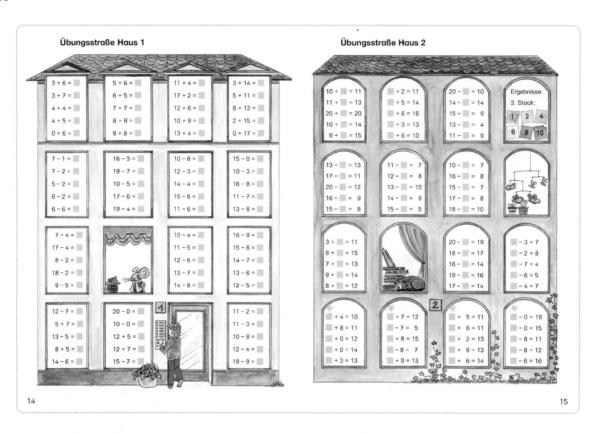

Hinweise zu den Aufgaben
In dem Schulbuch finden die Kinder insgesamt 8 Häuser einer Übungsstraße, auf den Seiten 14 und 15 die Häuser 1 und 2 (Rechnen bis 20).
Sinn und Zweck dieser Übungsstraße ist:
- ein selbständiges intensives Üben zu ermöglichen, denn Mathematik ist ein übungsintensives Fach,
- ein Übungsmaterial insbesondere für leistungsschwache Kinder bereitzustellen (speziell Haus 1),
- Übungsseiten zu schaffen, die keiner zusätzlichen Erklärung bedürfen,
- Übungsseiten so zu nutzen, dass bei Bedarf auf diese auch immer wieder zurückgeblättert werden kann.

Weitere Übungen
Intensives Rechentraining in Partnerarbeit mit Nachbaraufgaben.

Zahlen entdecken

zu Seite 16 / 17

Lernziele
- Entwickeln von vielseitigen Vorstellungen zu natürlichen Zahlen bis 100
- Erschließen der verschiedenen Zahlaspekte (Zahl als Anzahl, als Maßzahl, als Ordnungszahl, als Zählzahl, als Rechenzahl, als Rangplatz, zur Codierung oder einfach zur Bezeichnung bzw. als Nummer)
- Entdecken und Deuten von Zahlen aus der Umwelt

Einstiegsmöglichkeit
Für den Einstieg in die Thematik können die Kinder verschiedene Gegenstände oder Bilder mit Zahlen mitbringen. Damit ergeben sich Anknüpfungspunkte miteinander über Zahlen und deren unterschiedliche Bedeutung im täglichen Leben zu sprechen. Zur Vorbereitung sind auch Beobachtungsaufträge denkbar: Unsere Kinder sollen einmal ganz bewusst einen speziellen Ort nach Zahlen durchsuchen. Beispiele:
„Zahlen bis 20 kennen wir inzwischen recht gut. Welche Zahlen über 20 findest du beim Einkaufen?"
„Welche Zahlen begegnen dir auf dem Sportplatz?"
„Wo gibt es in deiner Freizeit Zahlen?"
„Welche Zahlen kannst du in der Küche entdecken?"

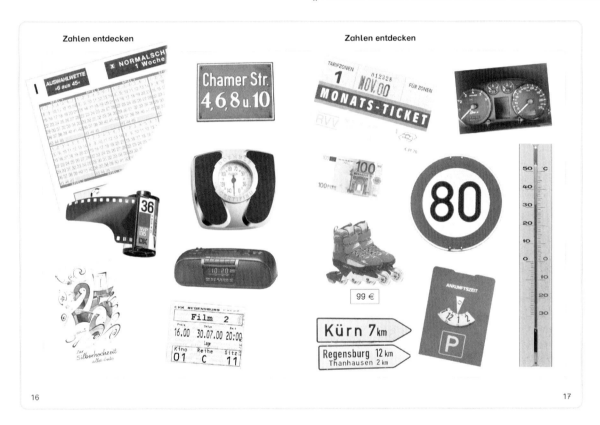

Hinweise zu den Aufgaben
Die Doppelseite soll als Ganzes erschlossen werden. Es gibt keine vorgesehene Reihenfolge der Besprechung der einzelnen Abbildungen. Unsere Kinder können hier viele Entdeckungen machen und werden vor allem angeregt, eigene Erinnerungsbilder mit Zahlen in ähnlichen Situationen abzurufen.

Die Abbildungen können nach bestimmten Bereichen durchsucht werden. Entdeckte Zahlen können nach verschiedenen Lebensbereichen sortiert werden.

Bei ungekünstelten, aus der Umwelt stammenden Situationen, bleibt es nicht aus, dass Kinder auch einmal auf Zahlen über 100 oder auf Größen (z. B. mit den Einheiten Sekunden, Kilometer oder Kilogramm) stoßen, die intensiv erst in folgenden Jahrgangsstufen besprochen werden. Hier soll das Wissen der Kinder im Sinne einer lebensnahen, sachbezogenen Mathematik nicht unterdrückt werden.

Weitere Übungen
Entdecken von Zahlen auf Briefmarken, Poststempeln oder Formularen.

 FA 2

Bündeln mit 10

zu Seite 18/19

Lernziele
- Bündeln und Entbündeln im dekadischen System
- Zerlegen von Zahlen bis 100 in Zehner und Einer
- Eintragen von zweistelligen Zahlen ins Zahlenhaus (in eine Stellenwerttafel)

Einstiegsmöglichkeit
Für das Bündeln im dekadischen System können geeignete Verpackungsmaterialien (z. B. 10er-Eierschachteln, 10er-Pralinenschachteln o.ä.) gesammelt werden, um diese für Bündelungsübungen zu verwenden. Zum Bündeln eignen sich Tischtennisbälle, Kastanien, Perlen (aufgefädelt zu Zehnerketten), Steckwürfel (gestapelt zu Zehnertürmen) usw.

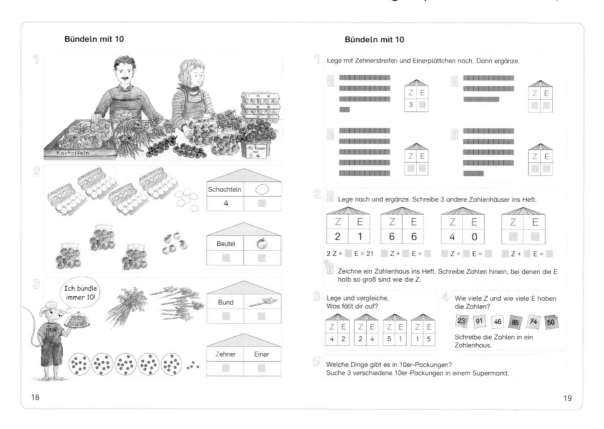

Hinweise zu den Aufgaben
Die Doppelseite soll das Verständnis für unser Dezimalsystem vertiefen, also für ein Stellenwertsystem bzw. Positionssystem mit 10 verschiedenen Zahlzeichen (einschließlich der Null) und mit der konstanten Bündelungszahl 10. Dafür sind anschauliche Übungen zum Bündeln und Entbündeln mit realen Objekten (Eiern, Äpfeln usw.) sowie mit didaktischem Material (Plättchen oder Kästchen) erforderlich, zu denen die Schulbuchaufgaben anregen. Die durch Handlungen ermittelten Bündelungsergebnisse werden ins Zahlenhaus (Stellenwerttafel) eingetragen. Wir verwenden in der gesamten Schulbuchreihe „Tausendundeins" folgende farbliche Anschauungshilfen: Einer – blau, Zehner – rot, Hunderter – grün. Diese Farben stimmen auch mit der Farbe des Rechengeldes (Euro-Scheine) überein.

Es ist im Unterricht durchaus sinnvoll, auch einmal das Bündeln und Tauschen zu einer anderen Grundzahl (z. B. zur Bündelungszahl 3) zu praktizieren, um so die Spezifik unseres Positionssystems deutlich zu machen.

Weitere Übungen

Seite 9   FA 1

KV 16 (aus vorliegenden Begleitmaterialien 2)

Zehnerstreifen und Zahlenhaus/ Hunderterquadrat und Zahlenstrahl

zu Seite 20/21

Lernziele
- Sicheres Legen von zweistelligen Zahlen mit Zehnerstreifen und Einerplättchen
- Vollständiges Erschließen von zweistelligen Zahlen aus einer Stellenwerttafel (Zahlenhaus)
- Zuordnen von zweistelligen Zahlen zum Zahlenstrahl
- Sicheres Orientieren im Hunderterquadrat

Einstiegsmöglichkeit
Für den Einstieg in die Thematik können die Kinder ein „Hunderterbuch" anfertigen. Jeder gestaltet (bei 25 Kindern in der Klasse) 4 Ideenblätter bzw. Zahlenseiten. Am Ende gibt es für jede Zahl von 0 bis 100 ein Ideenblatt. Beispiele für ein Ideenblatt: Auf dem Blatt steht die jeweilige Zahl und dazu z. B. zur Zahl 11 werden 11 Spieler einer Fußballmannschaft aufgemalt oder zur Zahl 38 werden 38 Dreiecke aufgeklebt oder zur Zahl 50 wird ein 50-Euro-Schein kopiert und aufgeklebt. Alle Blätter ergeben zusammen das Hunderterbuch.

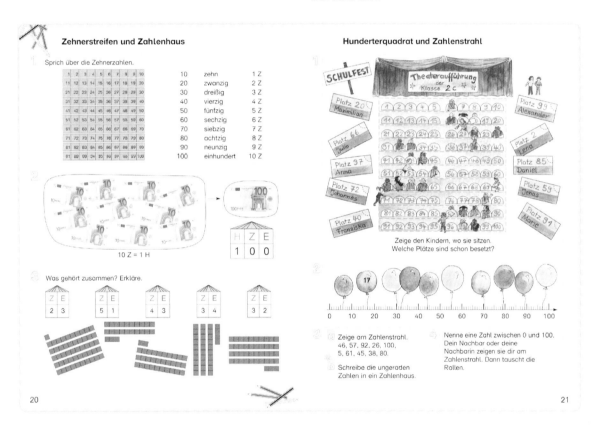

Hinweise zu den Aufgaben
Die linke Buchseite gibt Anlass zunächst systematisch alle Zehnerzahlen zu legen, zu schreiben bzw. zu verbalisieren. Danach wird das Zahlenhaus um eine „Wohnung" erweitert, der Hunderter „zieht ein". Abschließend werden Legeübungen mit Zehnerstreifen und Einerplättchen angeregt. Zehnerstreifen werden dann oft nur durch einen geraden Strich angedeutet, Einerplättchen durch einzelne Punkte. Entsprechende Übungen gibt es dazu im Arbeitsheft.

Auf der rechten Buchseite lernen die Kinder zwei weitere wichtige Veranschaulichungs- bzw. Hilfsmittel zum Rechnen kennen: Das Hunderterquadrat bzw. Hunderterfeld und den erweiterten Zahlenstrahl bis 100.
Beide Lernmittel sollten insbesondere leistungsschwachen Kindern in der Jahrgangsstufe 2 immer zur Verfügung stehen. Das Hunderterfeld begegnet den Kindern im Schulbuch anschaulich als Sitzplatznummerierung in einem Saal und im Arbeitsheft als formales Hunderterquadrat.

Weitere Übungen

Seite 10

KV 4

KV 16 und 17 (aus vorliegenden Begleitmaterialien 2)

Nachbarzahlen bestimmen/ Vergleichen und Ordnen

zu Seite 22/23

Lernziele
- Bestimmen von „Vorgänger" und „Nachfolger" einer Zahl bis 100
- Bestimmen von Nachbarzahlen und Nachbarzehner
- Sicheres Anwenden der Relationen „… ist kleiner als …", „… ist größer als …", „… ist gleich …"
- Ordnen von Zahlen bis 100

Einstiegsmöglichkeit
Für den Einstieg in die Thematik können die tragenden Begriffe „Vorgänger" und „Nachfolger" sowie „Nachbarzahlen" als Bewegungsspiel mit Zahlenkärtchen wiederholt werden.
Es besteht auch die Möglichkeit an einem Hunderterteppich (Leinentuch mit 100 Feldern) den Aufbau des Zahlenraumes zu üben, z. B. durch Auflegen von Plättchen oder Steinen auf gerade oder ungerade Zahlen, auf den Vorgänger und den Nachfolger einer ausgewählten Zahl, auf alle Zehnerzahlen usw.

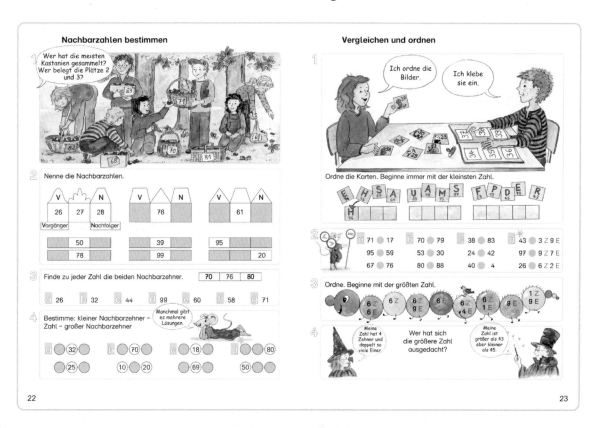

Hinweise zu den Aufgaben
Auf der linken Buchseite werden in verschiedenen Übungen Vorgänger, Nachfolger, Nachbarzahlen und Nachbarzehner bestimmt. Zur Unterstützung kann das Hunderterquadrat verwendet werden. Neu ist dabei insbesondere der Begriff Nachbarzehner, also die nächst kleinere sowie die nächst größere Zehnerzahl.

Auf der rechten Buchseite sind zweistellige Zahlen zu ordnen und zu vergleichen. Zur Unterstützung kann der Zahlenstrahl verwendet werden. Beim Ordnen werden gleichzeitig Kenntnisse zum Stellenwertsystem (Zehner, Einer) vertieft.

Zweistellige Zahlen erscheinen den Kindern in vielfältiger Darstellung, z. B. die Zahl 43 als Zahl im zweigliedrigen Zahlenhaus, als Summe 4 Z + 3 E, als Punkt auf dem Zahlenstrahl, als kleines Quadratfeld im Hunderterquadrat, als Zahlbild „4 Zehnerstreifen und 3 Einerplättchen" bzw. in der vereinfachten Darstellung als „4 Striche und 3 Punkte", als Zahlwort „dreiundvierzig", mit Ziffern in der Positionsdarstellung „4Z 3E" sowie in der dann später meist benutzten Kurzform 43. Beim Zahlwort wird erst der Einer dann der Zehner gesprochen, hier ist also der Unterschied zwischen Sprech- und Schreibrichtung zu beachten (Zahlendiktate werden dazu besonders empfohlen). Die Übungen auf diesen Seiten sowie im Arbeitsheft und Zusatzmaterial sollen den Kindern die notwendige Sicherheit im erweiterten Zahlenraum bis 100 geben, um das spätere Rechnen auf solide Grundlagen zu stellen.

Weitere Übungen

Seite 11 KV 3 und 4

FA 1, 4 und 5

KV 17 (aus vorliegenden Begleitmaterialien 2)

Kreuz und quer im Zahlenraum bis 100/ Zerlegen von Zahlen bis 100

zu Seite 24/25

Lernziele
- Sicheres Bewegen im Zahlenraum bis 100
- Arbeiten mit dem Zahlenstrahl und dem Hunderterquadrat
- Entdecken von verschiedenen Zerlegungen von Zahlen bis 100
- Notieren von Zahlzerlegungen mit dem Zeichen „+"

Einstiegsmöglichkeit
Für die Vorbereitung empfehlen wir als tägliche Fünf-Minuten-Übung das Bilden von Zahlenfolgen im Zahlenraum bis 100, z. B. das Vorwärts- und Rückwärtszählen bis 100 auch in 2er, 3er, 5er Sprüngen jeweils zwischen zwei vorgegebenen Zahlen.
Beliebt ist bei Kindern auch das Spiel „Zahlenblitz": Auf dem OHP wird eine Zahl mit Zehnerstreifen (Stäbchen) und Einzelplättchen gelegt. Dann wird das wieder zugedeckt. Die Kinder notieren die gesehene Zahl oder legen sie nach. Zur Kontrolle wird die Abdeckung wieder weggenommen.

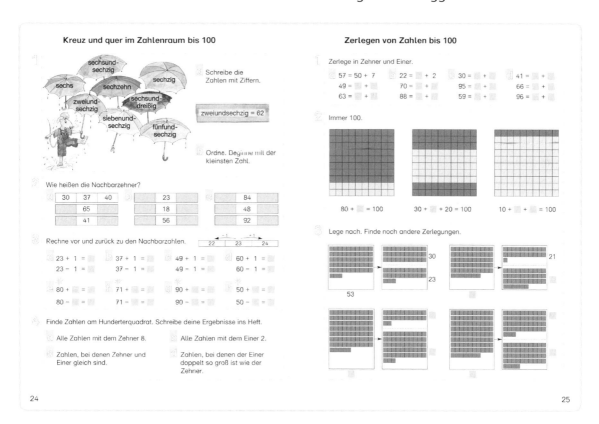

Hinweise zu den Aufgaben
Die Aufgaben auf dieser Doppelseite setzen die vorausgehenden Übungen fort bzw. unterstützen eine weitere Vertiefung.
Einfache Rechenübungen (+ 1, – 1) zum Finden von Nachfolger und Vorgänger leiten gleichzeitig in das Addieren und Subtrahieren bis 100 über.

Das Zerlegen von Zahlen dient ebenfalls der Vorbereitung der Addition und Subtraktion bis 100. Anschaulich unterstützt wird das Zerlegen z. B. durch Zehnerstreifen und Einerplättchen sowie durch das Hunderterfeld. Das Hunderterfeld kann sowohl als Zahlenfeld oder als formales strukturiertes Feld zu Übungszwecken verwendet werden.

Weitere Übungen

Seite 12

KV 5

FA 1, 4 und 5

KV 6 (aus Begleitmaterialien 1)

KV 2

Plus- und Minusaufgaben mit Zehnerzahlen und im gleichen Zehner

zu Seite 26/27

Lernziele
- Lösen von Plusaufgaben mit Zehnerzahlen (Z + Z)
- Lösen von Minusaufgaben mit Zehnerzahlen (Z – Z)
- Lösen von Plusaufgaben im gleichen Zehner bis 100 (ZE + E)
- Lösen von Minusaufgaben im gleichen Zehner bis 100 (ZE – E)

Einstiegsmöglichkeit
Für den Einstieg in die Thematik können die Kinder auf den Fußboden einen Zahlenstrahl aus Papier aufkleben oder im Pausenhof aufzeichnen und dort Zahlen bzw. Rechenaufgaben abschreiten. Als tägliche Fünf-Minuten-Übung wird das kleine Einspluseins wiederholt. Da Minusaufgaben den Kindern erfahrungsgemäß mehr Probleme bereiten, sollten diese auch den stärkeren Anteil bei den Übungen besitzen.

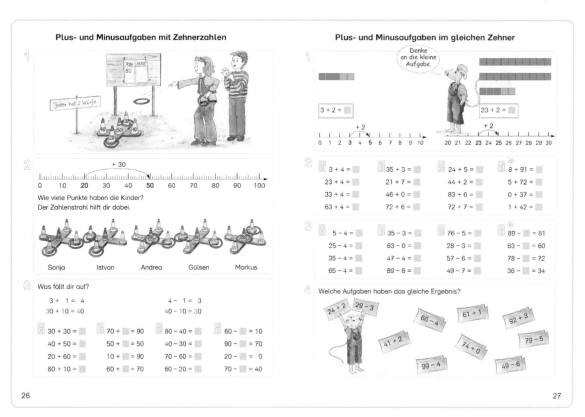

Hinweise zu den Aufgaben
Für die gesamte Doppelseite gilt die Beachtung der Analogiebeziehungen zum kleinen Einspluseins („kleine und große Aufgabe"): Beispielsweise kann aus der Grundaufgabe 3 + 4 = 7 die „große" Aufgabe 30 + 40 = 70 leicht abgeleitet werden. Ebenso gilt diese Beziehung bei der Subtraktion, z. B. gehört zu 7 – 2 = 5 die Analogieaufgabe 70 – 20 = 50.

Für das Rechnen im gleichen Zehner ist die Kenntnis des kleinen Einspluseins ebenso Grundvoraussetzung. So können beispielsweise aus der Grundaufgabe 2 + 4 = 6 die „großen" Aufgaben 22 + 4 = 26, 32 + 4 = 36, 42 + 4 = 46 usw. abgeleitet werden. Diese Beziehung gilt genauso wieder für die Subtraktion, z. B. gehören zu 5 – 2 = 3 die Analogieaufgaben 25 – 2 = 23, 35 – 2 = 33, 45 – 2 = 43 usw.

Dazu gibt es auf der Doppelseite eine Reihe von Übungen. Diese können erweitert werden durch das Finden zusätzlicher Analogieaufgaben.

Weitere Übungen

Seite 13 und 14   KV 6

KV 5   KV 1 und 3

Tauschaufgaben und Umkehraufgaben

zu Seite 28/29

Lernziele
- Bilden und Lösen von Tauschaufgaben zur Addition
- Vertiefen der Erkenntnis, dass eine „Plusaufgabe" und ihre „Tauschaufgabe" das gleiche Ergebnis besitzen
- Ableiten und Lösen von Minusaufgaben als Umkehraufgaben zur Addition
- Ableiten und Lösen von Plusaufgaben als Umkehraufgaben zur Subtraktion

Einstiegsmöglichkeit
Zum Einstieg kann an bekannte Aufgaben bzw. zugehörige Tauschaufgaben sowie an Aufgaben und entsprechende Umkehraufgaben im Zahlenraum bis 20 erinnert bzw. sollten diese Grundaufgaben automatisiert werden.

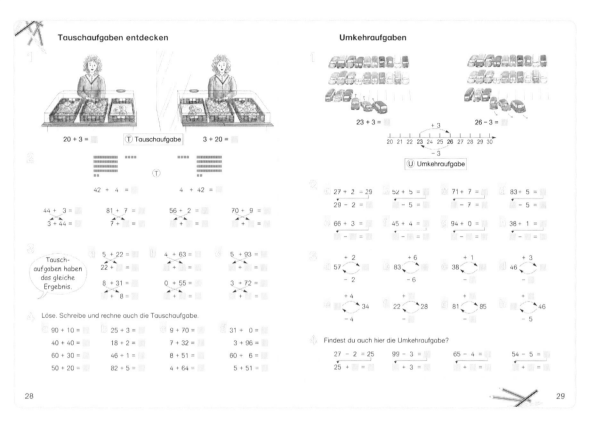

Hinweise zu den Aufgaben
Das Einstiegsbild zur Kommutativität auf der Buchseite 28 zeigt eine Bildsituation mit „20 + 3 bzw. 3 + 20 Brötchen" als Tauschaufgabe. In den weiteren Übungen sollen die Kinder verstehen, dass bei Tauschaufgaben bis 100 die bereits bekannte Vorgehensweise des Vertauschens der Summanden erfolgt. Zum anschaulichen Üben wird das Legen mit Zehnerstreifen und Einerplättchen dargestellt. Bei Aufgaben wie z. B. 3 + 96 können die Kinder natürlich sofort an die Tauschaufgabe 96 + 3 denken und so eventuell vorteilhafter rechnen.

Das Einstiegsbild zur Umkehrbeziehung auf der Buchseite 29 zeigt eine Bildsituation mit 23 + 3 bzw. 26 − 3 Fahrzeugen, die einen Parkplatz anfahren als Aufgabe und diesen Parkplatz später wieder verlassen als Umkehraufgabe. In den weiteren Übungen sollen die Kinder verstehen, dass auch bei Umkehraufgaben bis 100 die bereits bekannte Vorgehensweise des Umkehrens der Reihenfolge der Zahlen (bei gleichzeitigem Wechsel des Operationszeichens: aus „+" wird „−" bzw. aus „−" wird „+") erfolgt.
Zum anschaulichen Üben wird das Rechnen am Zahlenstrahl, also das Bewegen am Zahlenstrahl mit der gleichen Pfeillänge bzw. Schrittweite nur in entgegengesetzter Richtung dargestellt. Ob eine Aufgabe richtig gerechnet wurde, kann durch die Umkehraufgabe geprüft werden. Damit ist für Kinder eine selbständige Kontrolle möglich, die zu einer festen Gewohnheit entwickelt werden sollte.

Weitere Übungen

 Seite 15   KV 1

 KV 9

Ergänzen bei Plusaufgaben und bei Minusaufgaben

zu Seite 30 / 31

Lernziele
- Lösen von Ergänzungsaufgaben zur Addition
- Sicheres additives Ergänzen zur nächsten Zehnerzahl
- Lösen von Ergänzungsaufgaben zur Subtraktion
- Subtraktives Ergänzen im Hunderterquadrat

Einstiegsmöglichkeit
Für die tägliche Fünf-Minuten-Übung sollten Ergänzungsaufgaben bis 20 geübt werden, wie z. B. Aufgaben vom Typ 8 + ☐ = 12 bzw. 13 − ☐ = 5. Dabei können auch Tauschaufgaben und Umkehraufgaben einbezogen werden. Wichtig ist die Begriffssolidisierung im Zahlenraum bis 20.

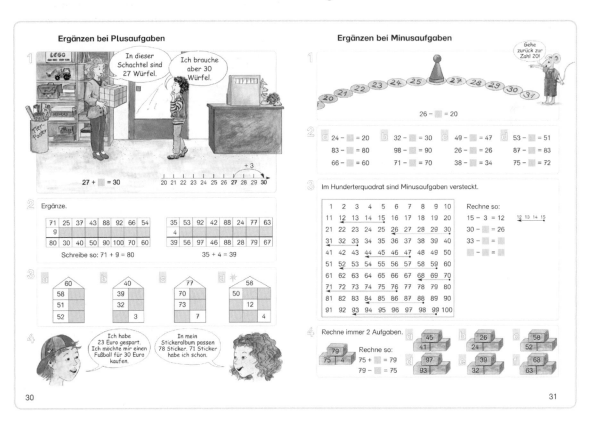

Hinweise zu den Aufgaben
Die Übungen zum Ergänzen dienen der weiteren Festigung der bisher behandelten Aufgabentypen beim Addieren und Subtrahieren bis 100. Als Anschauungshilfen werden Ausschnitte vom Zahlenstrahl und das Hunderterquadrat im Schulbuch dargestellt. Für ein vielfältiges Üben sind Aufgaben in Tabellenform, Gleichungen und einfache Sachaufgaben zu lösen. Außerdem wird das Rechnen mit Zahlenmauern bzw. sogenannten Turmzahlen geübt. Dabei steht ein Zahlenfeld, die sogenannte Turmzahl (die Summe) immer genau über den zwei darunter liegenden Feldern (den beiden Summanden). Allerdings ist beim Ergänzen ein Summand gesucht. Die Turmzahl und einer der Summanden sind dann vorgegeben.

Weitere Übungen

Seite 16   FA 4 und 5

Plusaufgaben und Minusaufgaben mit Überschreiten des Zehners
zu Seite 32/33

Lernziele
- Kennen lernen verschiedener Rechenwege beim Addieren bis 100 mit Zehnerüberschreitung (ZE + E)
- Rechnen in zwei Schritten beim Addieren mit Zehnerüberschreitung
- Kennen lernen verschiedener Rechenwege beim Subtrahieren bis 100 mit Zehnerüberschreitung (ZE – E)
- Rechnen in zwei Schritten beim Subtrahieren mit Zehnerüberschreitung

Einstiegsmöglichkeit
Für den Einstieg empfehlen wir an das Rechnen mit Zehnerüberschreiten im Zahlenraum bis 20 zu erinnern. Hier ist beim schrittweisen Rechnen der Grundsatz: „Immer erst bis 10 rechnen." bekannt. Solche Aufgaben sollten im Vorfeld gezielt geübt und noch einmal besprochen werden.
Als zweites werden Wiederholungsübungen zur Bestimmung der Nachbarzehner empfohlen.

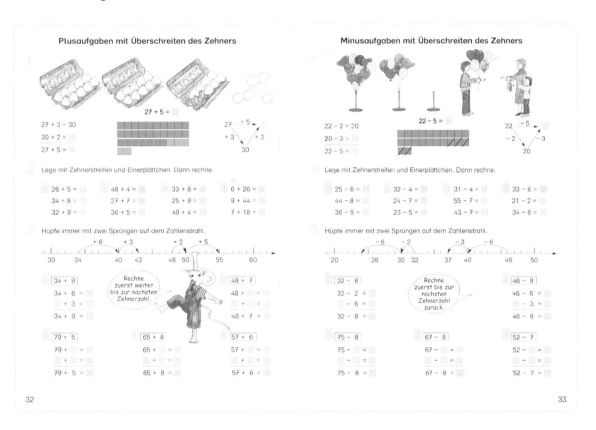

Hinweise zu den Aufgaben
Die Aufgaben mit Zehnerüberschreitung sind im Schwierigkeitsgrad deutlich höher anzusetzen, als die bisher behandelten Aufgabentypen. Deshalb sind eine gründliche Veranschaulichung und ein konzentriertes Vorgehen sehr wichtig. Ausgehend von einer Sachsituation als Einstiegsbeispiel schließt sich die Darstellung mit Zehnerstreifen und Einerplättchen und die symbolische Schreibweise als Blocksatz und als Pfeilbild an. Beide verdeutlichen das schrittweise Rechnen, welches im Zahlenraum bis 100 nach folgendem Grundsatz erfolgt: „Immer erst bis zum nächsten Zehner rechnen."
Weitere Rechenübungen werden durch Veranschaulichung am Zahlenstrahl unterstützt.

Beide Buchseiten sind analog aufgebaut. Durch das Doppelseitenprinzip kann die Erarbeitung parallel oder getrennt nach Rechenoperation erfolgen.

Weitere Übungen

Seite 17   KV 7

FA 4 und 5   KV 1 und 3

KV 18 (aus vorliegenden Begleitmaterialien 2)

Fit bei Plus- und Minusaufgaben

zu Seite 34/35

Lernziele
- Festigen des Addierens und Subtrahierens mit Zehnerüberschreitung
- Anbahnen von Fähigkeiten zum vorteilhaften bzw. geschickten Rechnen (z. B. durch Ausgleichsstrategie)
- Festigen des Zusammenhangs zwischen Addition und Subtraktion durch Lösen von Umkehraufgaben

Einstiegsmöglichkeit
Für den Einstieg in die Übungen zur Festigung bieten sich die verschiedensten Rechenspiele (Bingo, Rechenkönig, Rechenlotto u. a.) an.

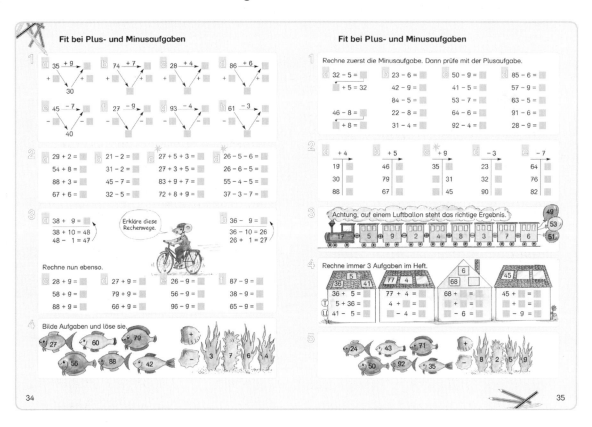

Hinweise zu den Aufgaben
Die Übungsaufgaben sollen nicht nur bekannte Rechenaufgaben bzw. Rechenwege festigen, sondern auch andere Vorgehensweisen aufzeigen. So wird mit der Aufgabe 3 (Seite 34) eine Rechenstrategie gezeigt, die insbesondere beim Addieren und Subtrahieren mit 9 nützlich sein kann. Anstatt mit 9 zu addieren (subtrahieren) wird eine leichtere Aufgabe gerechnet, es wird 10 addiert (subtrahiert) und als Ausgleich dann 1 subtrahiert (addiert). Diese Ausgleichsstrategie bietet sich eventuell auch beim Rechnen mit 8 an (Ausgleich um 2). Zur Selbstkontrolle kann bei Minusaufgaben die Umkehraufgabe herangezogen werden, angeregt durch Aufgabe 1 (Seite 35). Kettenaufgaben mit einstelligen Summanden, wie z. B. bei der Aufgabe 3 (Seite 35) fordern stark das Konzentrationsvermögen der Kinder und ermöglichen Kombinationen aus Plus- und Minusaufgaben mit und ohne Zehnerüberschreitung.

Weitere Übungen

 Seite 17

 KV 8

 KV 18 (aus vorliegenden Begleitmaterialien 2)

 KV 3

 KV 1 und 3

Auf den Standort kommt es an/ Wege und Bilder beschreiben
zu Seite 36/37

Lernziele
- Erfassen und Beschreiben von Gegenständen im Raum von verschiedenen Standorten aus
- Vorstellungsgebundenes Erkennen von Ansichten bestimmter Gegenstände in verschiedenen Perspektiven
- Beschreiben von Wegen im Raum
- Sicheres Gebrauchen von Begriffen zur räumlichen Lage und für geometrische Flächenformen

Einstiegsmöglichkeit
Für den Einstieg können ähnliche Situationen wie im oberen Bild auf der Seite 36 nachgespielt werden: Spielzeugmännchen, kleine Puppen oder Figuren aus Überraschungseiern werden auf einen Tisch mit verschiedenen Gegenständen unterschiedlich platziert. Rings herum um den Tisch sitzen Kinder, die nachprüfen, welche Figuren sie von ihrem Standort aus sehen können.

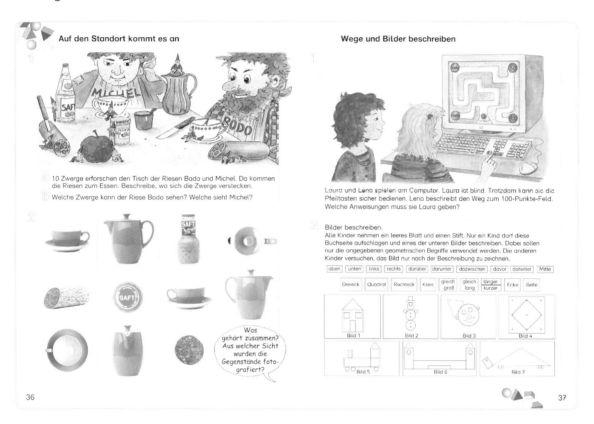

Hinweise zu den Aufgaben
Der Geometriebereich der Raumerfahrung und Raumvorstellung wird in Jahrgangsstufe 2 ausgebaut durch das Erfassen und Beschreiben der Lage von Gegenständen von verschiedenen Standorten aus sowie aus der Vorstellung. Die Aufgabe 1 (Seite 36) erfordert verschiedene Perspektiven in der Vorstellung einzunehmen, um beschreiben zu können, was jeder Riese sieht. Diese Frage kann bei einem (zweidimensionalem) Bild nicht immer eindeutig beantwortet werden. Das Bild soll Kinder zur Diskussion und Argumentation anregen.
Auch die nächste Aufgabe erfordert kopfgeometrische Fähigkeiten. Hier ist der Standort eines Fotografen aus der Vorstellung zu erläutern.

Auf der Seite 37 werden die kopfgeometrischen Übungen weiter fortgesetzt. Bei den beiden Aufgaben geht es insbesondere um die Entwicklung der sprachlichen Fähigkeiten und um die sichere Verwendung geometrischer Begriffe.

Weitere Übungen

Seite 19 KV 6

Geometrische Figuren legen

zu Seite 38/39

Lernziele
- Legen geometrischer Flächenformen mit einem Legespiel
- Flächenformen zusammensetzen und parkettieren
- Benennen gelegter Flächenformen und Beschreiben der Eigenschaften

Einstiegsmöglichkeit
Für die Bearbeitung der Aufgaben in Buch und Arbeitsheft benötigt jedes Kind ein Legespiel. Der Bauplan ist auf der Seite 38 oben wiedergegeben. Das Legespiel wird zusammen mit weiteren Arbeitsmaterialien im Klassensatz als Zusatzmaterial angeboten. Soll das Legespiel selbst gebastelt werden, werden ein Stück Pappe, ein Lineal, ein Bleistift und eine Schere benötigt. Hilfe zur Gewinnung der Schnittlinien ist aber unbedingt erforderlich. Die Schnittlinien können durch angeleitetes Falten bestimmt und dann mit Bleistift und Lineal nachgezogen werden.

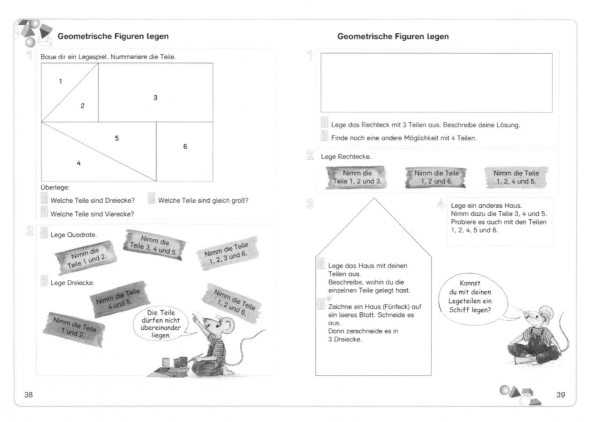

Hinweise zu den Aufgaben
Legespiele bieten eine kreative Möglichkeit für einen handlungsorientierten Geometrieunterricht. Das Legen mit verschiedenen ebenen geometrischen Figuren unterstützt insbesondere die Figuren- und Formenlehre.
In den Legeaufgaben auf der Doppelseite sind die Legeteile zu identifizieren und verschiedene Umrisse auszulegen. Beim Auslegen gibt es verschiedene Möglichkeiten. Beim Legen gelten folgende Regeln:
1. Das Legespiel besteht aus 6 Legeteilen. Für die Legeaufgaben müssen nicht immer alle 6 Teile verwendet werden.
2. Die vorgegebenen Umrisslinien stellen die Begrenzungslinien dar. Über diese Linien darf nicht gelegt werden.
3. Die Umrisse sind vollständig auszulegen. Weiße Flächen dürfen nicht übrigbleiben.
4. Die Legeteile können und sollen sich mit ihren Seiten und Ecken berühren, sie dürfen sich nicht überlappen, auch nicht teilweise.

Neben den Legeaufgaben im Buch können zusätzliche Legefiguren erdacht werden.

Weitere Übungen
 Seite 20   KV 9

 KV 7

Projekt „Kalender"

zu Seite 40 / 41

Lernziele
- Kennen lernen der Zeiteinheiten „Jahr", „Monat", „Woche", „Tag"
- Bestimmen von Zeitpunkten am Kalender
- Ermitteln von Zeitdauer am Kalender

Einstiegsmöglichkeit
Für den Einstieg in die Thematik benötigen die Kinder einen aktuellen Jahreskalender. Eine kleine Sammlung verschiedener Kalendertypen (Monatskalender, Taschenkalender, Abreißkalender, Terminplaner usw.) kann Ausgangspunkt des projektorientierten Unterrichts sein.

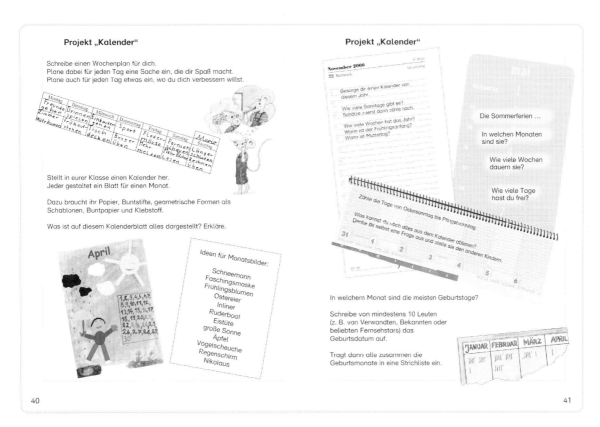

Hinweise zu den Aufgaben
Die Projektseite „Kalender" soll anregen, Kalender, ihre Funktion und die von ihnen gelieferte Information näher zu untersuchen. Die verschiedensten Kalender enthalten vielfältige Informationen zu: Datum, Wochennummerierung, Monatseinteilung, Ferientage bzw. Feiertage und besondere Ereignisse im Jahr, eventuell auch zu Mondphasen, Sonnenaufgang und Sonnenuntergang und vielem mehr, was Kinder selbst entdecken sollten. Zunächst sollen die Kinder einen Wochenplan anfertigen. Später können sie auf eigenen Ideenblättern im Sinne von „Meine Ideen für ... " kreativ ihre Vorstellungen zu einzelnen Monaten wiedergeben. Mit allen Ideenblättern kann eine kleine Ausstellung gestaltet werden. Bei einer entsprechenden Abstimmung kann so ein Monatskalender für ein ganzes Jahr entstehen.

Die Buchseite 41 regt für das Projekt einige Aufgaben an, die mit Hilfe eines aktuellen Kalenders gelöst werden können. Das Ziel des Projektes ist die aktive Einbeziehung der Kinder. Sie können weitere für sie interessante Aufgaben stellen und bearbeiten. So wird auch angeregt, mittels einer Strichliste (Zählliste) Geburtsmonate zu erfassen. Interessant sind auch die Besonderheiten eines Schaltjahres oder die Frage nach dem Sinn und Nutzen eines Kalenders.

Weitere Übungen

Plusaufgaben und Minusaufgaben mit zweistelligen Zahlen

zu Seite 42 / 43

Lernziele
- Addieren von zweistelligen Zahlen ohne Überschreiten bis 100 (ZE + ZE)
- Kennen lernen verschiedener Rechenwege beim Addieren
- Subtrahieren von zweistelligen Zahlen ohne Überschreiten bis 100 (ZE – ZE)
- Kennen lernen verschiedener Rechenwege beim Subtrahieren

Einstiegsmöglichkeit
Für die tägliche Fünf-Minuten-Übung zur Vorbereitung auf das Stundenthema werden Plus- und Minusaufgaben vom Typ ZE + E und ZE – E sowie ZE + Z und ZE – Z (mit und ohne Überschreiten der Zehner) gerechnet und gefestigt. Diese Übungen sollten abwechslungsreich gestaltet werden (als Blitzrechnen, als halbschriftliches Rechnen mit Möglichkeiten zum Notieren von Zwischenergebnissen, als Rechenspiel, als Textaufgabe, in Partnerarbeit usw.)

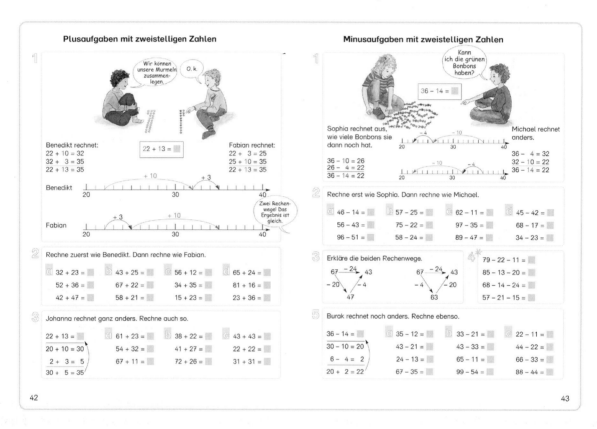

Hinweise zu den Aufgaben
Beim Rechnen mit zweistelligen Zahlen werden zunächst solche Aufgaben gestellt, bei denen es keinen Zehnerübergang an der Einerstelle gibt. Beim didaktisch-methodischen Vorgehen sollte den Kindern Freiraum gegeben werden, damit sie Aufgaben durch ein flexibles Zerlegen und Anwenden von Rechengesetzen selbständig lösen können. Das heißt, dass die Kinder die Möglichkeit erhalten, eventuell selbst Lösungswege zu entdecken und zu begründen. Dann können verschiedene Lösungswege miteinander verglichen und unterschiedliche Notationsformen besprochen werden. Im Unterricht sollten verschiedene kindgerechte Notationsformen zugelassen werden. Leistungsschwächere Kinder können immer wieder auf didaktisches Material zurückgreifen. Leistungsstärkere Kinder können bereits gezielt mehrere Lösungswege probieren und die Effizienz einzelner Strategien überprüfen.

Nach einer Entdeckungsphase könnten die im Buch vorgestellten Rechenstrategien besprochen werden:
- erst die Zehner addieren (subtrahieren), dann die Einer addieren (subtrahieren),
- erst die Einer addieren (subtrahieren), dann die Zehner addieren (subtrahieren),
- die Zehner getrennt addieren (subtrahieren), dann die Einer getrennt addieren (subtrahieren), beide Zwischenergebnisse zum Endergebnis addieren (Diese Strategie ist allerdings für das Rechnen mit Überschreiten an der Einerstelle ungeeignet).

Weitere Übungen

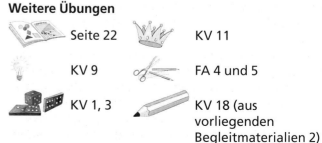

Plusaufgaben mit zweistelligen Zahlen (mit Überschreiten)

zu Seite 44/45

Lernziele
- Addieren von zweistelligen Zahlen mit Überschreiten bis 100 (ZE + ZE)
- Kennen lernen verschiedener Rechenwege bzw. Strategien und Notationsformen beim Addieren mit Überschreiten
- Anschauliches Rechnen mit Zahlenstrahl, Zehnerstreifen und Einerplättchen sowie mit Rechengeld

Einstiegsmöglichkeit
Für die tägliche Fünf-Minuten-Übung zur Vorbereitung auf das Stundenthema werden gezielt Plusaufgaben vom Typ ZE + E, ZE + Z und ZE + ZE (ohne Überschreiten) gerechnet und gefestigt. Diese Übungen sollten abwechslungsreich gestaltet werden.

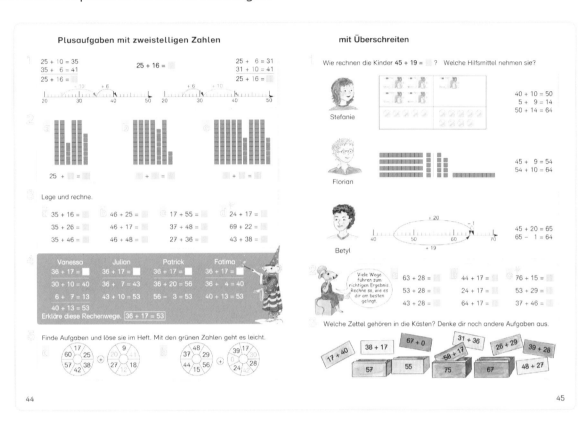

Hinweise zu den Aufgaben
Das Rechnen mit zweistelligen Zahlen mit Überschreiten ist einer der anspruchsvollsten mathematischen Inhalte der Jahrgangsstufe 2. Deshalb werden zunächst nur Aufgaben zur Addition besprochen. Das didaktisch-methodische Vorgehen sollte den Kindern wiederum Freiraum geben, damit sie die Aufgaben durch ein flexibles Zerlegen und Anwenden von Rechengesetzen lösen können (Lösungswege selbst entdecken, miteinander vergleichen, unterschiedliche Notationsformen besprechen). Im Unterricht sollten verschiedene kindgerechte Notationsformen zugelassen werden.
Die Vielfalt der Rechenwege ist sehr groß und sollte nicht von vornherein eingeschränkt werden. Erst wenn ein Kind den für sich leichtesten Rechenweg herausgefunden hat, kann es diese Strategie gezielt üben und anwenden.
Auf der Seite 44 werden verschiedene Rechenstrategien vorgestellt (Aufgabe 1 und Aufgabe 4). Diese Strategien und zugehörige Notationen sollen Anlass zur Diskussion sein. Wichtig ist, dass die Kinder zum Verbalisieren angeregt werden. Die Aufgaben werden veranschaulicht mit Zahlenstrahl, Zehnerstreifen und Einerplättchen. In der Aufgabe 1 (Seite 45) werden noch einmal 3 verschiedene Vorgehensweisen zusammengefasst und das dazu geeignete didaktische Material gezeigt: Rechengeld veranschaulicht sehr übersichtlich die „Stellenwerte-getrennt-Strategie" (Rechenweg von Stefanie, 45/1), Zehnerstreifen und Einerplättchen die „Stellenwerte-schrittweise-Strategie" (Rechenweg von Florian, 45/1) und der Zahlenstrahl die „Ausgleichs-Strategie" (Rechenweg von Betyl, 45/1).
Welcher Rechenweg, welches Veranschaulichungsmaterial und welche Notationsform schließlich bevorzugt wird, entscheidet jedes Kind für sich. Einen ähnlichen Hinweis gibt auch unsere Leitfigur zur Aufgabe 2 (Seite 45). Bei leistungsschwächeren Kindern sollte die Lehrkraft bei der Wahl unterstützend zur Seite stehen. Beim Rechnen mit dreigliedrigen Termen kann z. B. das Zwischenergebnis einer glatten Zehnerzahl vorteilhaft sein (Aufgabe 4, Seite 45).

Weitere Übungen

Seite 23   KV 10

FA 4, und 5   KV 18

Minusaufgaben mit zweistelligen Zahlen (mit Überschreiten)

zu Seite 46/47

Lernziele
- Subtrahieren von zweistelligen Zahlen mit Überschreiten bis 100 (ZE – ZE)
- Kennen lernen verschiedener Rechenwege bzw. Strategien und Notationsformen beim Subtrahieren mit Überschreiten
- Anschauliches Rechnen mit Zahlenstrahl, Zehnerstreifen und Einerplättchen sowie mit Rechengeld

Einstiegsmöglichkeit
Für die tägliche Fünf-Minuten-Übung zur Vorbereitung auf das Stundenthema werden nun gezielt Minusaufgaben vom Typ ZE – E, ZE – Z und ZE – ZE (ohne Überschreiten) gerechnet und gefestigt. Diese Übungen sollten abwechslungsreich gestaltet werden.

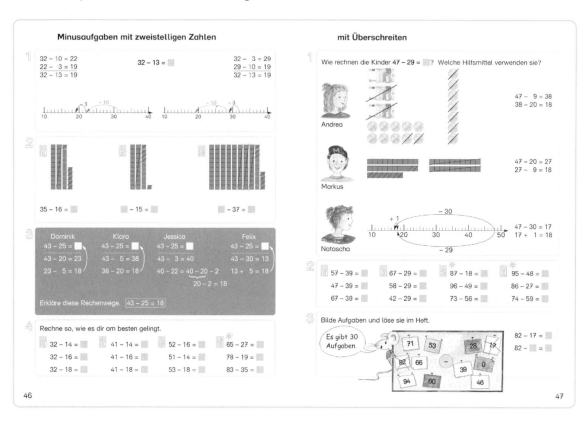

Hinweise zu den Aufgaben
Wie bereits erwähnt, ist das Rechnen mit zweistelligen Zahlen mit Überschreiten einer der anspruchsvollsten mathematischen Inhalte der 2. Jahrgangsstufe. Dabei stellt insbesondere das Subtrahieren für viele Kinder eine besondere Schwierigkeit dar. Nach unseren Erfahrungen ist auch hier ein Vorgehen mit zunächst viel Freiraum zum Entdecken und erst dann das Besprechen vielfältiger Lösungswege und Strategien der optimale Weg, um Rechenschwierigkeiten minimal zu halten.

Der Aufbau der Doppelseite und damit das didaktisch-methodische Vorgehen entspricht der vorangestellten Doppelseite zur Addition. Auf der Seite 46 werden verschiedene Rechenstrategien vorgestellt (Aufgabe 1 und Aufgabe 3). Diese Strategien und zugehörigen Notationen sollen Anlass zur Diskussion sein. Ziel ist wieder, die Kinder zum Verbalisieren anzuregen. Die Aufgaben werden veranschaulicht mit Zahlenstrahl, Zehnerstreifen und Einerplättchen. In der Aufgabe 1 (Seite 47) sind noch einmal 3 verschiedene Vorgehensweisen zusammengefasst und es wird das dazu geeignete didaktische Material gezeigt: Rechengeld veranschaulicht sehr übersichtlich die „Stellenwerte-getrennt-Strategie" (Rechenweg von Andrea, 47/1), Zehnerstreifen und Einerplättchen die „Stellenwerte-schrittweise-Strategie" (Rechenweg von Markus, 47/1) und der Zahlenstrahl die „Ausgleichs-Strategie" (Rechenweg von Natascha, 47/1).

Welcher Rechenweg, welches Veranschaulichungsmaterial und welche Notationsform schließlich bevorzugt wird, entscheidet jedes Kind für sich. Bei leistungsschwächeren Kindern sollte die Lehrkraft bei der Wahl wiederum unterstützend zur Seite stehen. Beim Rechnen mit dreigliedrigen Termen kann z. B. das Zwischenergebnis einer glatten Zehnerzahl vorteilhaft sein (Aufgabe 4, Seite 47).

Weitere Übungen

Tauschaufgaben/ Umkehraufgaben/ Ergänzungsaufgaben

zu Seite 48/49

Lernziele
- Lösen von Tauschaufgaben beim Addieren bis 100
- Lösen von Umkehraufgaben bzw. Rechnen von Aufgabenfamilien im Zahlenraum bis 100
- Ergänzen von Platzhaltern in Plus- und Minusaufgaben bis 100

Einstiegsmöglichkeit
Für die tägliche Fünf-Minuten-Übung zur Vorbereitung auf die Übungsstunde werden nun gezielt Plus- und Minusaufgaben aller Typen gerechnet und gefestigt. Dafür können auch für eine Übung ganz gezielt bestimmte Hilfsmittel benutzt werden: „Rechne folgende Aufgaben am Zahlenstrahl ... ", „Lege folgende Aufgaben mit Rechengeld ... ", „Lege folgende Aufgaben mit Zehnerstreifen und Einerplättchen ... ", „Rechne folgende Aufgaben am Hunderterquadrat ... "

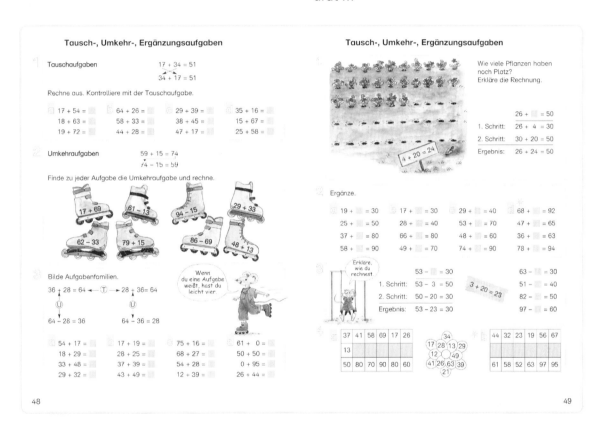

Hinweise zu den Aufgaben
Die Übungen dieser Doppelseite dienen zum Vertiefen des Verständnisses der Rechenwege beim Addieren und Subtrahieren bis 100. Tausch- und Umkehraufgaben bieten aber gleichzeitig auch Möglichkeiten der Selbstkontrolle. Verknüpft werden diese Aufgabenformen bei Aufgabenfamilien bzw. verwandten Aufgaben. Mit einem entsprechenden Zahlentripel können 4 verschiedene Aufgaben gebildet werden. Bei der Aufgabe 3 (Seite 48) sind das die Zahlen 54, 17 und 61 aus denen 2 Plus- und 2 Minusaufgaben zusammengesetzt werden können.

Um eine Ergänzungsaufgabe zu lösen empfiehlt sich ein schrittweises Vorgehen. Das wird für die Addition in Aufgabe 1 (Seite 49) und für die Subtraktion in Aufgabe 3 (Seite 49) veranschaulicht. Das Konzept unseres Buches bezieht in den Übungsprozess und damit in die Vertiefung des Begriffsverständnisses immer wieder Tauschaufgaben, Umkehraufgaben und Ergänzungsaufgaben ein, um ein sicheres und solides Rechnen bei den Kindern zu entwickeln.

Weitere Übungen

 Seite 25   KV 12

 KV 9 (aus Begleitmaterialien 1)

Rechentraining mit plus und minus

zu Seite 50/51

Lernziele
- Berechnen dreigliedriger Additions- und Subtraktionsterme
- Sicheres Lösen von Plusaufgaben im Zahlenraum bis 100
- Sicheres Lösen von Minusaufgaben im Zahlenraum bis 100

Einstiegsmöglichkeit
Für die tägliche Fünf-Minuten-Übung zur Vorbereitung auf die Übungsstunde werden bunt gemischt Plus- und Minusaufgaben aller Typen gerechnet und gefestigt. Dafür können als Einstimmung auch Übungen stehen, die in Partnerarbeit gerechnet werden (Partner rechnet die Tauschaufgabe, Partner rechnet die Umkehraufgabe).

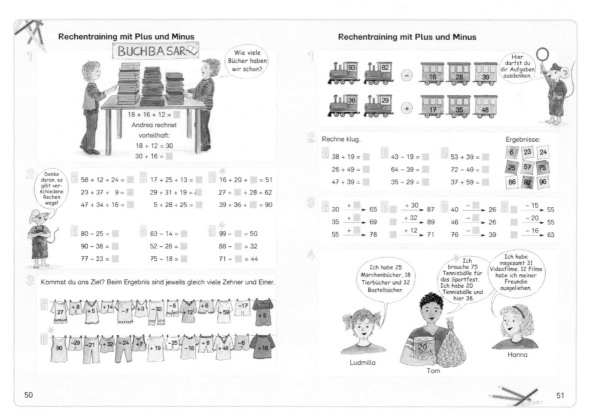

Hinweise zu den Aufgaben
Das Addieren und Subtrahieren bis 100 erfordert einen hohen Übungsaufwand. Die Übungen sollten allerdings sehr vielfältig sein und angemessene Forderungen für alle Kinder darstellen. Für die Übungen auf dieser Doppelseite, die differenziert geplant werden können, sind folgende Aufgaben vorgesehen:
- dreigliedrige Terme berechnen (auch als Ergänzungsaufgaben mit besonders hohem Schwierigkeitsgrad),
- Kettenaufgaben lösen,
- Textaufgaben bearbeiten,
- Aufgaben mit Operatorpfeilen lösen.

Weitere Übungen

Seite 26

KV 13 und 14

KV 12

KV 11 und 12 (aus Begleitmaterialien 1)

KV 4

Geldwerte erkennen/ Preise lesen und vergleichen

zu Seite 52/53

Lernziele
- Kennen lernen der Geldwerte 50 Ct, 50 €, 100 € und Wiederholen der bekannten Münzen und Geldscheine zu 1 Ct, 2 Ct, 5 Ct, 10 Ct, 20 Ct, 1 €, 2 € sowie 5 €, 10 € und 20 €
- Stukturieren und Zählen von Geldbeträgen
- Umwandeln von Geldbeträgen aus der Kommaschreibweise in die „Euro-Cent-Schreibweise"
- Umwandeln von Geldbeträgen aus der „Euro-Cent-Schreibweise" in die Kommaschreibweise

Einstiegsmöglichkeit
Für den Einstieg in die Thematik sind die Kinder mit Rechengeld (Cent-Münzen, Euro-Münzen und Euro-Scheinen) als Arbeitsmittel auszustatten.

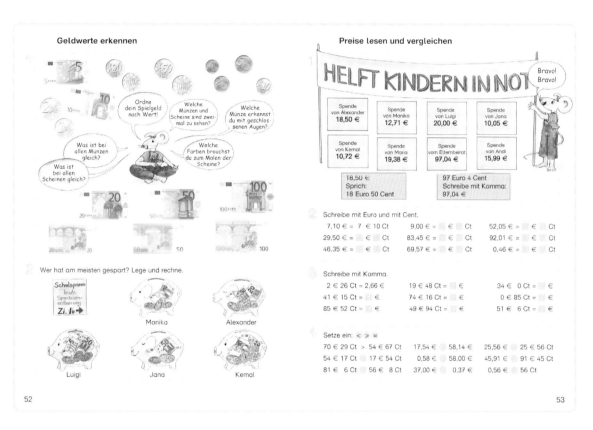

Hinweise zu den Aufgaben
Die linke Buchseite regt das genaue Beschäftigen mit den Cent-Münzen zu 1 Ct, 2 Ct, 5 Ct, 10 Ct, 20 Ct, 50 Ct und Euro-Münzen zu 1 € und 2 € sowie mit Euro-Scheinen zu 5 €, 10 €, 20 €, 50 € und 100 € an. Dabei kommt zu den bekannten Münzen und Scheinen aus Jahrgangsstufe 1 insbesondere das 50-Cent-Stück sowie der 50-Euro-Schein und der 100-Euro-Schein hinzu. Einfache Legeübungen vertiefen den Umgang mit den Geldwerten.

Die rechte Buchseite zeigt erstmals die Kommaschreibweise von Geldbeträgen. Allerdings sind den Kindern Preisschilder mit Kommaschreibweise vom Einkaufen gut bekannt. Beträge in Kommaschreibweise werden in den Übungen abgelesen, gelegt und verglichen. Das Komma erfahren die Kinder dabei als

„Sortentrennungszeichen": Links vom Komma stehen die Euro-, rechts die Cent-Werte. Steht links eine Null vor dem Komma gibt es keine Euro-Werte. Stehen rechts zwei Nullen hinter dem Komma gibt es keine Cent-Werte. Steht dort 01 bedeutet das 1 Cent usw. Insbesondere Zahldarstellungen in denen die Ziffer 0 vorkommt, sind mit vielen Beispielen zu üben.
Die Übung 2 (Seite 53) fordert das Umwandeln von der Kommaschreibweise in zwei Einheiten, in der nachfolgenden Übung ist umgekehrt vorzugehen.
Die Aufgabe 4 zum Vergleichen dient zur Vertiefung des Größenverständnisses.

Weitere Übungen

Seite 27   KV 13

Rechnen mit Geld

zu Seite 54/55

Lernziele
- Addieren und Subtrahieren bis 100 mit der Größeneinheit „Cent" und „Euro"
- Lösen einfacher Rechengeschichten aus Situationsbildern zur Größe „Geld"
- Legen und Wechseln konkreter Geldbeträge

Einstiegsmöglichkeit
Als Einstieg können die Kinder Prospekte, Kataloge und Werbematerial mitbringen, um aktuelles Material zum Lesen von Preisen bzw. Umwandeln von Preisen in Euro und Cent oder als Anregung zum Legen von Geldbeträgen zu verwenden.

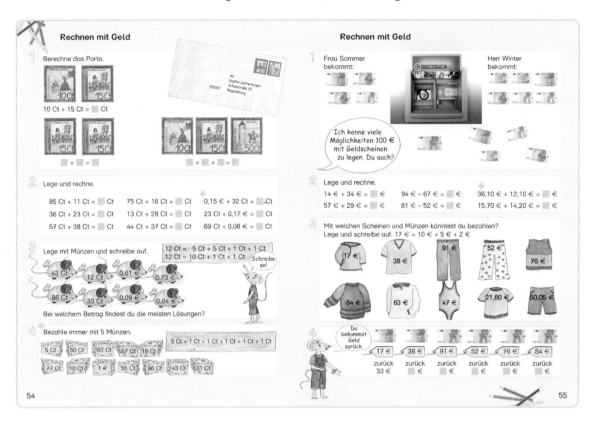

Hinweise zu den Aufgaben
Die Übungsaufgaben auf der Doppelseite ermöglichen sowohl ein Vertiefen der Größe „Geld" als auch ein Festigen des Addierens und Subtrahierens bis 100. Den Kindern wird die Beziehung 100 Ct = 1 € deutlich gemacht, wobei meistens nur mit einer Einheit innerhalb einer Aufgabe gerechnet wird. Die angesprochenen Sachbezüge wie Briefmarken und Geldautomat können von der Lehrkraft durch Originalmaterialien verdeutlicht werden (z. B. aktuelle Sondermarken in verschiedenen Wertstufen, Bankvordrucke). Verschiedene Briefmarken können auch zum Zusammenstellen eines notwendigen Briefportos kombiniert werden (Anregung durch Aufgabe 1, Seite 54). Spiele zum Einkaufen, Bezahlen und Wechseln werden durch die Aufgaben 3 und 4 (Seite 55) angeregt.

Weitere Übungen

 Seite 28

 KV 15

KV 14

KV 5

Übungsstraße Haus 3 und 4

zu Seite 56/57

Lernziele
- Festigen von Plusaufgaben mit und ohne Überschreiten bis 100
- Festigen von Minusaufgaben mit und ohne Überschreiten bis 100
- Festigen von Ergänzungsaufgaben zum Addieren und Subtrahieren bis 100

Einstiegsmöglichkeit
Zum Einstieg bieten sich an: Kopfrechenübungen, Übungen zum Umgang mit dem Zahlenstrahl, mit dem Hunderterfeld, mit Rechengeld oder mit Zehnerstreifen und Einerplättchen.

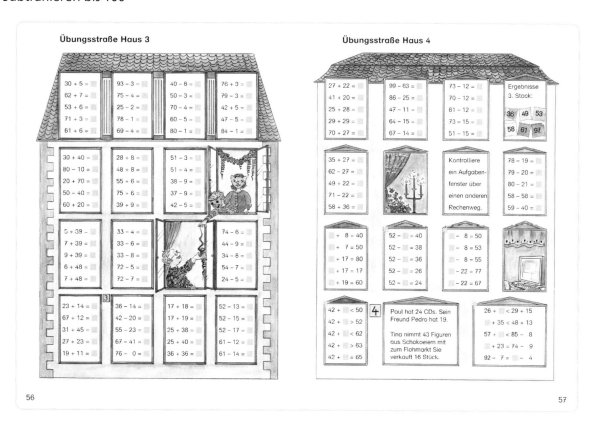

Hinweise zu den Aufgaben
In dem Schulbuch finden die Kinder insgesamt 8 Häuser einer Übungsstraße, auf den Seiten 56 und 57 die Häuser 3 und 4.
Sinn und Zweck dieser Übungsstraße ist:
- ein selbständiges intensives Üben zu ermöglichen, denn Mathematik ist ein übungsintensives Fach,
- Übungsmaterial insbesondere für leistungsschwache Kinder bereitzustellen (speziell Haus 3),
- Übungsseiten zu schaffen, die keiner zusätzlichen Erklärung bedürfen,
- Übungsseiten so zu nutzen, dass bei Bedarf auf diese auch immer wieder zurückgeblättert werden kann.

Weitere Übungen
Intensives Rechentraining in Partnerarbeit unter Zuhilfenahme von didaktischem Material.

Projekt „Zeit"

zu Seite 58/59

Lernziele
- Festigen der Zeiteinheit Stunde (h)
- Kennen lernen der Zeiteinheit Minute (min)
- Entwickeln von Größenvorstellungen zu Zeiteinheiten

Einstiegsmöglichkeit
Für den Einstieg in die Thematik können die Kinder angeregt werden eine Minuten-Geschichte zu erzählen (nach 1 Minute wird abgebrochen), in denen es um „Zeit" geht. Anschließend könnten Begriffe oder Gegenstände genannt werden, die mit dem Thema Zeit etwas zu tun haben.

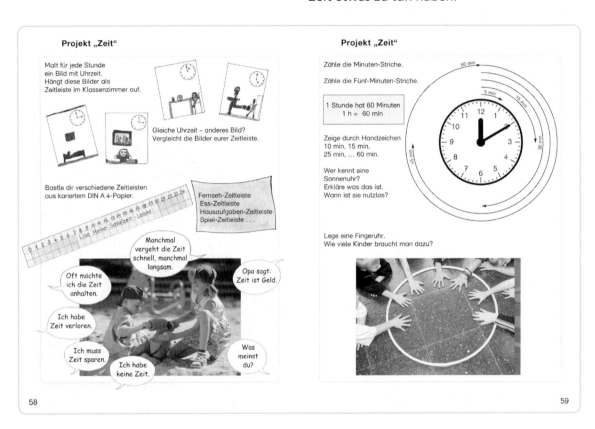

Hinweise zu den Aufgaben
Die Doppelseite soll als Ganzes erschlossen werden. Durch den Projektcharakter müssen die Aufgaben einerseits nicht unbedingt genau nacheinander bearbeitet werden. Andererseits stellen die einzelnen Szenen Anregungen für weitere Ideen und Aufgaben dar. Eine wichtige Aktivität sollte dabei die Entwicklung des Zeitgefühls sein.
Ein Forschungsauftrag kann sein, auf Uhrenentdeckung zu gehen: „Was kennst du für Uhren?" / „Wo gibt es überall Uhren?" / „Wodurch unterscheiden sich verschiedene Uhrenarten?" usw. Auf der Seite 59 werden eine Analoguhr und eine Fingeruhr vorgestellt. Kinder werden verschiedene Uhren evtl. auch Bilder von Uhren sammeln: Sonnenuhr, Kuckucksuhr, Stoppuhr, Digitaluhr, Funkwecker, Turmuhr u.v.m. Hier besteht eine direkte Verbindung zum HSU.
Zur Weiterführung wäre auch die Gestaltung von Ideenblättern denkbar, wie z. B. „Meine Ideen für eine moderne Uhr", „Ideen für eine Zeitreise", „Meine Zeitmaschine".

Weitere Übungen

 Seite 29

KV 13 (aus Begleitmaterialien 1)

Nimm dir Zeit für die Zeit/ Meine Haustiere

zu Seite 60/61

Lernziele
- Angeben von umgangssprachlichen Zeitangaben (halb zwei, drei viertel acht usw.)
- Bestimmen von Zeitpunkten und Zeitdauer an der Uhr
- Erzählen von Rechengeschichten zum Thema „Haustiere"
- Lösen von Sachaufgaben zum Rechnen bis 100, mit Anzahlen, mit Geld und mit Zeit

Einstiegsmöglichkeit
Zur Vorbereitung für das anschauliche Bestimmen von Zeitdauer und Zeitpunkt brauchen die Kinder eine Uhr bzw. ein Uhrenmodell, wie z. B. im Arbeitsmaterial vom Wolf-Verlag enthalten (Bestellung als Klassensatz).

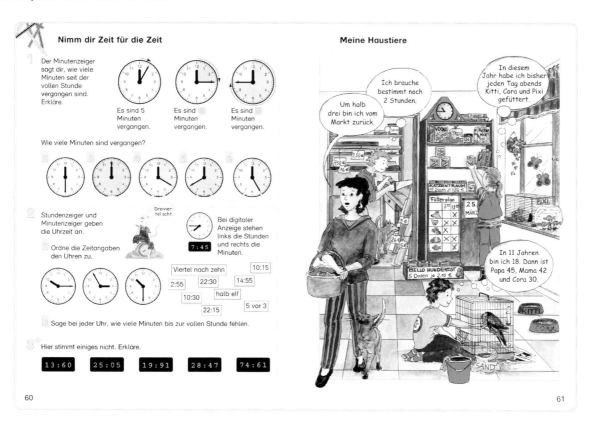

Hinweise zu den Aufgaben
Die linke Seite enthält Übungen zum anschaulichen Ermitteln der Uhrzeit nach Verstreichen einer bestimmten Zeit sowie der Zeitdauer zwischen 2 Zeitpunkten (Aufgabe 1). In der Aufgabe 2 geht es vor allem um die Zuordnung umgangssprachlicher Begriffe zu Uhrzeitangaben.

Das Thema „Meine Haustiere" bestimmt die Seite 61. Auf dieser Seite sind viele Daten und Größen (Zeit- und Geldangaben) versteckt, die Anlass für verschiedene Sachaufgaben sein können. Die Kinder sollen die dargestellten Sachsituationen mathematisieren lernen. Dabei verwenden sie ihr erworbenes Wissen über Zahlen, Zahldarstellung, Rechenoperationen und Rechenverfahren sowie über die Größen Zeit und Geld. Die Informationen, welche die Kinder entnehmen, sollen versprachlicht werden und zum Aufstellen und Lösen von Gleichungen dienen.

Weitere Übungen

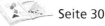 Seite 30   KV 16

 FA 2

 KV 13 (aus Begleitmaterialien 1)

 KV 6

Reiseträume

zu Seite 62/63

Lernziele
- Erschließen von Sachsituationen und Entnehmen von Daten aus unterschiedlichen Informationsträgern
- Erzählen von Rechengeschichten zum Thema „Ferien und Reisen"
- Lösen von Sachaufgaben zum Rechnen bis 100, mit Anzahlen, mit Geld und mit Zeit

Einstiegsmöglichkeit
Für die Behandlung der Thematik „Reiseträume" können Reiseprospekte, Flugpläne, Reiseführer und Ansichtskarten aus Urlaubsgebieten aus der ganzen Welt von den Kindern mitgebracht werden.

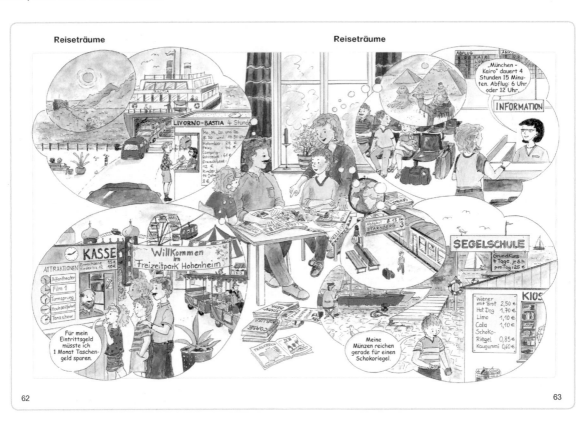

Hinweise zu den Aufgaben
Das Thema „Reiseträume" bestimmt die gesamte Doppelseite. In vier verschiedenen Sachsituationen sind viele Daten und Größen (Zeit- und Geldangaben) versteckt, die Anlass für Rechengeschichten und Sachaufgaben sein können. Die Kinder sollen die dargestellten Sachsituationen mathematisieren lernen. Dabei verwenden sie ihr erworbenes Wissen über Zahlen, Zahldarstellung, Rechenoperationen und Rechenverfahren sowie über die Größen Zeit und Geld. Die Informationen, welche die Kinder entnehmen, sollen versprachlicht werden und zum Aufstellen und Lösen von Gleichungen dienen. So können z. B. Flugzeiten, Eintrittspreise, Beförderungspreise und vieles mehr den Texten und Tabellen entnommen werden. Bei der Bearbeitung könnten konkrete Arbeitsanweisungen ein Impuls sein, wie z. B. wie „Wem fällt zu diesem Bild, zu diesen Zeitangaben … noch eine andere Aufgabe ein? Sage deine Aufgabe und stelle sie den anderen Kindern".

Weitere Übungen

 Seite 31   KV 15

 FA 3

Rechnen und Knobeln: Wettbewerb an 5 Stationen

zu Seite 64/65

Lernziele
- Festigen des Zahlbegriffs und der Zahldarstellung bis 100
- Addieren, Subtrahieren und Ergänzen bis 100
- Rechnen mit den Größen „Zeit" und „Geld"

Einstiegsmöglichkeit
Für den Einstieg in die Thematik werden Kopfrechenübungen mit Kettenaufgaben gestellt. Dann werden Gruppen eingeteilt, die gemeinsam an den verschiedenen Stationen knobeln.

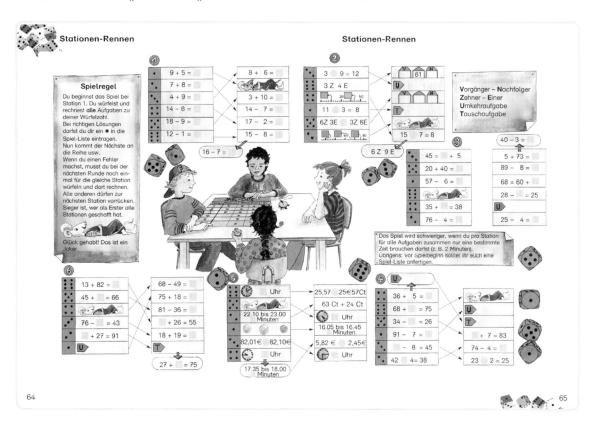

Hinweise zu den Aufgaben:
Die Doppelseite besteht links aus 5 verschiedenen Stationen, die von jedem Kind einer Spielgruppe nacheinander durchlaufen werden müssen. Jedes Kind benötigt einen Würfel und eine Spielliste, auf der die Ergebnisse eingetragen werden. Reihum wird gewürfelt. Die Augenzahl bestimmt, welche Aufgabe gelöst werden muss. Wer einen Fehler macht, muss in der nächsten Runde erneut versuchen, eine Aufgabe dieser Station zu lösen. Hat ein Kind eine Aufgabe richtig gelöst, darf es in der nächsten Runde eine Station weiterrücken. Sieger ist, wer als erster alle Stationen geschafft hat. Bei Gleichstand gibt es ein Stechen. Für das Lösen einer Aufgabe ist vorher eine Zeitbegrenzung festzulegen. Wie lange das ist, z. B. eine halbe Minute, 1 oder 2 Minuten, entscheidet die Gruppe zu Beginn.

Weitere Übungen
Rechenspiele zum Rechnen bis 100.

Projekt „Mein Ideenbuch für Geometrie"

zu Seite 66/67

Lernziele
- Gestalten und Besprechen von Ideenblättern zu Linien und Mustern
- Gestalten und Besprechen von Ideenblättern zu einfachen und komplexen Flächenformen
- Zeichnen und Schneiden geometrischer Figuren

Einstiegsmöglichkeit
Das Arbeiten mit bzw. Gestalten von Ideenblättern kennen die Kinder bereits aus verschiedenen Projekten.

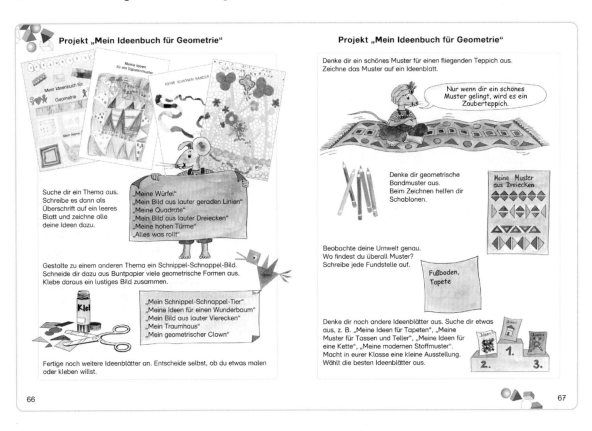

Hinweise zu den Aufgaben
Die Doppelseite soll anregen, im Laufe des Schuljahres ein Ideenbuch für Geometrie zusammenzustellen. So ein Projekt ist nicht in einer Unterrichtsstunde und in einem Zug zu behandeln. An verschiedenen Stellen im Schuljahr kann daran gearbeitet werden. Immer wieder besteht die Möglichkeit Ideenblätter zu ergänzen. Dafür können verschiedene Themenbereiche bearbeitet werden. Nicht alle Kinder sollten aber gleichzeitig an dem gleichen Ideenblatt arbeiten. Eigene kreative Ideen für geometrische Bilder mit bestimmten geometrischen Flächenformen und Linien oder mit Mustern sind gefragt.

In dem Heft „Mein Ideenbuch für Geometrie" (erschienen im Wolf-Verlag, ISBN-Nummer: 3-523-26808-7) wird die methodische Vorgehensweise ausführlich beschrieben, werden Themen für einzelne Jahrgangsstufen katalogisiert und einige Kinderarbeiten vorgestellt.

Weitere Übungen
 Seite 32

Geometrische Körperformen kennen lernen/
Geometrische Körper entdecken

zu Seite 68/69

Lernziele
- Kennen lernen der geometrischen Körperformen „Würfel", „Quader" und „Kugel"
- Untersuchen von Körpermodellen bezüglich ihrer Anzahl von „Ecken", „Kanten" und „Flächen"
- Entdecken verschiedener Körperformen in der Umwelt bzw. in Abbildungen davon

Einstiegsmöglichkeit
Für den Einstieg in die Thematik können Gegenstände mitgebracht werden, die einer speziellen Körperform zugeordnet werden können, insbesondere würfel-, quader- und kugelförmige Objekte.

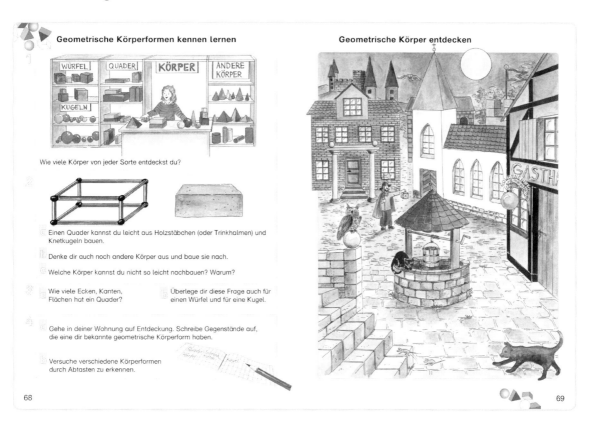

Hinweise zu den Aufgaben
Auf der Doppelseite geht es um die Einführung der geometrischen Körper Würfel, Quader und Kugel. Spezielle Flächenformen wie Quadrat und Rechteck als besondere Vierecke, wie auch Dreiecke und Kreise sind den Kindern aus dem Unterricht bekannt. Aber auch bei den Körperformen ist ein gewisses Vorwissen zu erwarten. Vor allem ist hier der Spielwürfel zu nennen. Als Körpermodell ist der Spielwürfel allerdings wegen seiner abgerundeten Ecken weniger geeignet. Hier kann aber eine fruchtbare Diskussion beim Vergleich „Spielwürfel – Holzwürfelmodell" entstehen. Eventuell können zum Einstieg auch Ideenblätter der Kinder genutzt werden, die bereits zu verschiedenen Körperformen angefertigt wurden (vgl. Seite 66–67).
Zur Beschreibung der Körperformen sind die Begriffe Ecke, Kante und Fläche zu verwenden. Die Körper sollten zunächst als Vollkörpermodelle vorliegen (Einstiegsbild). Es können auch Verpackungsmaterialien aus Pappe in entsprechender Form sein, um damit Tastübungen durchzuführen. Aus Stäbchen und Knetkügelchen können dann Kantenmodelle von Würfel und Quader durch die Kinder selbst gebastelt werden (Aufgabe 2). Sehr wichtig ist das Wiedererkennen von Körperformen in der Umwelt (Aufgabe 4).

Die so gewonnenen Kenntnisse sind auf das Bild Seite 69 anzuwenden. Hier können die Kinder beschreiben, an welchen Stellen sie bestimmte Körperformen entdeckt haben. Leistungsstarke Kinder kennen eventuell auch noch andere Körperformen wie Pyramide oder Zylinder.

Weitere Übungen

Malaufgaben kennen lernen

zu Seite 70/71

Lernziele
- Kennen lernen der Rechenoperation „Multiplikation"
- Ableiten von Malaufgaben aus Plusaufgaben unter Berücksichtigung des kombinatorischen Aspekts
- Kennen lernen der Begriffe „Malaufgabe" bzw. „mal" und des zugehörigen Operationszeichens

Einstiegsmöglichkeit
Für den Einstieg bietet sich das Nachgestalten ähnlicher Sachsituationen wie auf dieser Doppelseite an. Verschiedene Produkte werden in einer bestimmten Weise, die sowohl zu einer Plusaufgabe als auch zu einer Malaufgabe führt, angeordnet und sind Anlass zum Rechnen.

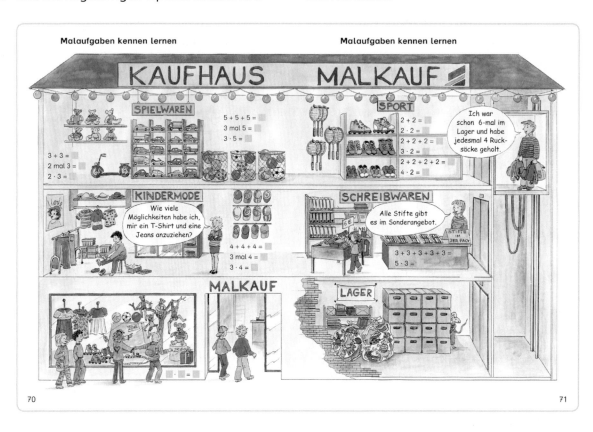

Hinweise zu den Aufgaben
Mit dieser Doppelseite beginnend, werden die Kinder in die Rechenoperation Multiplikation eingeführt. Es wird zunächst angestrebt, dass die Kinder in realitätsnahen Situationen ein erstes Verständnis für die neue Rechenoperation entwickeln. Das begriffliche Verständnis der Multiplikation ist in der Jahrgangsstufe 2 vorrangig vor dem Automatisieren von bestimmten Einmaleinsreihen.
Die Doppelseite soll als Ganzes erschlossen werden. Es gibt keine vorgesehene Reihenfolge der Besprechung der einzelnen Abbildungen. Die Kinder können im Kaufhaus „Malkauf" viele Entdeckungen machen und werden vor allem angeregt, Aufgaben mit mehreren Summanden zum Addieren zu bilden und diese dann gleichzeitig als Malaufgaben zu formulieren. Für viele Aufgaben wurden dazu schon Platzhaltergleichungen vorgegeben. Weitere Plus- und zugehörige Malaufgaben sind aber im Bild versteckt, z. B. 2 mal 8 Stofftiere, 4 mal 4 gestapelte Kisten oder 3 mal 7 Ordner.
Die Multiplikation kann also als eine „verkürzte Addition" erklärt werden. Im Unterricht wird eine Sachsituation zunächst immer als Addition mit mehreren Summanden betrachtet und dann die verkürzte Schreib- und Sprechweise des „Malnehmens" gezeigt. Bekannte Einspluseinssätze bilden deshalb die Grundlage zum Verständnis der Multiplikation.
Die Multiplikation kann daneben auch als kombinatorisches Problem verstanden werden, z. B. wie viele Möglichkeiten gibt es
- 3 Hosen und 2 T-Shirts mit einander zu kombinieren,
- aus 4 Trucks und 2 Anhängern einen Lastzug zusammenzustellen,
- Häuser farblich zu gestalten mit gelbem, weißem oder rotem Anstrich und mit roten oder schwarzen Dächern?

Zum ersten dieser Beispiele gibt es beim „Malkauf" eine Aufgabe. Alle Beispiele für einen kombinatorischen Zugang sollten materialgeleitet und handlungsorientiert sein.
Mit dem Bearbeiten der einzelnen Sachsituationen steht die Einführung und Einübung des Begriffs Malaufgabe und der zugehörigen Symbolik an: Sprechweise und Schreibweise von Malaufgaben.

Weitere Übungen
Die im Buch angedeuteten Plus- bzw. Malaufgaben mit Plättchenmaterial nachlegen und notieren.

Malaufgaben finden und rechnen

zu Seite 72/73

Lernziele
- Ableiten von Malaufgaben am Zahlenstrahl
- Erkennen des Zusammenhangs von Malaufgaben und zugehörigen Plusaufgaben
- Legen und Formulieren von Malaufgaben mit Plättchen und mit Rechengeld

Einstiegsmöglichkeit
Für die tägliche Fünf-Minuten-Übung am Stundenbeginn dienen Übungen mit Aufgaben zur Addition mit mehreren gleichen Summanden, z. B. 7 + 7 + 7, 5 + 5 + 5 , 4 + 4 + 4, 9 + 9 + 9 usw.

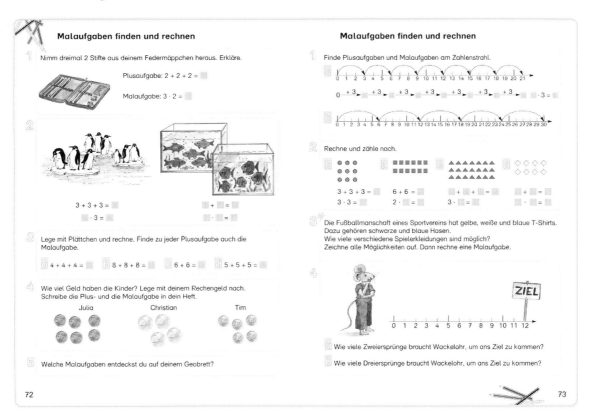

Hinweise zu den Aufgaben
Die Doppelseite unterstützt die weitere Vertiefung des Multiplikationsbegriffs. Alle Malaufgaben werden zunächst anschaulich präsentiert, sollen nachgelegt und verbalisiert werden. Die dargestellten Modellhandlungen berücksichtigen den zeitlich sukzessiven Aspekt (z. B. dreimal 2 Stifte nehmen – Aufgabe 1, Seite 72) und den räumlich simultanen Aspekt (z. B. 2 Aquarien mit je 5 Fischen – Aufgabe 2, Seite 72).

Durch die Verwendung von didaktischen Modellen soll ein aspektreiches Verständnis der Multiplikation erreicht werden. Als Modelle dienen der Zahlenstrahl (mehrere Sprünge in gleicher Länge) und rechteckförmige Plättchenanordnungen (mehrere Reihen von Plättchen gleicher Anzahl). Einige Malfolgen können auch mit Rechengeld veranschaulicht werden (vier 5-Cent-Stücke z. B. für die Plusaufgabe 5 + 5 + 5 + 5 = 20 bzw. für die Malaufgabe 4 · 5 = 20.

Weitere Übungen

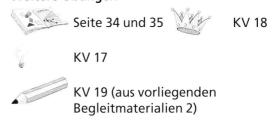

Seite 34 und 35

KV 18

KV 17

KV 19 (aus vorliegenden Begleitmaterialien 2)

Geteiltaufgaben kennen lernen

zu Seite 74/75

Lernziele
- Kennen lernen der Rechenoperation „Division"
- Ableiten von Divisionsaufgaben aus Handlungen zum Aufteilen und Verteilen
- Kennen lernen der Begriffe „Geteiltaufgabe" sowie „geteilt" bzw. „durch" und des zugehörigen Operationszeichens

Einstiegsmöglichkeit
Für den Einstieg dienen Spiele mit verschiedenen Gegenständen (Bonbons, Plättchen) zum Verteilen bzw. Aufteilen. Dabei ist den Kindern bewusst zu machen, dass es immer um ein gerechtes Verteilen bzw. um ein gleichmäßiges Aufteilen geht.

Hinweise zu den Aufgaben
Mit dieser Doppelseite beginnend werden die Kinder in die Rechenoperation Division eingeführt. Es wird angestrebt, dass die Kinder in realitätsnahen Situationen ein erstes Verständnis für die neue Rechenoperation entwickeln. Das Verständnis der Division bzw. des „Teilens" kann anhand des Verteilens und des Aufteilens verdeutlicht werden. Verteilen bedeutet z. B. 15 Äpfel gerecht an 5 Kinder zu verteilen: Erst bekommt jedes Kind 1 Apfel, dann den zweiten Apfel und wenn jedes Kind 3 Äpfel hat, sind die 15 Äpfel gerecht verteilt.
Aufteilen bedeutet z. B. 15 Äpfel in Netzen zu 3 Äpfel aufzuteilen: Erst wird das 1. Netz gefüllt, dann wird das 2. Netz gefüllt, dann das 3. Netz, dann das 4. Netz und schließlich wird ein 5. Netz gefüllt bis alle 15 Äpfel gleichmäßig aufgeteilt sind.

Die Doppelseite soll als Ganzes erschlossen werden. Es gibt keine vorgesehene Reihenfolge der Besprechung der einzelnen Abbildungen. Die Kinder können auf dem Wochenmarkt „Teilkauf" viele Entdeckungen machen und werden vor allem angeregt, Aufgaben zum gerechten Verteilen und Aufteilen zu bilden und diese dann als Geteiltaufgaben zu formulieren. Für die Aufgaben wurden dazu schon Platzhaltergleichungen vorgegeben.

Mit dem Bearbeiten der einzelnen Sachsituationen steht die Einführung des Begriffs Geteiltaufgabe und der zugehörigen Symbolik an: Sprechweise und Schreibweise von Geteiltaufgaben (siehe Beispiele und Formulierungen S. 74/75).

Weitere Übungen
Die im Buch angedeuteten Plus- bzw. Malaufgaben mit Plättchenmaterial nachlegen und notieren.

Geteiltaufgaben finden und rechnen

zu Seite 76/77

Lernziele
- Ableiten von Geteiltaufgaben aus Situationsbildern
- Legen und Formulieren von Geteiltaufgaben mit Plättchen
- Verdeutlichung der Begriffe „Multiplikation" und „Division" am Operatormodell von Rechenmaschinen

Einstiegsmöglichkeit
Für den Einstieg dienen Legeübungen mit Plättchenmaterial, Kastanien, Perlen o.ä. Die Materialien werden in einer bestimmten vorgeschriebenen Anzahl in Pappschachteln verteilt bzw. eine bestimmte Teilmenge von Plättchen, Kastanien, Perlen usw. wird auf mehrere Schachteln aufgeteilt.

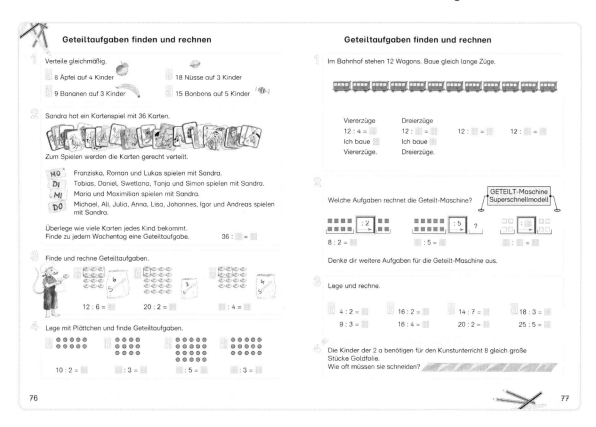

Hinweise zu den Aufgaben
Die Doppelseite unterstützt die weitere Vertiefung des Divisionsbegriffs. Alle Geteiltaufgaben werden zunächst anschaulich präsentiert, sollen nachgelegt und verbalisiert werden. Die dargestellten Modellhandlungen berücksichtigen das Verteilen (z. B. 36 Karten an 4 Kinder verteilen – Aufgabe 2 a, Seite 76) und das Aufteilen (z. B. 12 Waggons in mehrere Viererzüge aufzuteilen – Aufgabe 1 a, Seite 77).

Durch die Verwendung von didaktischen Modellen soll ein aspektreiches Verständnis der Division erreicht werden. Während bei der Multiplikation ein direkter Bezug zur Addition möglich ist wird die Division von Anfang an als Umkehroperation der Multiplikation behandelt. Als Modelle dienen rechteckförmige Plättchenanordnungen (mehrere Reihen von Plättchen gleicher Anzahl), wie schon bei der Multiplikation und Modelle von Rechenmaschinen, die bei „Rückwärtslaufen" die Umkehroperation ausführen.

Die Sachaufgabe 4 (Seite 77) beinhaltet die Erkenntnis, dass ein vorschnelles Antworten ohne genau zu überlegen leicht zum falschen Ergebnis führen kann („Für 8 Stücke werden 7 Schritte benötigt."). Haben die Kinder die Aufgabe verstanden, können sie sich ähnliche Aufgaben ausdenken (Zersägen von Brettern, Zerteilen von Schokoriegeln, Zerschneiden von Fäden, Papier oder Stoffbahnen).

Weitere Übungen

Seite 36 und 37   KV 19

KV 18

KV 20 (aus vorliegenden Begleitmaterialien 2)

Tausch- und Umkehraufgaben finden und rechnen

zu Seite 78/79

Lernziele
- Kennen lernen von Tauschaufgaben beim Multiplizieren
- Anschauliches Legen von Malaufgaben bzw. zugehöriger Tauschaufgaben mit Plättchen
- Kennen lernen von Geteiltaufgaben als Umkehraufgaben zu Malaufgaben
- Kennen lernen von Malaufgaben als Umkehraufgaben zu Geteiltaufgaben

Einstiegsmöglichkeit
Für den Einstieg dienen Legeübungen mit Plättchenmaterial zu einfachen Mal- und Geteiltaufgaben, insbesondere sind dabei Tausch- und Umkehraufgaben vorzubereiten.

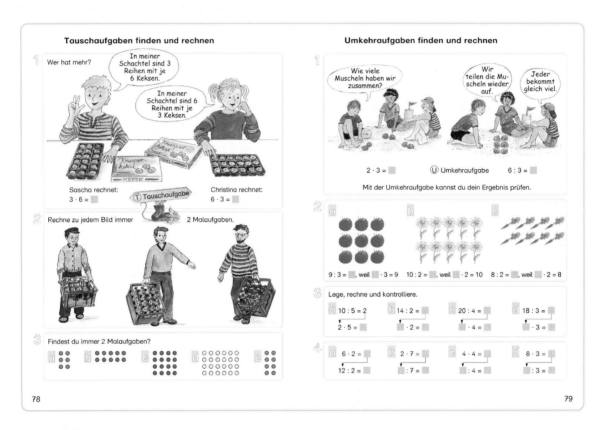

Hinweise zu den Aufgaben
Das Verständnis für die Multiplikation und für die Division wird durch die Behandlung von Tauschaufgaben und Umkehraufgaben wesentlich vertieft. Diese sind den Kindern zwar von der Addition und Subtraktion bekannt, müssen aber bei den neuen Rechenoperationen erst verständlich gemacht werden. Deshalb werden diese Aufgaben durch angedeutete Handlungen auf der zeichnerischen Ebene und schließlich symbolisch präsentiert. Bei den Kindern bahnen sich so die Erkenntnisse an, dass
- jede Malaufgabe eine Tauschaufgabe hat, wie bei Plusaufgaben (Seite 78),
- zu jeder Geteiltaufgabe eine Malaufgabe als Umkehraufgabe gehört und umgekehrt (Seite 79).
- und dass Tauschaufgaben und Umkehraufgaben als Kontrollaufgabe genutzt werden können.

Bei allen Aufgaben wird angestrebt, diese zunächst mit Material zu legen bzw. nach dem Rechnen mit Material zu kontrollieren (Plättchen, Stäbchen, Rechengeld).

Weitere Übungen

Seite 38

KV 19

KV 1 und 3

KV 9 (aus Begleitmaterialien 1)

KV 20

FA 6

Verwandte Aufgaben finden und rechnen

zu Seite 80/81

Lernziele
- Vertiefen des Zusammenhangs zwischen Multiplikation und Division
- Finden und Rechnen von verwandten Aufgaben
- Ableiten von 4 verwandten Aufgaben aus einer grafischen Darstellung mit Plättchen

Einstiegsmöglichkeit
Für den Einstieg sollten die Begriffe Tauschaufgabe und Umkehraufgabe wiederholt werden. Dazu können diese Aufgaben gespielt werden. Drei Kinder haben ein Zahlenschild (z. B. 2, 4 und 8), ein Kind spielt das Malzeichen, ein Kind das Geteiltzeichen und ein Kind das Gleichheitszeichen. Die anderen Kinder müssen sich nun alle in die richtige Reihenfolge stellen: „Bildet eine Malaufgabe!"/ „Welche Kinder müssen ihren Platz verändern für die Tausch- bzw. Umkehraufgabe?" usw.

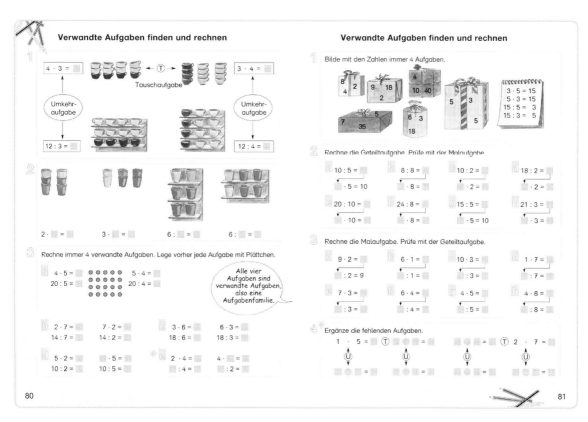

Hinweise zu den Aufgaben
Die Doppelseite zu den verwandten Aufgaben bzw. Aufgabenfamilien knüpft an erste Kenntnisse zu Tausch- und Umkehraufgaben an. Die linke Buchseite erinnert zunächst durch eine entsprechende Veranschaulichung mit Geschirrteilen übersichtlich an Malaufgabe und Tauschaufgabe sowie an deren jeweilige Umkehraufgabe. Dabei sind folgende Erkenntnisse zu vertiefen:
- Tauschaufgabe bedeutet: die beiden Zahlen der Aufgabe sind zu vertauschen, das Ergebnis bleibt gleich.
- Geteiltaufgaben haben keine Tauschaufgaben.
- Eine Geteiltaufgabe hat als Umkehraufgabe eine Malaufgabe.
- Eine Malaufgabe hat als Umkehraufgabe eine Geteiltaufgabe.
- In der Umkehraufgabe erscheinen – im Gegensatz zur Aufgabe – die Zahlen in umgekehrter Reihenfolge (rückwärts).
- Alle vier Aufgaben (Aufgabe – Tauschaufgabe und die beiden zugehörigen Umkehraufgaben) sind verwandte Aufgaben und bilden eine Aufgabenfamilie. Für diese vier Aufgaben braucht man stets nur 3 Zahlen zu kennen (Zahlentripel).

Die Übungen 2 und 3 (Seite 80) und 1 (Seite 81) dienen zur weiteren Übung. Die Festigung der (im Vergleich zu Tauschaufgaben) schwereren Umkehraufgaben erfolgt mit den Aufgaben 2, 3 und 4 (Seite 81).

Weitere Übungen

Seite 39   KV 20

KV 4   KV 8

Übungsstraße Haus 5 und 6

zu Seite 82/83

Lernziele
- Festigen von Grundvorstellungen zur Multiplikation
- Festigen von Grundvorstellungen zur Division
- Festigen von Aufgaben zum Addieren und Subtrahieren bis 100

Einstiegsmöglichkeit
Zum Einstieg bietet es sich an, Begriffe verbalisieren zu lassen: Was ist eine Malaufgabe (Geteiltaufgabe, Tauschaufgabe, Umkehraufgabe)?

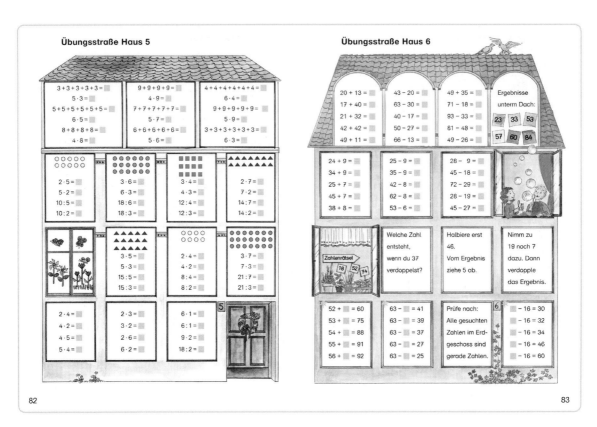

Hinweise zu den Aufgaben
In dem Schulbuch finden die Kinder insgesamt 8 Häuser einer Übungsstraße. Auf den Seiten 82 und 83 befinden sich die Häuser 5 (Mal- und Geteiltaufgaben) und 6 (Plus- und Minusaufgaben).
Sinn und Zweck dieser Übungsstraße ist:
- selbständiges intensives Üben zu ermöglichen, denn Mathematik ist ein übungsintensives Fach,
- Übungsmaterial insbesondere für leistungsschwache Kinder bereitzustellen (speziell Haus 5 zu den neuen Rechenoperationen Multiplikation und Division),
- Addieren und Subtrahieren bis 100 zu wiederholen (Haus 6),
- Übungsseiten zu schaffen, die keiner zusätzlichen Erklärung bedürfen,
- Übungsseiten so zu nutzen, dass auf diese bei Bedarf auch immer wieder zurückgeblättert werden kann.

Weitere Übungen
Intensives Rechentraining unter Zuhilfenahme von didaktischem Material.

Längen vergleichen/ In Metern messen

zu Seite 84/85

Lernziele
- Kennen lernen verschiedener individueller Körpermaße
- Messen von Gegenständen mit Körpermaßen
- Kennen lernen der Längeneinheit „Meter" (m)
- Messen von Längen in Meter

Einstiegsmöglichkeit
Für Messübungen in Metern werden Messgeräte wie Meterstab, Tafellineal und eventuell ein Meterstrick benötigt.

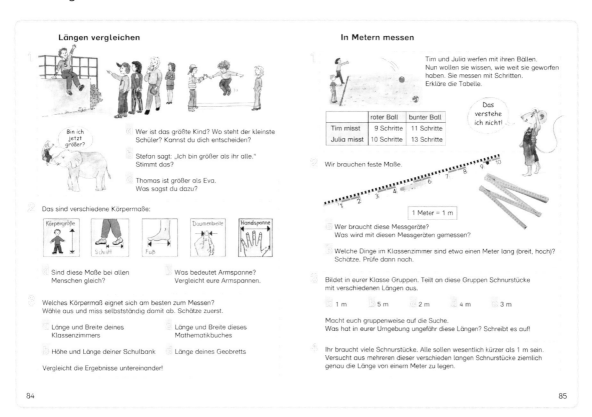

Hinweise zu den Aufgaben
Die Doppelseite macht die Kinder erstmals explizit mit der Größe „Länge" bekannt. In der Jahrgangsstufe 2 sollen die Kinder befähigt werden, Längen direkt und indirekt miteinander zu vergleichen und durch Abtragen von Einheiten zu messen. Sie lernen den Umgang mit Messgeräten und das Beschreiben des Messergebnisses anhand von Maßzahl und Maßeinheit.

Der Einstieg erfolgt zunächst mit „ungenormten Maßen": Die Kinder werden auf der Seite 84 angeregt mit eigenen Körpermaßen zu messen. Da die Körpermaße sehr individuell sind können die Messergebnisse oft nicht verglichen werden bzw. zu unterschiedlichen Resultaten führen. Deshalb sind genormte Einheiten, wie „Meter" sehr wichtig. Die Aufgaben auf der Seite 85 regen an zu vielfältigen Handlungen und Messübungen mit einem Meterstab oder anderen ähnlichen Messgeräten. Sehr wichtig ist auch der Erwerb von Größenvorstellungen. Dazu dienen auch Schätzübungen (Aufgabe 2 b).

Weitere Übungen
 Seite 40

In cm messen/ Längen: Schätzen, Messen, Zeichnen, Rechnen
zu Seite 86/87

Lernziele
- Kennen lernen der Längeneinheit „Zentimeter" (cm)
- Messen von Längen in Zentimeter
- Schätzen und Zeichnen von „Strecken" auf cm genau
- Rechnen von Aufgaben zur Addition und Subtraktion bis 100 mit Längenangaben

Einstiegsmöglichkeit
Für Messübungen in Zentimetern werden Lineal, ein Schneiderbandmaß und eventuell ein Stahlmaßband benötigt.

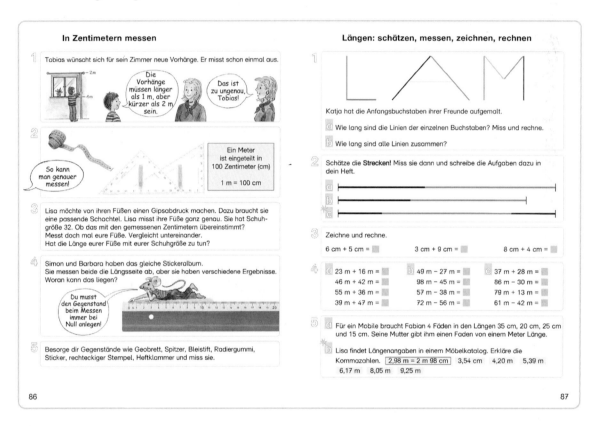

Hinweise zu den Aufgaben
Nach der Einführung der Längeneinheit „Meter" stoßen die Kinder darauf, dass diese Einheit oft zu ungenau ist (Aufgabe 1, Seite 86). Die kleiner untergliederte Einheit „Zentimeter" wird eingeführt (Aufgabe 2, Seite 86). Dazu wird die Umrechnungsbeziehung 1 m = 100 cm angegeben. Die Aufgabe 3 zur Schuhgröße lässt viele Entdeckungen und individuelle Messübungen zu. Die Frage, ob die Fußlänge und die Schuhgröße etwas miteinander zu tun haben, beantworten die Beispiele in der Tabelle auf Seite 65.

Feststellbar ist, je größer mein Fuß, desto größer meine Schuhgröße. Die deutsche Schuhgröße ist größer als die Maßzahl der Fußlänge.

Für Mess- und Schätzübungen zur Einheit Zentimeter ist der Begriff „Strecke" wichtig, der mit Aufgabe 2 (Seite 87) eingeführt wird. Auf diesen Begriff stützen sich viele Zeichen- und Messübungen.

Das Schätzen, Zeichnen und Rechnen mit Streckenlängen wird auf der Seite 87 geübt.
Dafür können sowohl Teilstrecken (farblich unterschieden), aber auch Gesamtstrecken betrachtet werden. Einige ausgewählte Lösungen:
Aufgabe 1:
Länge des Buchstaben L: 3 cm + 2 cm = 5 cm
Länge des Buchstaben A: 4 cm + 4 cm + 3 cm = 11 cm
Länge des Buchstaben M: 3 cm + 3 cm + 2 cm + 2 cm = 10 cm
Aufgabe 2:
a) 6 cm + 9 cm = 15 cm
b) 9 cm + 5 cm = 14 cm
c) 5 cm + 6 cm + 2 cm = 13 cm
d) 7 cm + 5 cm + 3 cm = 15 cm

Deutsche Schuhgröße	Englische Schuhgröße	Fußlänge bis
34	2	etwa 21 cm
35	3	etwa 22 cm
36	$3\frac{1}{2}$	etwa 22,5 cm
37	4	etwa 23 cm
38	$5\frac{1}{2}$	etwa 24 cm
39	6	etwa 24,5 cm
40	$6\frac{1}{2}$	etwa 25 cm
41	$7\frac{1}{2}$	etwa 26 cm
42	8	etwa 26,5 cm
43	$8\frac{1}{2}$	etwa 27 cm
44	10	etwa 28 cm
46	11	etwa 29 cm
47	12	etwa 30 cm

(entnommen aus www.schuhhaus-oehl.de/schuh-groesse#berechnen)

Weitere Übungen

Mess- und Schätzübungen am kleinen Geobrett (Länge bzw. Breite des Geobretts 9 cm, waagerechter bzw. senkrechter Abstand zwischen 2 benachbarten Stiften 3 cm).

Seite 41   KV 21

KV 21   KV 2

KV 9

Verdoppeln und Halbieren/ Grundaufgaben mit 2, 1 und 0

zu Seite 88/89

Lernziele
- Vertiefen des Verständnisses für die Rechenoperation Multiplikation und Division
- Kennen lernen des Zusammenhangs zwischen „Verdoppeln" und „Multiplizieren mit 2" bzw. „Halbieren" und „Dividieren durch 2"
- Kennen lernen der Grundaufgaben zum Multiplizieren und Dividieren mit 2
- Kennen lernen der Besonderheiten beim Multiplizieren und Dividieren mit 1 und 0

Einstiegsmöglichkeit
Für den Einstieg in die Thematik können die Kinder mit vielfältigen Handlungen zunächst das Multiplizieren und Dividieren wiederholen. Dazu sind beispielsweise Malaufgaben und Geteiltaufgaben zu spielen, zu legen und zu verbalisieren.

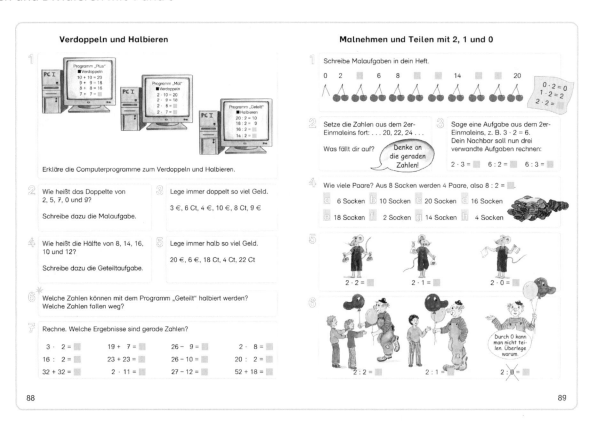

Hinweise zu den Aufgaben
Mit dieser Doppelseite wird die Begriffsbildung zur Multiplikation und zur Division fortgesetzt. Das Verdoppeln und Halbieren ist bereits aus Jahrgangsstufe 1 bekannt. Die Aufgaben auf der Seite 88 sollen deutlich machen, dass eine Multiplikation mit 2 (Division durch 2) nichts anderes ist als das bekannte Verdoppeln (Halbieren).

Die Buchseite 89 gibt Gelegenheit zur intensiven Beschäftigung mit den sogenannten Kernaufgaben. Zunächst geht es um das Multiplizieren und Dividieren mit 2 und 1. Mit Hilfe der Übungen sollen die Kinder schrittweise sicher im Malnehmen und Teilen mit 1 und 2 werden. Dazu sind auch in allen nachfolgenden Unterrichtsstunden immer wieder Aufgaben zur Automatisierung zu üben.
Um beim späteren Rechnen mit 0 keine Unsicherheiten aufkommen zu lassen, wird das Malnehmen mit 0 (welches immer zu 0 führt) von Beginn an einbezogen (Bildreihe „Wackelohr mit Käsestücken"). Eine andere Bildsituation („Clown verteilt Luftballons") verdeutlicht z. B. auch, dass das Teilen durch 0 nicht möglich ist („… an 0 Kinder kann nichts verteilt werden, deshalb ist 2 : 0 nicht lösbar …" – Aufgabe 6). Zur Automatisierung der Aufgaben sollten nunmehr alle Repräsentationsebenen ausgeschöpft werden: Legen mit didaktischem Material, Zeichnen und Interpretieren von bildlichen Darstellungen (handlungsorientiert), Verbalisieren und Symbolisieren von Rechensätzen.

Weitere Übungen

 Seite 42    FA 6 und 7

Entdecken von Nachbaraufgaben im 10er und 5er Einmaleins/ Malaufgaben mit zwei gleichen Zahlen – Zwillingsaufgaben

zu Seite 90/91

Lernziele
- Finden und Lösen von Nachbaraufgaben beim Multiplizieren und Dividieren mit 5 und 10
- Lösen von Malaufgaben durch Nutzung von Halbierungs- und Verdopplungsstrategien
- Kennen lernen und Veranschaulichen von Zwillingsaufgaben
- Automatisieren der Quadratzahlen bzw. der dazugehörigen Rechensätze

Einstiegsmöglichkeit
Für den Einstieg in die Thematik können Kernaufgaben zum Multiplizieren und Dividieren mit 0, 1 und 2 gezielt durch Rechenspiele (Blitzrechnen, Rechenkönig usw.) wiederholt und automatisiert werden.

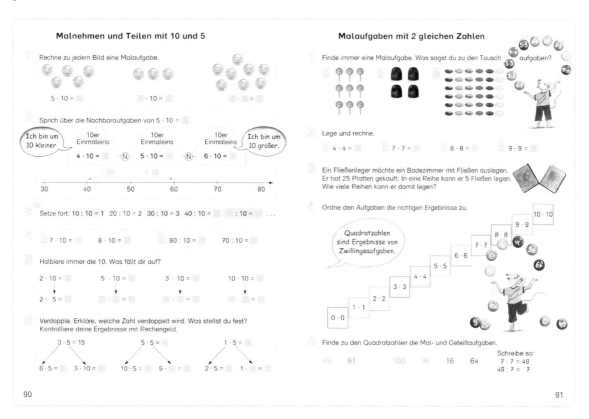

Hinweise zu den Aufgaben
Die Doppelseite setzt die Behandlung der Kernaufgaben zum Multiplizieren und Dividieren fort. Mit Hilfe der Übungen auf der Seite 90 sollen die Kinder schrittweise sicher im Malnehmen und Teilen mit 10 und 5 werden. Dazu sind auch in allen nachfolgenden Unterrichtsstunden immer wieder Aufgaben zur Automatisierung zu üben. Zur Automatisierung der Aufgaben sollten wiederum alle Repräsentationsebenen ausgeschöpft werden. Vielfältige Anlässe zum Legen, Zeichnen, Schreiben und Sprechen sind in den Übungen zu nutzen. Zur Veranschaulichung des Malnehmens und Teilens mit 10 und 5 kann Rechengeld (10-Cent-Stücke und 5-Cent-Stücke) gute Dienste leisten. Bei der Erschließung der Aufgaben helfen der Begriff „Nachbaraufgabe" (Aufgabe 2) und die Kenntnisse im Verdoppeln und Halbieren (Aufgabe 5 und 6).

Erfahrungsgemäß merken sich Kinder Aufgaben mit zwei gleichen Faktoren sehr leicht. Deshalb zählen diese neben Aufgaben mit 0, 1, 2, 5 und 10 zu den Kernaufgaben bzw. Grundaufgaben des kleinen Einmaleins. Wir nennen diese Malaufgaben Zwillingsaufgaben, da gleiche Faktoren existieren. Eingeführt werden die Aufgaben auf der Seite 91. Das Ergebnis einer Zwillingsaufgabe ist eine Quadratzahl (Aufgabe 4). Der Begriff kann durch das Legen der konkreten Aufgabe mit Plättchen erklärt werden, die bei solchen Aufgaben immer ein Quadrat ergeben (z. B. Legen von 6 x 6 Plättchen). Das Spiel in der Aufgabe 5 unterstützt die Automatisierung dieser Rechensätze. Generell gilt dabei der Grundsatz, auch immer die Umkehraufgaben, also die zugehörigen Geteilt-Aufgaben, zu üben.

Weitere Übungen

Seite 43, 44 und 45

KV 22   KV 22 und 23

FA 6 und 7

Aufgaben zusammensetzen und zerlegen/ Teilen mit Rest
zu Seite 92/93

Lernziele
- Lösen von Malaufgaben mit der Strategie des additiven Zusammensetzens von Kernaufgaben
- Lösen von Malaufgaben mit der Strategie des additiven Zerlegens von Kernaufgaben
- Kennen lernen der Division mit Rest
- Lösen von Geteiltaufgaben mit Rest: mit konkretem Material legen und Ergebnisse mit Rest notieren können

Einstiegsmöglichkeit
Die tägliche Fünf-Minuten-Übung ist ein Mix aus Kernaufgaben. Zum Einstieg können Aufgabenkarten angefertigt werden. Diese sollen solche Aufgaben enthalten, die dann zusammengesetzt oder zerlegt auf die neue Aufgabe bzw. zum gesuchten Ergebnis führen.

Beispiele: 10 · 3 = 30; 1 · 3 = 3; 9 · 3 = ☐

Hinweise zu den Aufgaben
Die Kinder haben inzwischen schon eine gewisse Sicherheit beim Multiplizieren und Dividieren erlangt. Nun sollen sie Strategien zum Lösen von Multiplikationsaufgaben bzw. Divisionsaufgaben entwickeln und anwenden können:
– Nachbaraufgaben zu Kernaufgaben lösen,
– Aufgaben aus Kernaufgaben zusammensetzen,
– Aufgaben in Kernaufgaben zerlegen.
Auf der Seite 92 zeigt die Aufgabe 3 eine „Zusammensetzstrategie", die in Aufgabe 4 geübt werden kann. Aufgabe 5 zeigt eine „Zerlegungsstrategie", die in Aufgabe 6 geübt werden kann.

Die Buchseite 93 führt das Teilen mit Rest ein. Aufgaben zum Dividieren mit Rest sollten stets in einem materialgeleiteten Lernen erarbeitet werden. Die Schreib- und Sprechweise wird an dieser Stelle neu eingeführt. Bei der Darstellung bevorzugen wir, den Rest direkt hinter dem Ergebnis anzugeben, um dieses in einer durchgehenden Zeichenkette deutlich zu machen. Wir verzichten auf eine Angabe des Restes unter der Aufgabe. Beispiel: 19 : 8 = 2 R 3

Weitere Übungen
 Seite 46   KV 23

KV 24

Würfelspiel zum Einmaleins: Klettere auf den magischen Turm
zu Seite 94/95

Lernziele
- Sicheres Lösen von Kernaufgaben zur Multiplikation
- Sicheres Lösen von Grundaufgaben zur Division
- Festigen der Begriffe „gerade Zahl" und „ungerade Zahl"

Einstiegsmöglichkeit
Für das Würfelspiel werden Spielsteine und zwei Spielwürfel benötigt. Zu Beginn werden Gruppen gebildet. Am Spiel können 2 bis 4 Kinder und ein Kind als Schiedsrichter teilnehmen. Als Einstieg können mit 2 großen Schaumstoffwürfeln im Klassenverband Aufgaben gebildet werden. Dabei wird das Prinzip des Würfelspiels erarbeitet.

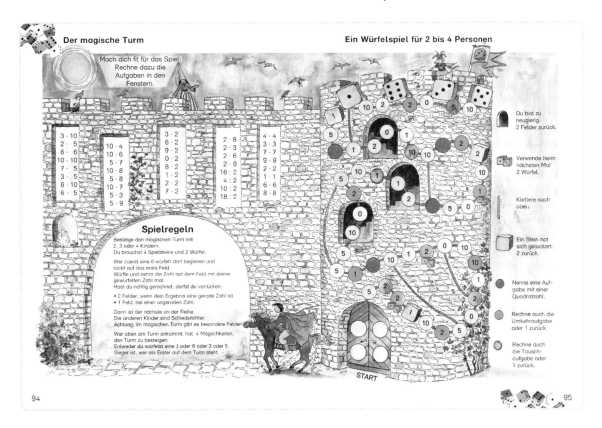

Hinweise zu den Aufgaben
Die Doppelseite beinhaltet ein leicht erschließbares Würfelspiel. Spielregel und Spielmaterial werden angegeben. Das Spiel kann mehrfach, auch an späteren Stellen im Unterricht genutzt werden, um Rechenfertigkeiten zum kleinen Einmaleins aufzubauen. Vor Spielbeginn geht es auf ein Übungsfeld: Die Buchseite 94 enthält dazu Aufgaben zum „Fitmachen".

Weitere Übungen
Die Kinder entwerfen selbst einen Spielplan für ein Würfelspiel mit Ereigniskarten. Die Ereigniskarten enthalten Aufgaben (Vorderseite) und Lösungen (Rückseite) zum Rechnen bis 100.

 KV 4

Eine Einmaleins- und eine Einsdurcheinsmaschine bauen

zu Seite 96/97

Lernziele
- Ableiten beliebiger Einmaleinsreihen von dem Beispiel einer „Einmaleinsmaschine" zum Malnehmen mit 4
- Anwenden bestimmter Strategien (Verdoppeln, Nachbaraufgaben) beim Lösen von Malaufgaben
- Ableiten beliebiger Einsdurcheinsreihen von dem Beispiel einer „Einsdurcheinsmaschine" zum Teilen durch 5
- Anwenden bestimmter Strategien (Halbieren, Nachbaraufgaben) beim Lösen von Geteiltaufgaben

Einstiegsmöglichkeit
Zur Vorbereitung der Thematik können die im Buch abgebildeten Maschinen vergrößert nachgebaut werden. Allerdings sind keine Aufgaben bzw. Zahlen einzutragen. Spezielle Aufgaben können später durch Kärtchen aufgelegt werden. Es besteht auch die Möglichkeit, die einzelnen Maschinensegmente mit Folienfeldern zu bestücken und diese (bei der Verwendung von wasserlöslichen Stiften) immer wieder neu zu beschriften. Als Hilfe können Sie die offenen Kopiervorlagen 21 und 22 nutzen.

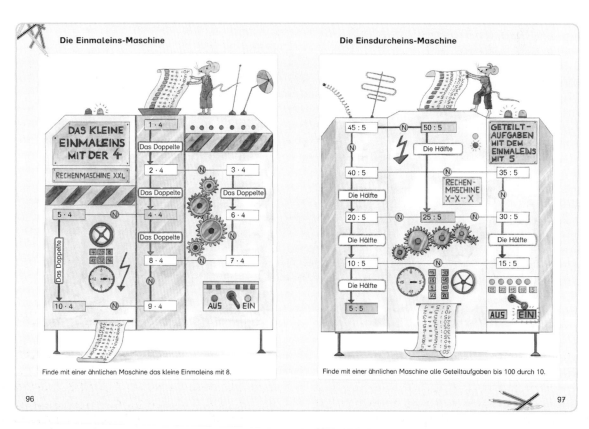

Hinweise zu den Aufgaben
Die Doppelseite zeigt den Bauplan bzw. die Funktionsweise einer Einmaleinsmaschine und einer Einsdurcheinsmaschine. Mit solchen „Maschinen" können alle Rechensätze einer beliebigen Malfolge bzw. Geteiltfolge abgeleitet werden. Grundlage dafür sind Kenntnisse zu den Kernaufgaben und Rechenstrategien bezüglich Nachbaraufgaben (in den Maschinen gekennzeichnet mit „N") und zum Verdoppeln und Halbieren. Die Abbildungen zeigen als Beispiel die „maschinelle Herleitung" der Malfolge mit der 4 (Viererreinmaleins) und der Geteiltfolge mit der 5 (Umkehrung des Fünfereinmaleins). Natürlich kann jede andere Mal- bzw. Geteiltfolge damit hergeleitet werden. Inwieweit das geschieht und einzelne Malfolgen bereits automatisiert werden, liegt im Ermessen der Lehrkraft bzw. in der aktuellen Klassensituation begründet. Unser Konzept gibt für alle Gegebenheiten Freiraum.

Wichtig ist, dass die in den Schulbuchseiten bzw. in den Maschinen steckenden Sprechanlässe genutzt werden, um die Begriffsbildung zu Multiplikation und Division zu vertiefen und Rechenfertigkeiten zu entwickeln.

Weitere Übungen

 Seite 47   KV 25 und 26

 FA 7

 KV 21 und 22 (aus vorliegenden Begleitmaterialien 2)

Malfolgen im kleinen Einmaleins entdecken

zu Seite 98/99

Lernziele
- Automatisieren und Festigen von Malaufgaben im kleinen Einmaleins
- Vertiefen von Rechenstrategien (Nachbaraufgaben, Verdoppeln, Halbieren, Tauschaufgaben)
- Automatisieren der Kernaufgaben, insbesondere des Multiplizierens mit 1, 2, 5 und 10

Einstiegsmöglichkeit
Für den Einstieg können die Kinder in einer Kopfrechenübung Malaufgaben suchen, die das gleiche Ergebnis haben, z. B. zu den Zahlen 12, 16, 20 oder 30.

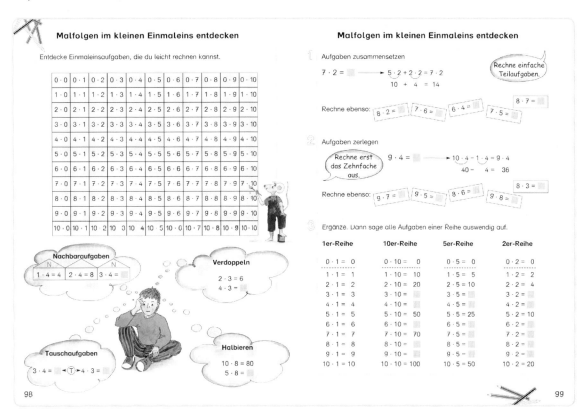

Hinweise zu den Aufgaben
Das Festigen der Malfolgen und Geteilfolgen wird auf der Doppelseite fortgesetzt. Das Einmaleinsquadrat (Seite 98) regt zum kreativen Rechnen bzw. entdeckenden Lernen an. Das Rechenfeld mit allen Malaufgaben des kleinen Einmaleins birgt dafür umfangreiche Potenzen, beispielsweise durch das Aufspüren von
- Aufgabenfolgen mit Eins („… da brauche ich nichts zu rechnen …"),
- Aufgabenfolgen mit Null („… da kommt immer Null heraus … "),
- Aufgabenfolgen mit Zehn („… Ergebnis kann ich leicht finden …"),
- Aufgabenfolgen mit gleichen Zahlen: Zwillingsaufgaben (Diagonale von oben links).

Für weitere Entdeckungen regen die Hinweise auf Nachbaraufgaben, Tauschaufgaben, Verdopplungs- und Halbierungsstrategien (Seite 98 unten) sowie Zusammensetz- und Zerlegungsaufgaben (Seite 99 oben) an. Die Aufgabe 3 (Seite 99) dient zur Automatisierung grundlegender Einmaleinsreihen.
Alle betrachteten Malaufgaben sollten auch immer wieder Anlass zur Formulierung der entsprechenden Umkehraufgaben (Geteiltaufgaben) sein.

Weitere Übungen

Seite 48 und 49   KV 24

FA 8   KV 3 und 4

KV 10   KV 23 und 24

Mein Mathematiklexikon für Jahrgangsstufe 2

zu Seite 100 / 101

Lernziele
- Nachschlagen bzw. Vertiefen von Grundbegriffen aus der Jahrgangsstufe 2 zur Arithmetik (Zahlen bis 100, Plus- und Minusaufgaben, Mal- und Geteiltaufgaben, verwandte Aufgaben mit Tausch- und Umkehraufgaben)
- Nachschlagen bzw. Vertiefen des Umgangs mit den Größen Zeit (h, min), Geldwerte (Ct, €) und Längen (cm, m)
- Nachschlagen bzw. Vertiefen geometrischer Körperformen (Würfel, Quader, Kugel)

Einstiegsmöglichkeit
Für den Einstieg ist es möglich, über die Funktion eines Lexikons zu sprechen und an die bereits bekannten Lexikonseiten zu erinnern.

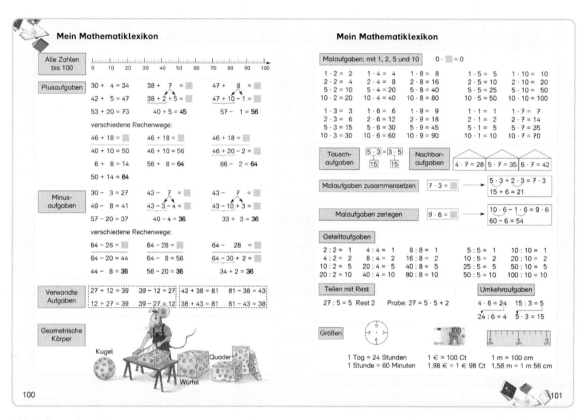

Hinweise zu den Aufgaben
Die Doppelseite soll wesentliche Begriffe und Inhalte des Mathematikunterrichts in der Jahrgangsstufe 2 im Sinne von „Das kannst du schon" zusammenstellen. Hier wird das aus Jahrgangsstufe 1 bekannte Lexikon ergänzt bzw. die Lexikonseite 12 mit dem kleinen Einspluseins erweitert. Die Lexikonseiten haben sowohl am Anfang des Buches (nach dem Wiederholungsteil) als auch am Ende des Buches ihren festen Platz.
Die Doppelseite soll als Ganzes erschlossen werden. Es gibt keine vorgesehene Reihenfolge der Besprechung der einzelnen Fakten, Abbildungen und Darstellungen. Alle Aufgaben sind gelöst, denn die Seiten sollen ja die Funktion des Nachschlagens erfüllen. Trotzdem können die Aufgaben vielfältige Anregungen zum „Darübersprechen", zum „Sicherinnern" und zum Finden ähnlicher Aufgaben geben. Schließlich soll das Motto „Das hast du schon gelernt" auch einen gewissen Stolz vermitteln. Gleichzeitig kann festgestellt werden, wo noch Übungsbedarf besteht und welche Begriffe noch weiter vertieft werden müssen.

Weitere Übungen
Selbstgestalten und Herstellen von Merkkärtchen.

Sport und Spiel machen Spaß

zu Seite 102 / 103

Lernziele
- Erzählen von Rechengeschichten zum Thema „Sport"
- Darstellen und Beschreiben von Lösungswegen
- Formulieren und Beantworten von Rechenfragen aus Sachsituationen

Einstiegsmöglichkeit
Für den Einstieg in die Thematik können die Kinder über das letzte Sportfest sprechen oder einen sportlichen Wettbewerb planen.

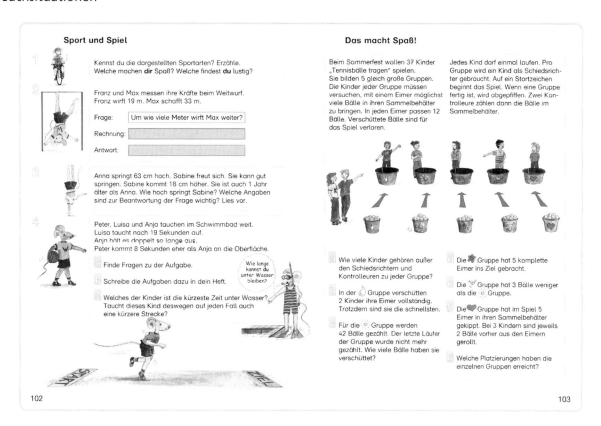

Hinweise zu den Aufgaben
Die Behandlung der sachbezogenen Mathematik erfordert u. a. den systematischen Aufbau der Fähigkeiten, einfachen Sachsituationen relevante Informationen entnehmen und diese mathematisieren zu können. Die notwendigen Informationen sind im Text, aber auch in den Begleitbildern versteckt.
Auf dieser Doppelseite ist Gelegenheit, zu dem Thema Sport umfangreiche und komplexe Sachaufgaben zu lösen. Dabei können die Kenntnisse aus der Jahrgangsstufe 2 genutzt werden. Zur Lösung der Aufgaben können Lösungshilfen genutzt werden:
– zu den Texten einfache Zeichnungen anfertigen,
– den Inhalt der Texte eventuell szenisch gestalten und nachspielen,
– zu jeder Sachaufgabe formulieren: „Was ist bekannt?" „Welche Zahlen- und Größenangaben brauchen wir?" „Was ist gesucht?" „Welche Rechenaufgabe (Gleichung) müssen wir lösen?"
Weitere Aufgaben zum Thema Sport gibt es im Arbeitsheft. Das auf der Seite 103 beschriebene Spiel soll auch Anlass zum Nachspielen geben.

Weitere Übungen

 Seite 50

KV 27

KV 25

 KV 1 und 3

Ein Tag im Zoo

zu Seite 104/105

Lernziele
- Erzählen von Rechengeschichten zum Thema „Zoo" bzw. „Tierpark"
- Darstellen und Beschreiben von Lösungswegen
- Entnehmen von Daten aus verschiedenen Bildinformationen

Einstiegsmöglichkeit
Für den Einstieg in die Thematik können sich die Kinder über ihre Erfahrungen mit Zootieren bzw. mit Zoobesuchen austauschen und diese dann als Ausgangspunkt für Rechengeschichten nehmen.

Hinweise zu den Aufgaben
Die Doppelseite dient zum weiteren systematischen Aufbau der Fähigkeiten, einfachen Sachsituationen relevante Informationen entnehmen und diese mathematisieren zu können. Die notwendigen Informationen sind im Text, aber auch in den Hinweisschildern versteckt.
Auf dieser Doppelseite ist Gelegenheit, zu dem Thema Zoobesuch umfangreiche und komplexe Sachaufgaben zu lösen. Dabei können die Kenntnisse aus der Jahrgangsstufe 2 genutzt werden. Zur Lösung der Aufgaben können Lösungshilfen genutzt werden:
– zu den Texten einfache Zeichnungen anfertigen,
– die benötigten Zeitangaben auf einer Uhr einstellen,
– zu jeder Sachaufgabe formulieren: „Was ist bekannt?" „Welche Zahlen- und Größenangaben brauchen wir?" „Was ist gesucht?" „Welche Rechenaufgabe (Gleichung) müssen wir lösen?"

Die Darstellungen und Informationen können darüber hinaus für zusätzliche Sachaufgaben nützlich sein. Zu den Bildern können Rechengeschichten erzählt und neue Aufgaben erdacht werden. Weitere Aufgaben zum Thema Zoo gibt es im Arbeitsheft. Das Thema kann auch Anlass für einen Zoo- oder Tierparkbesuch der Klasse sein.

Weitere Übungen

 Seite 51   KV 26

KV 28   FA 3

Von Station zu Station: Gut in Form bei Plus- und Minusaufgaben
zu Seite 106/107

Lernziele
- Festigen von Fähigkeiten im Addieren bis 100
- Festigen von Fähigkeiten im Subtrahieren bis 100
- Festigen von Fähigkeiten im Vergleichen von Termen

Einstiegsmöglichkeit
Für den Einstieg in die Übung können die Kinder Rechenspiele (z. B. Bingo, Rechenkönig, Bankrutschen o. ä.) zum Addieren und Subtrahieren durchführen.

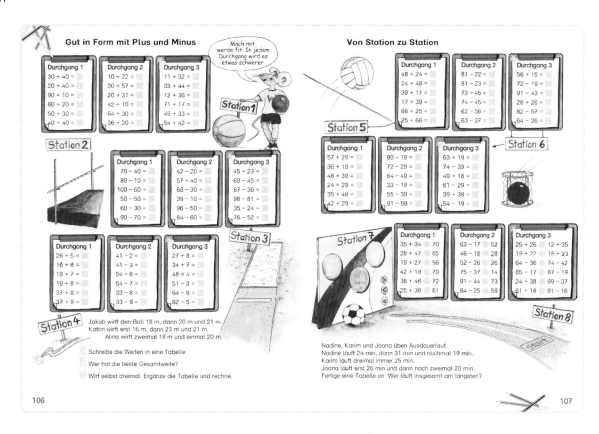

Hinweise zu den Aufgaben
Diese Doppelseite unterstützt am Schuljahresende ein systematisches Üben und Vertiefen des Rechnens mit „Plus und Minus" bis 100. Mit den Übungsaufgaben werden 8 Stationen durchlaufen, wobei der Schwierigkeitsgrad ansteigt. Die Aufgaben können auch differenziert gelöst werden. Je nach Notwendigkeit können die Kinder Hilfsmittel (z. B. das Hunderterquadrat oder den Zahlenstrahl bis 100) nutzen. Wir empfehlen die Bearbeitung als Wettbewerb zwischen verschiedenen Gruppen zu gestalten.

Weitere Übungen

Seite 52

KV 27

KV 29

KV 1 und 3

KV 12 (aus Begleitmaterialien 1)

Von Gerät zu Gerät: Gut in Form bei Mal- und Geteiltaufgaben
zu Seite 108/109

Lernziele
- Festigen von Fähigkeiten beim Multiplizieren von Kernaufgaben
- Festigen von Fähigkeiten beim Dividieren von Grundaufgaben
- Festigen von Fähigkeiten beim Vergleichen von Termen

Einstiegsmöglichkeit
Für den Einstieg in die Übung können die Kinder wieder Rechenspiele (z. B. Bingo, Rechenkönig, Bankrutschen o. ä.) zum Multiplizieren und Dividieren bis 100 durchführen.

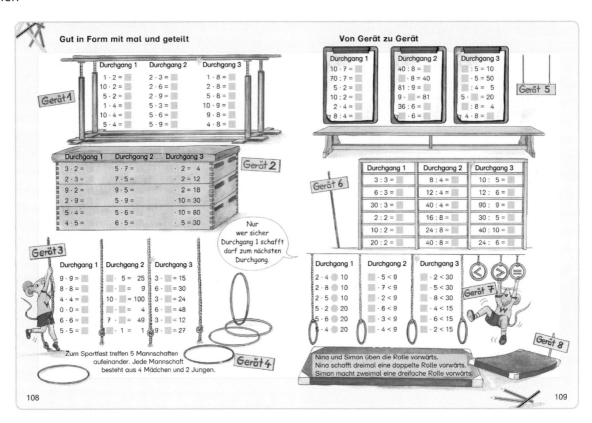

Hinweise zu den Aufgaben
Diese Doppelseite unterstützt am Schuljahresende ein systematisches Üben und Vertiefen des Rechnens mit „mal und geteilt" bis 100. Bei den Übungsaufgaben werden 8 Geräte durchlaufen, wobei der Schwierigkeitsgrad ansteigt. Die Aufgaben können auch differenziert gelöst werden. Je nach Notwendigkeit können die Kinder Hilfsmittel (z. B. Legematerial oder den Zahlenstrahl bis 100) nutzen. Wir empfehlen als eine Möglichkeit die Bearbeitung in Partnerarbeit (leistungsstarkes und leistungsschwaches Kind).

Weitere Übungen
 Seite 53   KV 28

 KV 30

KV 23 und 24 (aus vorliegenden Begleitmaterialien)

 KV 1 und 3

Im deutschen Museum

zu Seite 110 / 111

Lernziele
- Lösen von komplexen Sachaufgaben zum Thema „Museum"
- Ableiten und Beantworten von mathematischen Fragen zu konkreten Sachsituationen
- Verkürzen von Informationen und Datenmengen auf wesentliche Angaben

Einstiegsmöglichkeit
Für den Einstieg ist es möglich, an einen Museumsbesuch zu erinnern, einen Museumsbesuch zu planen oder über Funktion und Arten von Museen zu sprechen.

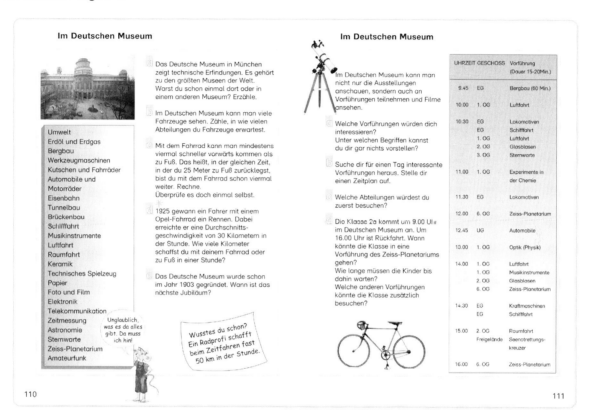

Hinweise zu den Aufgaben
Die Doppelseite dient zum weiteren systematischen Aufbau der Fähigkeit, einfachen Sachsituationen relevante Informationen entnehmen und diese mathematisieren zu können. Die notwendigen Informationen sind im Text aber auch in den Zeitleisten versteckt.

Auf dieser Doppelseite ist Gelegenheit, zu dem Thema Museumsbesuch umfangreiche und komplexe Sachaufgaben zu lösen. Dabei können die Kenntnisse aus der Jahrgangsstufe 2 genutzt werden. In den realistischen, alltagsbezogenen Aufgaben werden auch Informationen gegeben zu Größen, die bisher nicht explizit behandelt wurden (z. B. der Geschwindigkeit), aber zum Alltagswissen der meisten Kinder gehören. Hier ist eventuell eine besondere Erklärung notwendig. Zur Lösung der Aufgaben können Lösungshilfen genutzt werden:

- zu den Texten einfache Skizzen anfertigen, z. B. eine Zeitleiste für die Bestimmung des Alters,
- die benötigten Zeitangaben auf einer Uhr verfolgen bzw. einstellen,
- Daten in einer Tabelle zusammenzufassen,
- zu jeder Sachaufgabe formulieren: „Was ist bekannt?" „Welche Zahlen- und Größenangaben brauchen wir?" „Was ist gesucht?" „Welche Rechenaufgabe (Gleichung) müssen wir lösen?"

Die Darstellungen und Informationen können darüber hinaus für zusätzliche Sachaufgaben nützlich sein. Zu den Bildern können Rechengeschichten erzählt und neue Aufgaben erdacht werden. Weitere Aufgaben zum Thema Museum gibt es im Arbeitsheft. Das Thema kann auch Anlass für einen Museumsbesuch der Klasse sein.

Weitere Übungen
 Seite 54

Übungsstraße Haus 7 und 8

zu Seite 112 / 113

Lernziele
- Festigen von Grundaufgaben zur Multiplikation
- Festigen von Grundaufgaben zur Division
- Festigen von Aufgaben zum Addieren und Subtrahieren bis 100

Einstiegsmöglichkeit
Zum Einstieg bieten sich an: Kopfrechenübungen, Übungen zum Umgang mit dem Zahlenstrahl und mit dem Hunderterquadrat, Befähigung zur Selbstkontrolle.

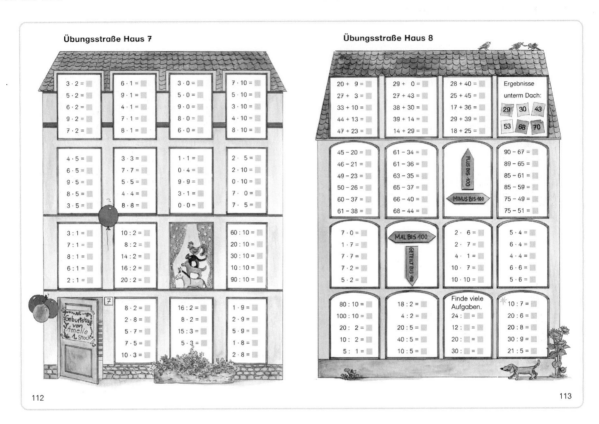

Hinweise zu den Aufgaben
In dem Schulbuch finden die Kinder insgesamt 8 Häuser einer Übungsstraße, auf den Seiten 112 und 113 die Häuser 7 (Mal- und Geteiltaufgaben) und 8 (Mal- und Geteiltaufgaben sowie Plus- und Minusaufgaben).
Sinn und Zweck dieser Übungsstraße ist:
- ein selbständiges intensives Üben zu ermöglichen, denn Mathematik ist ein übungsintensives Fach,
- ein Übungsmaterial insbesondere für leistungsschwache Kinder bereitzustellen,
- Übungsseiten zu schaffen, die keiner zusätzlichen Erklärung bedürfen,
- Übungsseiten so zu nutzen, dass bei Bedarf auf diese auch immer wieder zurückgeblättert werden kann.

Weitere Übungen
Intensives Rechentraining in Partner- oder Gruppenarbeit mit Aufgabenfamilien.

Auf „Schatzsuche"

zu Seite 114 / 115

Lernziele
- Lösen von komplexen Sachaufgaben zum Thema „Schatzsuche"
- Ableiten und Beantworten von arithmetischen und geometrischen Fragen zu konkreten Sachsituationen
- Entnehmen von Daten aus Skizzen

Einstiegsmöglichkeit
Vorgestellt wird die Idee, an einem Wandertag auf „Schatzsuche" zu gehen. Um dafür einige Anregungen zu bekommen, werden zunächst die Sachaufgaben gelöst.

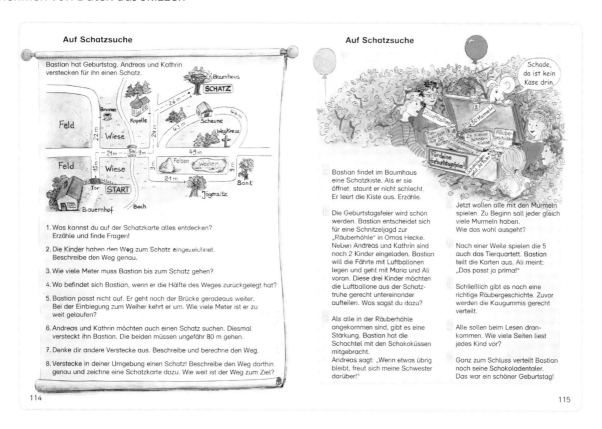

Hinweise zu den Aufgaben
Die Doppelseite dient abschließend für Jahrgangsstufe 2 zum weiteren systematischen Aufbau der Fähigkeiten, einfachen Sachsituationen relevante Informationen entnehmen und diese mathematisieren zu können. Die notwendigen Informationen sind im Text, aber auch in den Zeichnungen und Lageplänen enthalten. Diese Doppelseite bietet zu dem Thema „Schatzsuche" die Gelegenheit, mit Hilfe eines Geländespiels zu einer Geburtstagsfeier umfangreiche und komplexe Sachaufgaben zu lösen. Dabei können arithmetische und geometrische Kenntnisse aus der Jahrgangsstufe 1 genutzt werden.

Hinweis zur Seite 114: Bastians Weg wäre wie folgt zu berechnen:
15m + 21m + 5m + 9m + 24m + 26m = 100m (Aufgabe 4).
Bastian ist 98m zu weit gelaufen (Aufgabe 5).
Die Aufgaben 6 bis 8 haben einen offenen Charakter.

Hinweis zur Seite 115: Insgesamt ist mit 5 Kindern zu rechen. Bei den Geteilt-Aufgaben ist auch das teilen mit Rest zu beachten (24 Schokoküsse verteilt an 5 Kinder).
Zur Lösung der Aufgaben können Lösungshilfen genutzt werden:

- zu den Texten einfache Skizzen anfertigen oder übertragen,
- Daten aus einer Skizze, dem Bild oder dem Text in einer Tabelle zusammenfassen,
- einzelne Situationen szenisch gestalten und nachspielen,
- zu jeder Sachaufgabe formulieren: „Was ist bekannt?" „Welche Zahlen- und Größenangaben brauchen wir?" „Was ist gesucht?" „Welche Rechenaufgabe (Gleichung) müssen wir lösen?"
- Ergebnisse überprüfen und in Bezug zur Sachsituation setzen.

Die Darstellungen und Informationen können darüber hinaus ein Anstoß für zusätzliche Sachaufgaben sein. Zu der Planskizze können Rechengeschichten erzählt und neue Aufgaben erdacht werden. Weitere Aufgaben zum Thema Schatzsuche gibt es im Arbeitsheft. Das Thema stellt auch eine Anregung für ein Geländespiel mit der Klasse dar.

Weitere Übungen

 Seite 55   KV 11

Projekt „Falten"

zu Seite 116 / 117

Lernziele
- Festigen von Grundbegriffen der ebenen Geometrie
- Entwicklung des raumgeometrischen Denkens, insbesondere des Wahrnehmungs- und Vorstellungsvermögens
- Lesen können sowie Nachvollziehen können von Faltplänen

Einstiegsmöglichkeit
Gerade in den letzten Schulwochen können Projekttage den Unterricht wieder interessant machen und Gelerntes wird angewendet und vertieft. Zur Vorbereitung sind verschiedenfarbige Faltpapiere, eventuell eine Schere, ein Stück Schnur und eine durchbohrte Perle bereitzustellen.

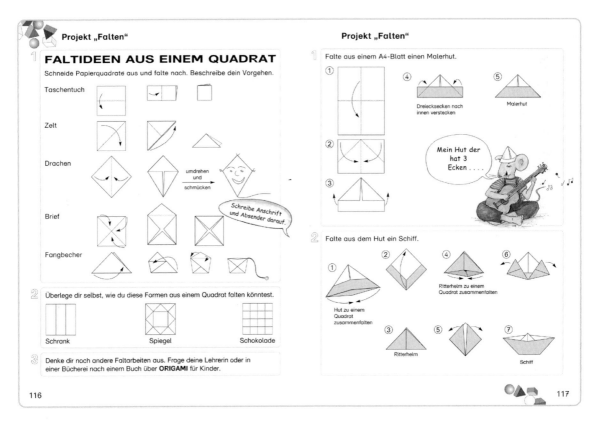

Hinweise zu den Aufgaben
Falten stellt eine interessante Tätigkeit im Rahmen eines handlungsorientierten Geometrieunterrichts dar. Es erfordert und schult gleichzeitig geometrisches Begriffswissen, räumliches Vorstellungsvermögen, kopfgeometrische und feinmotorische Fähigkeiten. Nach dem Falten bleibt den Kindern immer ein „vorzeigbares", materialisiertes Ergebnis. Die Seite 116 regt zunächst das Falten von Grundfiguren an (z. B. Taschentuch, Zelt, Drachen, Brief). In Aufgabe 2 werden fertige Faltpläne vorgegeben. Wird eine Faltarbeit wieder auseinandergefaltet, sind die entstandenen Faltlinien Anlass für geometrische Diskussionen: Beschreiben der Linien, spezielle Lagebeziehungen, Zählen der entstandenen Dreiecke oder Vierecke usw.

Der Hinweis auf Origami-Bücher soll die Idee eines Projektes unterstreichen. Hierin findet man z. B. viele einfache Faltideen für Tiere. Die Seite 117 zeigt schon komplexere Faltarbeiten: Malerhut und in Fortsetzung den Ritterhelm und das Segelschiff. Nicht allen Kindern wird es sofort gelingen die Faltschritte zu erkennen und umzusetzen. Hier ist gegenseitiges Unterstützen, Zeigen, Vor- und Nachmachen ganz wichtig. Die Faltfiguren können später eingefärbt und ausgestellt werden.

Weitere Übungen
 KV 29

Knobeln mit Mäuschen „Wackelohr"

zu Seite 118/119

Lernziele
- Rechnen mit Zauberdreiecken, Turmzahlen und Kettenaufgaben
- Nachzeichnen von Streckenzügen bzw. Verfolgen von geraden Linien
- Kopfgeometrisches Lösen von „Zusammensetzaufgaben" mit Legeteilen zu geometrischen Grundformen

Einstiegsmöglichkeit
Für die Knobelseiten können die Kinder Gruppen bilden, um die Aufgaben im Wettbewerb zu lösen.

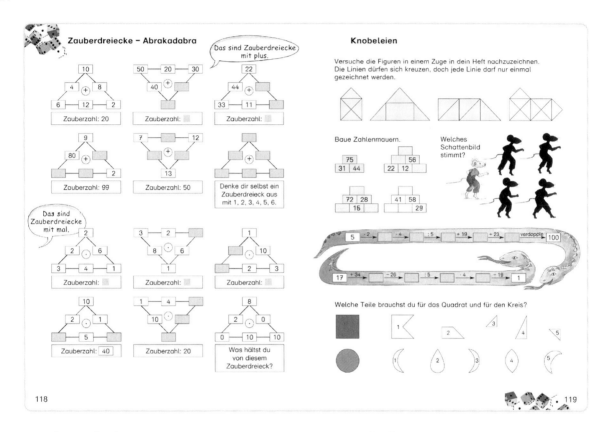

Hinweise zu den Aufgaben
Die Doppelseite soll als Ganzes erschlossen werden. Es gibt keine vorgesehene Reihenfolge für die Bearbeitung der einzelnen Aufgaben. Unsere Kinder können hier Rechenaufgaben üben, die einmal anders als üblich „verpackt" und strukturiert sind. Zauberdreiecke kennen die Kinder schon von Knobelseiten aus der Jahrgangsstufe 1. Bei den Zauberdreiecken (Seite 118) führen die Additionen oder Multiplikationen mit 3 Zahlen auf den jeweiligen Dreiecksseiten zum gleichen Ergebnis, auf die sogenannte Zauberzahl.
Das Nachzeichnen von Figuren in einem Zuge ist nicht ganz einfach, denn Ecken dürfen zwar gekreuzt, aber keine Seite darf mehrmals gezeichnet werden. Der „Trick" besteht darin, an solchen Ecken zu beginnen, durch die eine ungerade Anzahl von Seiten bzw. Strecken verläuft. Zwei solcher Ecken müssen Figuren haben, wenn man sie in einem Zuge nachzeichnen will. Die andere Ecke mit ungerader Anzahl ist dann der Endpunkt beim Nachzeichnen.
Außerdem sind auf der Knobelseite 119 Turmzahlen zu errechnen, Kettenaufgaben zu lösen und als kopfgeometrische Aktivitäten Flächenteile in Gedanken zu einem Quadrat oder Kreis zusammen zu setzen und Schattenbilder auf Identität hin zu analysieren.

Weitere Übungen

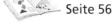 Seite 56 KV 30

 KV 12 (aus Begleitmaterialien 1)

Lernzielkontrollen

Die Lernziel-/ Erfolgskontrollen zeigen der Lehrkraft erreichte Lernfortschritte auf und geben wichtige Hinweise auf noch notwendige Übungen. Außerdem sollen sie möglichst jedem Kind eine Erfolgsbestätigung bzw. einen Entwicklungsfortschritt anzeigen.

Die Kontrollen sind so angelegt, dass sie der Lehrkraft einen Überblick zu dem jeweiligen Leistungsstand einzelner Schüler nach der Behandlung eines bestimmten Stoffabschnittes bieten.

Jede Kontrolle ist als Kopiervorlage entworfen und wird in zwei Varianten angeboten. Alle Kontrollen werden mit Lösungen gedruckt, die beim Kopieren aber nicht sichtbar sind.

Im „Kopf" jeder Erfolgskontrolle ist Platz für den Namen des Schülers. Am rechten Seitenrand wird die mögliche Punktezahl ausgewiesen.

Zur Orientierung für das Kind werden für jede Aufgabe und als Gesamtergebnis „erreichte Punkte" und „mögliche Punkte" angegeben. Für zusätzliche verbale Hinweise („gut gemacht", „du wirst immer besser" usw.) oder für verschiedene symbolische Stempel ist unten Platz.

Noten werden in der Klassenstufe 2 noch nicht erteilt. Im zweiten Schulhalbjahr können solche Hinweise schon in Absprache mit den Eltern gegeben werden (entspricht der Note …). Wir haben zusätzlich einen unverbindlichen dreigliedrigen Bewertungsvorschlag (mit entsprechender Symbolik) erarbeitet, der zumindest für eine Orientierung nützlich sein kann (gut/ mittelmäßig/ muss noch mehr üben). Unter dem Vermerk „gesehen" können Eltern ihre Kenntnisnahme bestätigen. Als zusätzliche Information kann der Vermerk „Anschauungshilfen benutzt" angekreuzt werden.

Über das Schuljahr verteilt werden 11 Erfolgskontrollen angeboten. Die Aufgaben sind meistens so gegliedert, dass der Schwierigkeitsgrad schrittweise ansteigt.

Die Lehrkraft wählt entsprechend der Klassensituation die geeignete Variante aus. Es besteht natürlich auch die Möglichkeit, aus den Aufgabenangeboten der verschiedenen Proben selbst eine Probearbeit nach eigenem Ermessen neu zusammenzustellen. Dafür empfiehlt es sich, die offenen Kopiervorlagen als Arbeitserleichterung zu nutzen.

Die benötigte Arbeitszeit der Kinder wird entsprechend der spezifischen Unterrichtssituation bestimmt. Die Richtzeit beträgt in Klassenstufe 2 zwischen 30 Minuten und 40 Minuten.

Die Kinder können zur Unterstützung gegebenenfalls Lernmittel, z.B. Rechengeld, einen Zahlenstrahl, Zehnerstreifen und Einerplättchen oder das Hunderterquadrat benutzen.

Bearbeitete Kontrollen sollten nach Durchsicht durch die Lehrkraft unbedingt mit den Kindern besprochen und ausgewertet werden.

Im Folgenden werden alle Kontrollen entsprechenden Lernzielen sowie Buchseiten zugeordnet, wobei es natürlich auch möglich ist, sie zu einem späteren Zeitpunkt einzusetzen.

Die Kontrollen beziehen sich vor allem auf das Addieren und Subtrahieren bis 100, auf das kleine Einmaleins sowie auf die Einbeziehung und Anwendung der Größen Geld, Zeit und Länge in einfachen Sachaufgaben. Die Kontrolle 7 ist speziell auf das Lösen von Aufgaben zur Geometrie ausgerichtet.

Lernzielkontrollen

KV	Lernziel	Schüler-buch
1A/B	Zahlen und Rechnen bis 20 – Ordnen und Vergleichen von Zahlen bis 20 – Rechnen bis 20 – Lösen einfacher Sachaufgaben	nach Seite 13
2A/B	Zahlen bis 100 – Zuordnen von Zahlen bis 100 zum Zahlenstrahl – Vergleichen von Zahlen bis 100 und Bestimmen von Nachbarzahlen – Lösen einfacher Zerlegungsaufgaben im Zahlenraum bis 100	nach Seite 25
3A/B	Addieren und Subtrahieren bis 100 – Teil I – Addieren und Subtrahieren von Zehnerzahlen – Addieren zweistelliger und einstelliger Zahlen ohne und mit Zehnerüberschreitung	nach Seite 35
4A/B	Addieren und Subtrahieren bis 100 – Teil II – Addieren von zweistelligen Zahlen ohne und mit Zehnerüberschreitung – Subtrahieren zweistelliger Zahlen ohne und mit Zehnerüberschreitung – Lösen entsprechender Tauschaufgaben, Umkehraufgaben, Ergänzungsaufgaben	nach Seite 51
5A/B	Vergleichen von und Rechnen mit Geldwerten und Zeitangaben – Vergleichen von Geldangaben – Kommaschreibweise von Geldangaben – Addieren und Subtrahieren von Geldbeträgen bis 100 Cent bzw. Euro	nach Seite 55
6A/B	Zeitangaben – Ablesen von Uhrzeiten – Einzeichnen von Uhrzeigern zu vorgegebenen Uhrzeiten – Bestimmen von Zeitpunkt und Zeitdauer	nach Seite 60
7A/B	Geometrie – Erkennen bestimmter Lagen von Gegenständen – Erkennen verschiedener Flächen- und Körperformen – Entdecken möglicher Wege	nach Seite 69
8A/B	Multiplizieren und Dividieren bis 100 – Teil I – anschauliches Lösen von Mal- und Geteiltaufgaben – Finden und Lösen von Tauschaufgaben – Finden und Lösen von Umkehraufgaben	nach Seite 81
9A/B	Vergleichen von und Rechnen mit Längenangaben – Vergleichen von Längenangaben – Messen und Zeichnen von Längen – Rechnen mit Längenangaben	nach Seite 87
10A/B	Multiplizieren und Dividieren bis 100 – Teil II – Lösen von Mal- und Geteiltaufgaben, insbesondere von Kernaufgaben – Finden und Lösen von Tausch-, Umkehr- und Nachbaraufgaben – Lösen einfacher Sachaufgaben zur Multiplikation und Division	nach Seite 93
11A/B	Gesamtkontrolle 2. Schuljahr – Addieren und Subtrahieren bis 100 – Multiplizieren und Dividieren bis 100 – Lösen einfacher Sachaufgaben mit Geldwerten, Zeit- und Längenangaben	zu Seite 115

Punkteverteilung

Lernziel-kontrolle	Gesamt-punktzahl	😊	😐	☹️
1A	44	44–36	35–18	17–0
2A	45	45–37	36–18	17–0
3A	52	52–43	42–21	20–0
4A	52	52–43	42–21	20–0
5A	34	34–28	27–14	13–0
6A	19	19–16	15–8	7–0
7A	40	40–33	32–16	15–0
8A	27	27–22	21–11	10–0
9A	53	53–44	43–21	20–0
10A	31	31–26	25–13	12–0
11A	40	40–33	32–16	15–0

Lernziel-kontrolle	Gesamt-punktzahl	😊	😐	☹️
1B	23	23–19	18–11	10–0
2B	25	25–21	20–11	10–0
3B	30	30–26	25–13	12–0
4B	40	40–33	32–16	15–0
5B	33	33–27	26–14	13–0
6B	20	20–17	16–9	8–0
7B	20	20–17	16–9	8–0
8B	28	28–23	22–12	11–0
9B	24	24–19	18–11	10–0
10B	44	44–36	35–18	17–0
11B	39	39–32	31–15	14–0

☞ Die Punkteverteilung kann gegebenenfalls der Leistungsstärke der Klasse angepasst werden.

1A Name

1 Ordne nach der Größe.

16, 6, 13, 20   5, 14, 7, 0   19, 3, 8, 17
6, 13, 16, 20   0, 5, 7, 14   3, 8, 17, 19

3 P.

2 <, > oder =?

1 3	>	3		9 + 3	<	1 4		9 + 5	<	9 + 6
2 0	>	1 9		1 6 + 4	>	1 5		7 + 8	=	4 + 11
9	=	9		1 7 – 7	=	1 0		1 5 – 4	<	2 0 – 8

9 P.

3
14 + 4 = 18   13 + 5 = 18   4 + 9 = 13   7 + 8 = 15
16 + 2 = 18   8 + 8 = 16   9 + 2 = 11   17 + 2 = 19

8 P.

4
17 – 2 = 15   20 – 13 = 7   18 – 18 = 0   15 – 8 = 7
14 – 7 = 7   16 – 9 = 7   12 – 3 = 9   20 – 1 = 19

8 P.

5 Rechne. Kontrolliere mit der Tauschaufgabe.

7 + 5 = 12   14 + 5 = 19   9 + 8 = 17   12 + 8 = 20
5 + 7 = 12   5 + 14 = 19   8 + 9 = 17   8 + 12 = 20

6 P.

6 Rechne. Kontrolliere mit der Umkehraufgabe.

8 + 3 = 11   13 + 7 = 20   15 – 8 = 7   18 – 9 = 9
11 – 3 = 8   20 – 7 = 13   7 + 8 = 15   9 + 9 = 18

6 P.

7 Max will sich einen Fußball kaufen. Wie viel Geld bekommt Max zurück?

Rechnung: 10 € + 5 € = 15 €   15 € – 8 € = 7 €

Antwort: Er bekommt 7 Euro zurück.

4 P.

○ Anschauungshilfen benutzt.
gesehen: _____   Punkte gesamt:

44 P.

85

1B Name

1 Erst die Aufgabe, dann die Umkehraufgabe.

13 + 4 = 17   9 + 6 = 15   7 + 9 = 16
17 − 4 = 13   15 − 6 = 9   16 − 9 = 7

17 − 5 = 12   13 − 8 = 5   16 − 7 = 9
12 + 5 = 17   5 + 8 = 13   9 + 7 = 16

6 P.

2

Haus 8: 3/5, 1/7, 4/4, 8/0
Haus 15: 10/5, 4/11, 3/12, 9/6
Haus 19: 13/4/2, 0/11/8, 9/1/9, 7/7/5

6 P.

3

11 − 4 < 9   6 + 9 > 7 + 5
17 − 8 < 10   8 + 3 = 14 − 3
16 + 3 = 19   13 − 4 < 8 + 7
16 − 8 > 6   18 − 9 > 15 − 8

8 P.

4 Tobias sagt: „Wenn du zu meiner gesuchten Zahl die Zahl 7 dazuzählst, bekommst du die Zahl 20. Wie heißt meine Zahl?"

Rechnung: ☐ + 7 = 20   20 − 7 = 13

Antwort: Die gesuchte Zahl heißt 13.

3 P.

○ Anschauungshilfen benutzt.
gesehen: _____

Punkte gesamt: 23 P.

86

2A Name

Schreibe die Zahlen mit Ziffern.

Vierundfünfzig ☐   achtundvierzig ☐   neununddreißig ☐

3 P.

Schreibe Vorgänger und Nachfolger.

☐ 77 ☐   ☐ 46 ☐   ☐ 89 ☐   ☐ 75 ☐

4 P.

Ordne. Beginne mit der kleinsten Zahl.

34, 26, 30, 39   55, 44, 57, 50   19, 91, 29, 17

_____   _____   _____

6 P.

<, > oder =?

74 ◯ 12   17 ◯ 39   11 ◯ 1 Z 0 E   7 Z 8 E ◯ 8 Z 7 E

61 ◯ 63   57 ◯ 75   56 ◯ 6 Z 5 E   6 Z 0 E ◯ 60

8 P.

Trage die Nachbarzehner ein.

☐ 65 ☐   ☐ 98 ☐   ☐ 39 ☐   ☐ 71 ☐

8 P.

Schreibe die Zahlen in die Kästchen.

30 ──────── 40 ──────── 50

5 P.

Schreibe diese Zahlen an den Zahlenstrahl: 65, 68, 70, 72, 75.

64 ────────────────────────

5 P.

Zerlege so: 25 = 2 Z + 5 E

62 = _____   23 = _____   40 = _____

87 = _____   19 = _____   22 = _____

6 P.

◯ Anschauungshilfen benutzt.   Punkte gesamt:

gesehen: _____

45 P.

87

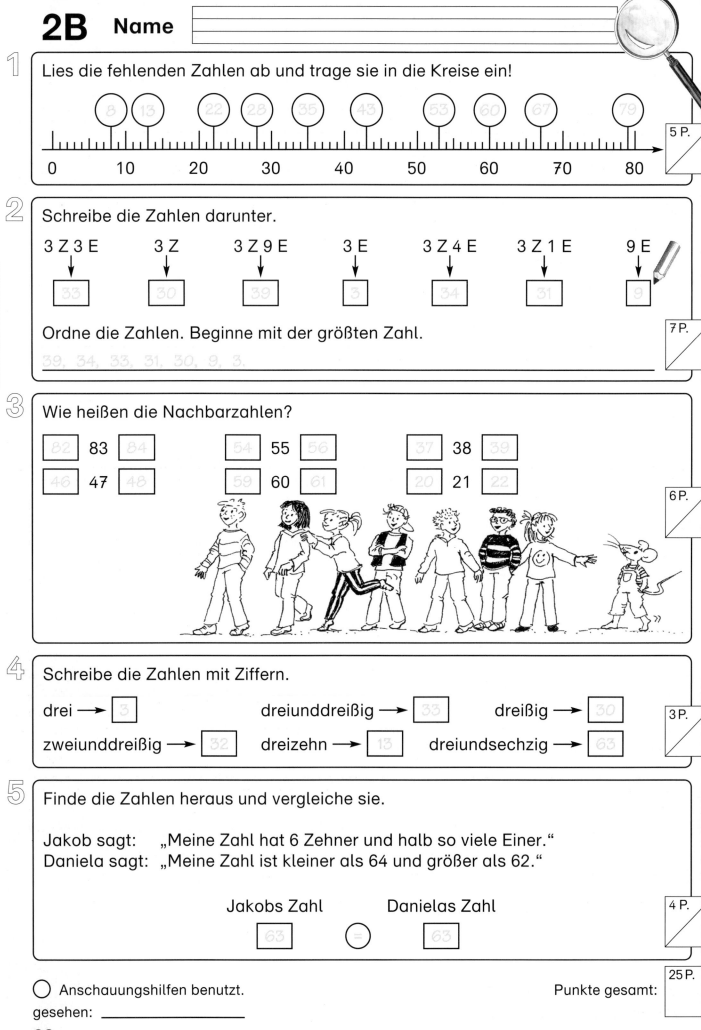

3A Name

1
a) 30 + 10 = ☐   60 + 0 = ☐   50 + 50 = ☐   70 + 20 = ☐   8 P.
b) 50 − 40 = ☐   100 − 30 = ☐   100 − 100 = ☐   70 − 30 = ☐

2
a) 36 + 2 = ☐   42 + 5 = ☐   73 + 4 = ☐   61 + 8 = ☐   8 P.
b) 79 − 8 = ☐   63 − 2 = ☐   48 − 7 = ☐   95 − 4 = ☐

3 Rechne. Kontrolliere mit der Tauschaufgabe.

82 + 6 =   55 + 3 =   64 + 5 =   22 + 7 =   6 P.

4 Rechne. Kontrolliere mit der Umkehraufgabe.

22 + 7 =   47 + 3 =   88 − 5 =   67 − 6 =   6 P.

5 Rechne immer in 2 Schritten, zuerst bis zum Zehner.

a) 36 + 7   74 + 9   55 + 6   46 + 8
   36 + 4   74 + 6
   40 + 3   8 P.

b) 91 − 5   84 − 6   65 − 7   22 − 4   8 P.

6 Ergänze.
a) 61 + ☐ = 70   86 + ☐ = 90   44 + ☐ = 49   23 + ☐ = 28   8 P.
b) 39 − ☐ = 30   73 − ☐ = 70   98 − ☐ = 91   17 − ☐ = 11

○ Anschauungshilfen benutzt.   Punkte gesamt: 52 P.
gesehen: _____

3B Name

1 Denke an die kleine Aufgabe. Schreibe und rechne sie zuerst.

3 + 4 = 7   5 + 3 = 8   2 + 6 = 8
63 + 4 = 67   45 + 3 = 48   82 + 6 = 88

3 P.

2 Welche Aufgaben haben das gleiche Ergebnis? Male die Wagons jeweils in einer Farbe an.

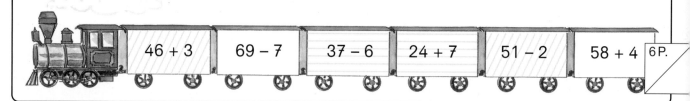

46 + 3   69 − 7   37 − 6   24 + 7   51 − 2   58 + 4

6 P.

3 Schreibe und rechne die Tauschaufgabe. Sei schlau beim Rechnen.

42 + 5 = 47 ←T→ 5 + 42 = 47
26 + 3 = 29 ←T→ 3 + 26 = 29
81 + 9 = 90 ←T→ 9 + 81 = 90
7 + 41 = 48 ←T→ 41 + 7 = 48
4 + 54 = 58 ←T→ 54 + 4 = 58
3 + 36 = 39 ←T→ 36 + 3 = 39

9 P.

4 Rechne zuerst die Aufgabe. Prüfe dann mit der Umkehraufgabe nach.

a) 53 + 6 = 59 ←U→ 59 − 6 = 53
85 + 7 = 92 ←U→ 92 − 7 = 85
47 + 5 = 52 ←U→ 52 − 5 = 47
74 + 8 = 82 ←U→ 82 − 8 = 74

b) 69 − 3 = 66 ←U→ 66 + 3 = 69
46 − 5 = 41 ←U→ 41 + 5 = 46
95 − 7 = 88 ←U→ 88 + 7 = 95
84 − 5 = 79 ←U→ 79 + 5 = 84

12 P.

○ Anschauungshilfen benutzt.
gesehen: _____

Punkte gesamt: 30 P.

4A Name

1
a) 24 + 11 = ☐   33 + 46 = ☐   76 + 23 = ☐   57 + 31 = ☐   8 P.
b) 88 − 33 = ☐   68 − 24 = ☐   69 − 37 = ☐   45 − 21 = ☐

2 Rechne. Kontrolliere mit der Tauschaufgabe.

8 2 + 1 6 =   6 5 + 3 4 =   5 4 + 4 3 =   7 7 + 2 2 =   6 P.

3 Rechne. Kontrolliere mit der Umkehraufgabe.

3 7 + 4 2 =   8 8 + 1 1 =   4 3 − 3 2 =   9 6 − 5 4 =   6 P.

4 Rechne schrittweise.

6 7 + 2 6 =   4 5 + 1 9 =   3 8 + 3 8 =   5 9 + 3 6 =   8 P.

7 2 − 3 6 =   5 6 − 2 9 =   4 3 − 1 8 =   8 3 − 4 7 =   8 P.

5 Ergänze.

2 7 + ☐ = 4 0   9 3 − ☐ = 7 0   3 4 + ☐ = 7 2   6 4 − ☐ = 2 8   8 P.

○ Anschauungshilfen benutzt.
gesehen: _____

Punkte gesamt: 44 P.

4B Name

1 Suche dir einen Rechenweg aus. Schreibe den Rechenweg zu jeder Aufgabe Schritt für Schritt auf ein Extrablatt.

63 + 25 = 88   87 − 16 = 71   63 + 36 = 99
17 + 52 = 69   58 − 21 = 37   79 − 47 = 32

Ich kann rechnen wie ich will! Hauptsache, das Ergebnis stimmt!

12 P.

2 Male die Aufgabe und das passende Ergebnis jeweils in einer Farbe an.

74   86 + 9   91   83   85   76 + 15
      35 + 28   62
23 + 49   81   72   59 + 24   95
    63

5 P.

3 Rechne vorteilhaft.

75 − 13 − 25 = 37   72 − 39 = 33   68 − 27 − 38 = 3

89 − 49 − 36 = 4   46 − 19 = 27   57 − 29 = 28

12 P.

4 Schreibe zur Aufgabe jeweils die Tauschaufgabe und die Umkehraufgabe.

Tauschaufgabe	Aufgabe	Umkehraufgabe
26 + 65 = 91	65 + 26 = 91	91 − 26 = 65
38 + 43 = 81	43 + 38 = 81	81 − 38 = 43

6 P.

5 Tom sagt: „Ich habe 47 Fahrzeuge. 9 davon sind Busse, 13 sind Lastkraftwagen."

Frage: Wie viele Personenwagen hat Tom?

Rechnung: 13 + 9 = 22   47 − 22 = 25

Antwort: Tom hat 25 Personenwagen.

5 P.

○ Anschauungshilfen benutzt.
gesehen: _____

Punkte gesamt:

40 P.

92

5A Name

1 Wie viel Geld ist das?

a) 50 Ct   5 Ct   5 Ct   b) 20 €   10 €   5 €   c) 20 € 5 € 50 Ct 20 Ct
   20 Ct 10 Ct 1 Ct   1 €   5 €   50 €   1 € 10 Ct

_____   _____   _____

_____   _____   _____ [6 P.]

2 Schreibe mit Komma.   [4 P.]

4 € 7 Ct = ____ €   12 € 48 Ct = ____ €   61 € 7 Ct = ____ €   0 € 32 Ct = ____ €

3 < , > oder = ?

| 2 0 € 1 3 Ct | 1 2 € 2 1 Ct | 5 4 , 0 0 € | 0 , 5 4 € | 0 , 3 2 € | 3 2 Ct |
| 6 2 € 1 6 Ct | 6 2 € 6 1 Ct | 4 , 8 8 € | 4 8 , 8 € | 0 , 7 7 € | 7 8 Ct |

[6 P.]

4
a) 36 Ct + 32 Ct = _____   54 € + 44 € = _____   82 Ct + 17 Ct = _____

b) 88 € − 55 € = _____   63 Ct − 23 Ct = _____   99 € − 73 € = _____   [6 P.]

5 Schreibe auf oder zeichne, mit welchen Geldscheinen und Münzen du zahlen kannst.

a) 55 Ct   _____

b) 0,72 €   _____

c) 94 €   _____

d) 40,05 €   _____   [8 P.]

6 Ismail kauft sich Bonbons für 54 Cent. Er bezahlt mit einem 1-Euro-Stück.

Frage:	
Rechnung:	
Antwort:	

[4 P.]

○ Anschauungshilfen benutzt.   Punkte gesamt: [34 P.]
gesehen: _____

5B Name

1 Setze ein: <, >, =.

80 € 17 Ct > 71 € 80 Ct   28,45 € > 23,99 €
34 € 79 Ct < 36 € 12 Ct   0,97 € < 97,00 €
59 € 21 Ct < 59 € 80 Ct   73,00 € > 0,73 €

Du darfst auch das Rechengeld zu Hilfe nehmen!

6 P.

2
33 Ct + 47 Ct = 80 Ct   71 € – 62 € = 9 €   0,25 € + 47 Ct = 72 Ct
16 Ct + 65 Ct = 81 Ct   56 € – 28 € = 28 €   26 Ct + 0,24 € = 50 Ct
28 Ct + 15 Ct = 43 Ct   97 € – 69 € = 28 €   0,01 € + 99 Ct = 1 €

9 P.

3 Andrea bekommt für einen Volksfestbesuch 15 Euro. Sie kauft sich Eis für 1,50 Euro und eine Bratwurstsemmel für 2,25 Euro. Dann fährt sie für 6,50 Euro 2 mal Karusell. Ein Chip zum Reiten kosten 5 Euro. Ob sie sich das noch leisten kann?

Rechnung: 1,50 € + 2,25 € + 6,50 € = 10,25 €
15 € – 10,25 € = 4,75 €
4,75 € + 0,25 € = 5 € (0,25 € = 25 Ct)

Antwort: Andrea fehlen 25 Cent für den Chip zum Reiten.

6 P.

4 a) Schreibe die Digitalzeiten dazu. Es gibt immer 2 Möglichkeiten.

10.05 Uhr
22.05 Uhr

2.33 Uhr
14.33 Uhr

7.54 Uhr
19.54 Uhr

b) Zeichne die Zeiger ein.

7.25 Uhr

21.39 Uhr

0.28 Uhr

12 P.

33 P.

○ Anschauungshilfen benutzt.
gesehen: _____

Punkte gesamt:

94

6A Name

1
Fülle die Lücken aus.

1 Tag hat ____ Stunden.   1 halbe Stunde hat ____ Minuten.

1 Stunde hat ____ Minuten.   1 Dreiviertelstunde hat ____ Minuten.

1 Viertelstunde hat ____ Minuten.

5 P.

2
Schreibe immer 2 Uhrzeiten auf.

6 P.

3
Zeichne die Zeiger ein.

| Viertel nach vier | 10.00 Uhr | 18.45 Uhr | 11.30 Uhr |

| 10.15 Uhr | halb zwei | viertel nach sieben | dreiviertel acht |

16 P.

4

14:00 Uhr	17:05 Uhr		
____ Min. warten	____ Min. warten	20 Min. warten	30 Min. warten
14.30 Uhr Pippi Langstrumpf	17.15 Uhr Telebärchen	16.50 Uhr Tierfilm	15.00 Uhr Maus-Sendung

4 P.

○ Anschauungshilfen benutzt.

gesehen: _____

Punkte gesamt: 31 P.

6B Name

1.

morgens: 7.00 Uhr   nachts: 2.15 Uhr   morgens: 7.45 Uhr

abends: 19.00 Uhr   nachmittags: 14.15 Uhr   abends: 19.45 Uhr

6 P.

2. Zeichne die Zeiger ein, Schreibe die Tageszeit darunter.

17:15 Uhr   3:30 Uhr   11:45 Uhr

nachmittags   nachts   vormittags

nachts, morgens, abends, mittags, vormittags, nachmittags?

6 P.

3. Freunde von Anja sind weggezogen. Der Vater fährt Anja in den Ferien dorthin. Um 11.00 Uhr fahren die beiden von zu Hause ab, um 14.15 Uhr kommen Sie bei den Freunden an.

Frage: Wie lange sind Anja und ihr Vater gefahren?

Antwort: Sie sind 3 Stunden und 15 Minuten (eine Viertelstunde) gefahren.

4 P.

4. Die 2. Klasse macht einen Ausflug. Sie fahren um 8.00 Uhr mit dem Bus ab. Carlo fragt seine Mutter: „Holst du mich in fünfeinhalb Stunden wieder ab?"

Frage: Wann muss Carlos Mutter wieder am Treffpunkt sein?

Antwort: Carlos Mutter muss um 13.30 Uhr dort sein.

4 P.

○ Anschauungshilfen benutzt.
gesehen: _____

Punkte gesamt: 20 P.

7A Name

Wackelohr hat Käsestücke versteckt. Beschreibe wo sie liegen.

5 P.

Benenne die Figuren. Schreibe ihren Namen auf.

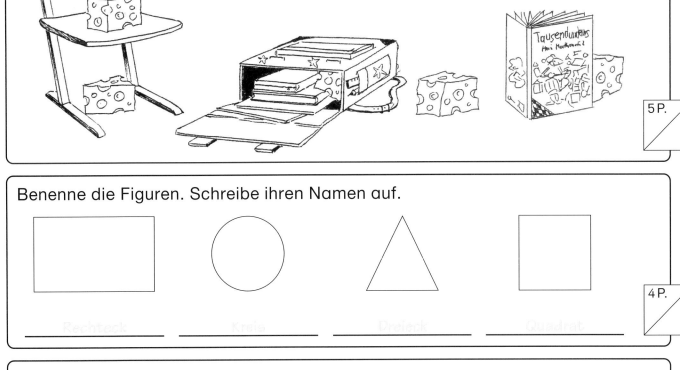

4 P.

Zeichne den Weg zum Schatz in die Karte ein.

1. Gehe rechts neben der Pferdekoppel zum See.
2. Gehe dann über die Brücke.
3. Biege nach der Brücke rechts ab.
4. Gehe nun bis zur Hütte zwischen den 2 Tannenbäumen.
5. Gehe durch die Hütte durch und links an der alten Eiche vorbei.
6. Auf dem linken Jägersitz ist die Schatztruhe. Klettere hinauf.

6 P.

Benenne die Körper. Schreibe ihren Namen auf.

 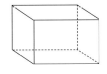 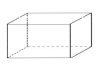

4 P.

○ Anschauungshilfen benutzt.
gesehen: _____

Punkte gesamt: 19 P.

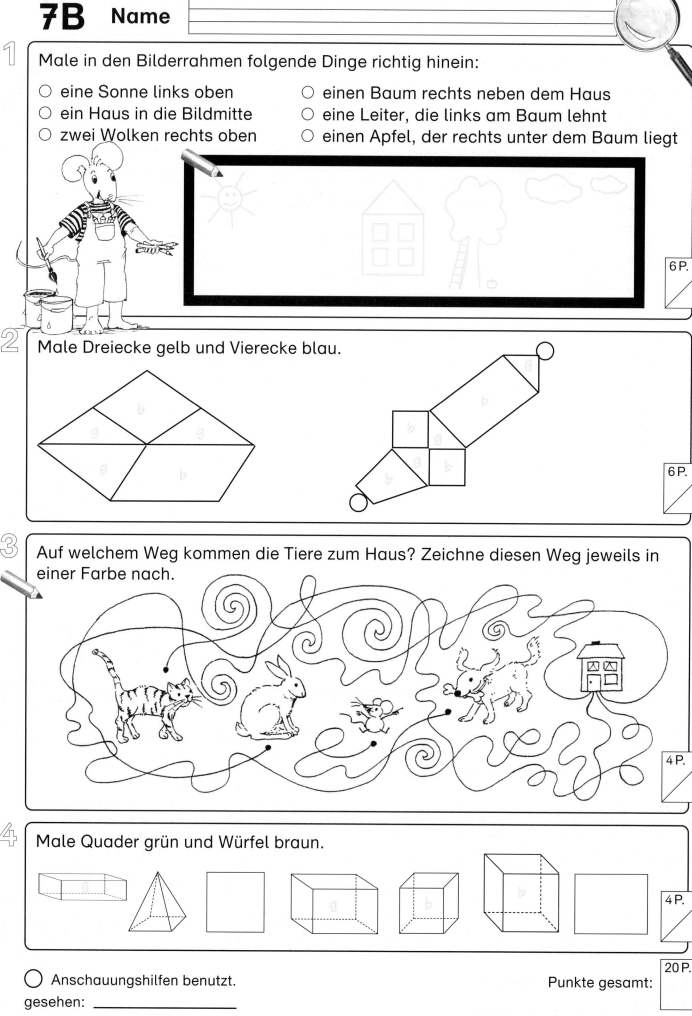

8A Name

Wie viele Bälle sind es? Schreibe Plus- und Malaufgaben.

4 P.

Teile die Äpfel auf. Schreibe eine Geteiltaufgabe.

   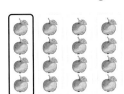   

_____   _____   _____

6 P.

Verteile die Eier in die Nester. Schreibe eine Geteiltaufgabe.

   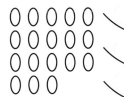   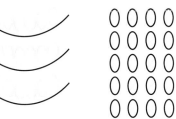

_____   _____   _____

6 P.

Schreibe und rechne immer 2 Malaufgaben.

o o o o   o o o o o   o o o o o   o o o o o o o
o o o o   o o o o o   o o o o o   o o o o o o o
                 o o o o o   o o o o o   o o o o o o o
                 o o o o o

_____   _____   _____   _____

_____   _____   _____   _____

8 P.

Rechne. Kontrolliere mit der Umkehraufgabe.

3 · 2 = ☐   3 · 5 = ☐   2 · 8 = ☐   4 · 5 = ☐

☐ : ☐ = ☐   ☐ : ☐ = ☐   ☐ : ☐ = ☐   ☐ : ☐ = ☐

14 : 7 = ☐   12 : 2 = ☐   9 : 3 = ☐   18 : 3 = ☐

☐ · ☐ = ☐   ☐ · ☐ = ☐   ☐ · ☐ = ☐   ☐ · ☐ = ☐

16 P.

○ Anschauungshilfen benutzt.   Punkte gesamt:

gesehen: _____

40 P.

8B Name

1 Zeichne und rechne die Malaufgabe.

12 Dosen	12 Kerzen	15 Äpfel

4 + 4 + 4 = 12   6 + 6 = 12   5 + 5 + 5 = 15

3 mal 4 = 12   2 mal 6 = 12   3 mal 5 = 15

3 · 4 = 12   2 · 6 = 12   3 · 5 = 15

6 P.

2 Kreise weiter ein und schreibe eine Geteiltaufgabe.

14 : 2 = 7   15 : 5 = 3   12 : 4 = 3   27 : 9 = 3

8 P.

3 Zeichne und rechne immer die Malaufgabe und die Tauschaufgabe.

7 · 2 = 14   4 · 3 = 12   2 · 4 = 8
2 · 7 = 14   3 · 4 = 12   4 · 2 = 8

6 P.

4 Schreibe immer 2 Malaufgaben und 2 Umkehraufgaben.

Malaufgabe → Umkehraufgabe   Malaufgabe → Umkehraufgabe

3 · 5 = 15   →   15 : 5 = 3   7 · 4 = 28   →   28 : 4 = 7
5 · 3 = 15   →   15 : 3 = 5   4 · 7 = 28   →   28 : 7 = 4

8 P.

28 P.

○ Anschauungshilfen benutzt.   Punkte gesamt:
gesehen: _____

9A Name

Miss die Strecken in cm.

a) |————————————————————————————| ___ cm

b) |————————————————| ___ cm

c) |———————————————| ___ cm

3 P.

Zeichne folgende Strecken farbig.

a) 3 cm |————|

b) 13 cm |————————————————————————————|

c) 7 cm |————————|

3 P.

Miss die Strecke in cm. Schreibe Aufgaben dazu.

a) |————|————————————| _____

b) |————|——————————| _____

c) |——|————————|——————| _____

6 P.

8 m + 5 m = ___	12 m + 7 m = ___	16 m + 9 m = ___
19 m – 7 m = ___	28 m – 5 m = ___	36 m – 8 m = ___

6 P.

< , > oder = ?

| 3 m | | 3 0 c m | | 1 8 c m | | 8 0 c m | | 5 m | | 5 0 m | | 1 0 0 c m | | 1 m |

4 P.

**Für ein Angelspiel braucht Eva 2 Fäden mit den Längen 26 cm und 30 cm.
Patrick gibt ihr einen Faden von einem Meter Länge.
Wie lang ist der Faden, der übrig bleibt?**

Rechnung:

Antwort:

5 P.

○ Anschauungshilfen benutzt.

gesehen: _____

Punkte gesamt: 27 P.

9B Name

1 Miss die folgenden Stäbe in cm. Schreibe die Ergebnisse auf.

_13_ cm

_9_ cm

_12_ cm

3 P.

2 Zeichne und rechne.

2 cm + 13 cm = _15_ cm

15 cm

7 cm + 9 cm = _16_ cm

16 cm

4 P.

3 Ordne die folgenden Längen der Größe nach.

72 cm, 28 cm, 39 cm, 27 cm, 93 cm, 82 cm, 45 cm, 54 cm.

_27_ cm < _28_ cm < _39_ cm < _45_ cm < _54_ cm < _72_ cm < _82_ cm < _93_ cm

4 P.

4 Rechne.

41 cm + 25 cm = _66_ cm   67 cm − 36 cm = _31_ cm   36 cm + 45 cm = _81_ cm

62 cm + 37 cm = _99_ cm   48 cm − 23 cm = _25_ cm   92 cm − 56 cm = _36_ cm

27 cm + 52 cm = _79_ cm   83 cm − 44 cm = _39_ cm   19 cm + 68 cm = _87_ cm

9 P.

5 Harrys Laternenstab war 90 cm lang. Leider ist ihm ein 12 cm langes Stück abgebrochen.

Frage: Wie lang ist Harrys Laternenstab noch?

Rechnung: 90 cm − 12 cm = 78 cm

Antwort: Harrys Laternenstab ist noch 78 cm lang.

4 P.

○ Anschauungshilfen benutzt.
gesehen: _____

Punkte gesamt:

24 P.

10A Name

5 · 2 = ☐	5 · 5 = ☐	4 · 0 = ☐	7 · 5 = ☐	
3 · 10 = ☐	7 · 1 = ☐	7 · 10 = ☐	9 · 2 = ☐	12 P.
9 · 10 = ☐	3 · 3 = ☐	4 · 5 = ☐	10 · 10 = ☐	

80 : 10 = ☐	9 : 1 = ☐	0 : 4 = ☐	50 : 5 = ☐	
25 : 5 = ☐	14 : 2 = ☐	40 : 5 = ☐	9 : 3 = ☐	12 P.
36 : 6 = ☐	3 : 3 = ☐	1 : 1 = ☐	35 : 5 = ☐	

Finde die Zwillingsaufgaben.   4 P.

81 = _____   16 = _____   4 = _____   64 = _____

Schreibe die Nachbaraufgaben. Dann rechne.   6 P.

	3 · 5 = ___			6 · 10 = ___	

Rechne. Kontrolliere mit der Tauschaufgabe.   8 P.

6 · 5 = ___   8 · 2 = ___   3 · 0 = ___   4 · 1 = ___

_____   _____   _____   _____

Rechne. Kontrolliere mit der Umkehraufgabe.   8 P.

3 · 10 = ___   6 · 5 = ___   8 · 2 = ___   6 · 10 = ___

_____   _____   _____   _____

Oma hat für ihre 4 Enkelkinder Sticker gekauft. Jedes Kind bekommt 5 Sticker. Wie viele Sticker hat die Oma gekauft?

Rechnung:

Antwort: 3 P.

○ Anschauungshilfen benutzt.   Punkte gesamt: 53 P.
gesehen: _____

10B Name

1 Welche Zahlen fehlen? Rechne aus und ergänze.

a) 5 · 4 = 20   3 · 3 = 9   5 · 9 = 45   2 · 6 = 12
   10 · 6 = 60 8 · 8 = 64   2 · 9 = 18   10 · 9 = 90
   2 · 8 = 16   7 · 7 = 49   8 · 5 = 40   4 · 4 = 16

b) 15 : 5 = 3   16 : 4 = 4   49 : 7 = 7   35 : 5 = 7
   14 : 2 = 7   45 : 9 = 5   36 : 6 = 6   8 : 2 = 4
   50 : 10 = 5   25 : 5 = 5   81 : 9 = 9   64 : 8 = 8

12 P. / 12 P.

2 Löse mit der Nachbaraufgabe.

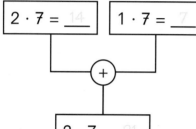
2 · 7 = 14
1 · 7 = 7
3 · 7 = 21

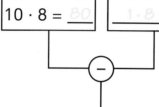
10 · 8 = 80
1 · 8 = 8
9 · 8 = 72

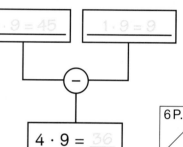
5 · 9 = 45
1 · 9 = 9
4 · 9 = 36

6 P.

3 Rechne die Aufgabe. Schreibe dann die Tauschaufgabe und die Umkehraufgabe in die richtige Spalte.

Tauschaufgabe T	Aufgabe	Umkehraufgabe U
4 · 7 = 28	7 · 4 = 28	28 : 4 = 7
9 · 4 = 36	4 · 9 = 36	36 : 9 = 4
3 · 8 = 24	8 · 3 = 24	24 : 3 = 8
8 · 6 = 48	6 · 8 = 48	48 : 8 = 6

10 P.

4 Eine Packung mit 9 Matchboxautos kostet 27 Euro. 2 Autos fehlen. Wie viel muss Martin dann bezahlen?

Rechnung: 27 € : 9 = 3 €   7 · 3 € = 21 €   oder   27 € − 6 € = 21 €

Antwort: Martin muss 21 Euro bezahlen.

4 P.

○ Anschauungshilfen benutzt.
gesehen: _____

Punkte gesamt: 44 P.

104

11A Name

60 + 30 = 90   47 + 20 = 67   55 + 36 = 91   6 P.
T 30 + 60 = 90   T 20 + 47 = 67   T 36 + 55 = 91

90 − 40 = 50   93 − 10 = 83   36 − 14 = 22   6 P.
U 50 + 40 = 90   U 83 + 10 = 93   U 22 + 14 = 36

a) 36 + 8 = 44   74 + 9 = 83   64 − 6 = 58   57 − 8 = 49   4 P.
b) 88 + 4 = 92   43 + 23 = 66   72 − 5 = 67   64 − 19 = 45

Carlotta springt 72 cm hoch.
Eugen schafft einen Meter.
Um wie viel cm springt Eugen höher?

Rechnung: 1 m = 100 cm
100 cm − 72 cm = 28 cm

Antwort: Eugen springt um 28 cm höher als Carlotta.   4 P.

6 · 5 = 30   8 · 2 = 16   3 · 4 = 12   7 P.
T 5 · 6 = 30   U 16 : 2 = 8   N 2 · 4 = 8   N 4 · 4 = 16

16 = 4 · 4   25 = 5 · 5   49 = 7 · 7   81 = 9 · 9   4 P.

Frau Gündüz kauft für 4 Kinder Eis. Jeder Becher kostet 3 Euro.
Sie bezahlt mit einem 50-Euro-Schein. Wie viel Geld bekommt sie zurück?

Rechnung: 4 · 3 € = 12 €
50 € − 12 € = 38 €

Antwort: Frau Gündüz bekommt 38 Euro zurück.   5 P.

◯ Anschauungshilfen benutzt.
gesehen: _____

Punkte gesamt: 40 P.

11B Name

1

+	30	27	19
67	97	94	86
53	83	80	72

−	66	35	34
72	6	37	38
	34	18	49	50

Viel Erfolg!

10 P.

2

Aufgabe, Tauschaufgabe und 2 Umkehraufgaben.
Finde und schreibe immer 4 verwandte Aufgaben.

5 · 7 = 35   2 · 9 = 18   6 · 8 = 48   4 · 3 = 12
7 · 5 = 35   9 · 2 = 18   8 · 6 = 48   3 · 4 = 12
35 : 7 = 5   18 : 9 = 2   48 : 8 = 6   12 : 3 = 4
35 : 5 = 7   18 : 2 = 9   48 : 6 = 8   12 : 4 = 3

8 P.

3

Kannst du das auch rechnen? Rechne immer zuerst die Malaufgaben.

7 · 8 € − 6 · 6 € = 56 € − 36 € = 20 €   8 · 9 € − 6 · 7 € = 72 € − 42 € = 30 €
5 · 9 € + 4 · 7 € = 45 € + 28 € = 73 €   5 · 6 € − 7 · 3 € = 30 € + 21 € = 51 €
3 · 10 € + 5 · 5 € = 30 € + 25 € = 55 €   7 · 7 € + 8 · 5 € = 49 € + 40 € = 89 €

9 P.

4

Um welche Zahl musst du 97 verkleinern, um 48 zu erhalten?

Rechnung: 97 − ☐ = 48   97 − 48 = 49

Antwort: Ich muss 97 um 49 verkleinern.

4 P.

5

Suche den 7. Teil der Zahl 49. Verdopple dann das Ergebnis.

Rechnung: 49 : 7 = 7   7 · 2 = 14

Antwort: Die Zahl heißt 14.

3 P.

6

Ruth und Fabian bauen ein quadratisches Freigehege für ihre Hasen. Jede Seite ist 12 m lang. Vater hat 50 m Maschendraht zu Hause. Reicht der Draht aus?

Rechnung: 12 m + 12 m + 12 m + 12 m = 48 m   50 m − 48 m = 2 m
oder 4 · 12 m = 48 m

Antwort: Es bleiben noch 2 m übrig. Der Draht reicht aus.

5 P.

39 P.

○ Anschauungshilfen benutzt.
gesehen: _____

Punkte gesamt:

Übungen zum Aufholen

Die Übungen zum Aufholen unterstützen ein differenziertes Vorgehen im Mathematikunterricht der Jahrgangstufe 2. Sie dienen speziell leistungsschwachen Kindern, um Wissen und Können zu Zahlbegriff und Zahldarstellung bis 100, zum Addieren und Subtrahieren mit Zahlen und Größen im Zahlenraum bis 100, zum kleinen Einmaleins, zu Lagebeziehungen im Raum und geometrischen Flächen- und Körperformen sowie zum Lösen einfacher Sachaufgaben zu erwerben.

Dafür wurden insbesondere solche Inhalte aufgenommen, bei denen einige Kinder erfahrungsgemäß einen bedeutend höheren Übungsbedarf haben.

Die Übungen ermöglichen leistungsschwächeren Kindern notwendige Erfolgserlebnisse, um den fachlichen Anschluss zum laufenden Stoff zu halten und um eine persönliche Einschätzung in der Richtung „Mathe kann ich sowieso nicht." in die Meinung „So schwer ist es gar nicht!" umzuwandeln.

Natürlich stellen die Übungsblätter dafür nur eine Grundlage dar. Entscheidend für den Lernerfolg bleibt die kontinuierliche Arbeit der Lehrkraft mit dem einzelnen Kind, ihre Zuwendung und ihr Vertrauen in die Fähigkeiten des Kindes.

Über das Schuljahr verteilt werden 30 verschiedene Übungsblätter als Kopiervorlagen (KV) angeboten. Durch die Beschränkung auf wenige Aufgabentypen pro Übungsblatt wird einerseits ein intensives Üben ermöglicht, andererseits ist eine relativ hohe Selbständigkeit beim Bearbeiten der Aufgaben zu erwarten.

Die benötigte Übungszeit sollte für jedes Kind individuell festgelegt werden. Grundsatz für Hilfestellungen durch die Lehrkraft sollte immer folgende Einstellung sein: „Ich nehme dem Kind nicht das Denken ab, sondern versuche mich auf sein Denken einzustellen. Ich rege das Kind nur zum Denken an (setze es auf die richtige Spur)". Das Kind soll lernen, selbst zu handeln und zu denken, d.h. lernen eigenständig Aufgaben zu lösen und auch selbst zu entscheiden, welche Mittel bzw. Hilfen es verwenden möchte.

Als Unterstützung können die Kinder alle möglichen Lernmittel heranziehen: Rechnen mit Rechengeld, Zahlenstrahl, Einerplättchen, Zehnerstreifen, Hunderterquadrat, Perlenketten usw.

Eventuell kann die Lehrkraft das Kind bitten durch ein Zeichen zu vermerken, welche Aufgabe ohne Hilfsmittel gelöst werden konnte.

Im Folgenden werden alle Kopiervorlagen den entsprechenden Lernzielen sowie Buchseiten zugeordnet. Es ist jederzeit denkbar, die Übungen zu einem späteren Zeitpunkt zur Festigung oder Auffrischung zu verwenden.

Die Übungen können in beliebiger Reihenfolge bearbeitet werden. Auf die konkrete und aktuelle Klassensituation übertragen, stellen sie eine spürbare Arbeitserleichterung und Hilfe dar.

Inhaltsverzeichnis

KV	Lernziel	Schüler-buch
1	– Addieren bis 20 (ohne Zehnerübergang) – Subtrahieren bis 20 (ohne Zehnerübergang)	nach Seite 7
2	– Addieren bis 20 (mit Zehnerübergang) – Subtrahieren bis 20 (mit Zehnerübergang)	nach Seite 9
3	– Zuordnen von Zahlen bis 100 am Zahlenstrahl und im Hunderterquadrat – Bestimmen von Vorgänger und Nachfolger bis 100	nach Seite 22
4	– Vergleichen von Zahlen bis 100 – Ordnen von Zahlen bis 100	nach Seite 23
5	– Addieren und Subtrahieren von Zehnerzahlen – Addieren und Subtrahieren im gleichen Zehner bis 100	nach Seite 27
6	– Addieren mit Übergang zum nächsten Zehner – Subtrahieren mit Übergang zum nächsten Zehner	nach Seite 33
7	– Erkennen verschiedener Flächenformen – Verfolgen und Einzeichnen von Wegen	nach Seite 39
8	– Zahlen und Zählen am Kalender – Zuordnen von Tagen zu Monaten	nach Seite 41
9	– Addieren von zweistelligen Zahlen (ohne Übertrag) – Subtrahieren von zweistelligen Zahlen (ohne Übertrag)	nach Seite 43
10	– Addieren von zweistelligen Zahlen mit Übertrag (Zehner und Einer extra) – Addieren von zweistelligen Zahlen mit Übertrag (erst Einer, dann Zehner)	nach Seite 45
11	– Subtrahieren von zweistelligen Zahlen mit Übertrag (Zehner und Einer extra) – Subtrahieren von zweistelligen Zahlen mit Übertrag (erst Einer, dann Zehner)	nach Seite 47
12	– Addition in zwei Schritten – Subtraktion in zwei Schritten	nach Seite 51
13	– Geldbeträge erkennen – Zerlegen von Kommazahlen mit Geldangaben in Cent und Euro	nach Seite 53
14	– Addieren und Subtrahieren mit Cent und Euro	nach Seite 55
15	– Lösen einfacher Sachaufgaben mit Zeitangaben	nach Seite 63

Inhaltsverzeichnis

KV	Lernziel	Schüler-buch
16	– Erkennen geometrischer Körperformen – Zeichnen geometrischer Körperformen	nach Seite 69
17	– anschauliches Lösen von Malaufgaben (Mengenbilder) – Plus- und entsprechende Malaufgaben am Zahlenstrahl	nach Seite 73
18	– anschauliches Lösen von Geteiltaufgaben (Mengenbilder) – Minus- und entsprechende Geteiltaufgaben am Zahlenstrahl	nach Seite 77
19	– Lösen von Tauschaufgaben zur Multiplikation – Lösen von Umkehraufgaben zu Multiplikation und Division	nach Seite 79
20	– Finden und Lösen von verwandten Aufgaben (Ausgangspunkt: Malaufgabe) – Finden und Lösen von verwandten Aufgaben (Ausgangspunkt: Geteiltaufgabe)	nach Seite 81
21	– Zeichnen von Strecken in cm – Rechnen mit Längenangaben	nach Seite 87
22	– Lösen von Grundaufgaben zur Multiplikation – Lösen von Grundaufgaben zur Division	nach Seite 90
23	– Quadratsätze der Mutiplikation – Umkehraufgaben zu den Quadratsätzen	nach Seite 91
24	– Teilen mit Rest	nach Seite 93
25	– Lösen von Aufgaben zur Malfolge mit 5 und 10 – Lösen von Aufgaben zur Malfolge mit 1 und 0	nach Seite 97
26	– Lösen von Aufgaben zur Malfolge mit 2 und 4 – Lösen von Aufgaben zur Malfolge mit 4 und 8	nach Seite 97
27	– Lösen einfacher Sachaufgaben zur Addition bis 100 – Lösen einfacher Sachaufgaben zur Subtraktion bis 100	nach Seite 103
28	– Lösen einfacher Sachaufgaben zur Multiplikation bis 100 – Lösen einfacher Sachaufgaben zur Division	nach Seite 105
29	– Addieren und Subtrahieren bis 100	nach Seite 107
30	– Multiplizieren und Dividieren bis 100	nach Seite 109

1 Name

1 Überlege genau und rechne aus.

a) 6 + 3 = 9
8 + 1 = 9
4 + 4 = 8
2 + 7 = 9
0 + 8 = 8
5 + 2 = 7
4 + 5 = 9
3 + 5 = 8
5 + 4 = 9
7 + 1 = 8

b) 16 + 3 = 19
18 + 1 = 19
14 + 4 = 18
12 + 7 = 19
10 + 8 = 18
15 + 2 = 17
14 + 5 = 19
13 + 5 = 18
15 + 4 = 19
17 + 1 = 18

c) 17 + 2 = 19
19 + 0 = 19
3 + 12 = 15
5 + 14 = 19
14 + 3 = 17
7 + 11 = 18
12 + 5 = 17
6 + 10 = 16
16 + 3 = 19
6 + 12 = 18

2 a) 8 − 3 = 5
9 − 2 = 7
7 − 4 = 3
5 − 1 = 4
6 − 4 = 2
9 − 5 = 4
8 − 6 = 2
6 − 5 = 2
7 − 3 = 4
9 − 7 = 2

b) 18 − 3 = 15
19 − 2 = 17
17 − 4 = 13
15 − 1 = 14
16 − 4 = 12
19 − 5 = 14
18 − 6 = 12
16 − 5 = 11
17 − 3 = 14
19 − 7 = 12

c) 18 − 2 = 16
15 − 3 = 12
18 − 4 = 14
17 − 6 = 11
12 − 1 = 11
19 − 9 = 10
13 − 2 = 11
17 − 5 = 12
15 − 4 = 11
19 − 8 = 11

2 Name

Sieh dir die Aufgaben genau an. Dann rechne.

a) 5 + 5 = ☐   c) 7 + 6 = ☐   e) 4 + 8 = ☐
   5 + 6 = ☐   6 + 6 = ☐   6 + 9 = ☐
   5 + 7 = ☐   5 + 6 = ☐   7 + 9 = ☐
   5 + 8 = ☐   4 + 6 = ☐   9 + 9 = ☐
   5 + 9 = ☐   8 + 6 = ☐   8 + 8 = ☐

b) 3 + 7 = ☐   d) 8 + 4 = ☐
   3 + 8 = ☐   9 + 6 = ☐
   3 + 9 = ☐   6 + 7 = ☐
   3 + 10 = ☐   2 + 9 = ☐

Die Lexikonseite 12 hilft dir.

a) 14 − 4 = ☐   c) 13 − 3 = ☐   e) 17 − 8 = ☐
   14 − 5 = ☐   12 − 3 = ☐   16 − 8 = ☐
   14 − 6 = ☐   11 − 3 = ☐   15 − 8 = ☐
   14 − 7 = ☐   10 − 3 = ☐   14 − 8 = ☐
   14 − 8 = ☐   12 − 4 = ☐   13 − 8 = ☐

b) 16 − 6 = ☐   d) 12 − 5 = ☐   f) 13 − 5 = ☐
   16 − 7 = ☐   17 − 9 = ☐   14 − 9 = ☐
   16 − 8 = ☐   15 − 8 = ☐   15 − 7 = ☐
   16 − 9 = ☐   13 − 7 = ☐   17 − 9 = ☐

3 Name

1 a) Ergänze.

6, 22, 42, 46, 56, 63, 72, 77, 87, 94, 99

b) Ordne zu.

54, 61, 73, 79, 86, 88, 97

c) Trage folgende Zahlen ein und male die Felder gelb an: 1, 10, 12, 19, 23, 28, 34, 37, 45, 46, 55, 56, 64, 67, 73, 78, 84, 87, 95, 96.

1		3				7		9	10
	12			15				19	20
		23				26		28	30
	32		34			37		39	
		43		45	46	47			50
				55	56		58		
	62		64			67			70
		73			76		78		
81			84			87			90
		93		95	96		98		

2 Suche die Nachbarzahlen.

a)
V		N
32	33	34
57	58	59
45	46	47
71	72	73
83	84	85
24	25	26

b)
V		N
53	54	55
29	30	31
92	93	94
86	87	88
59	60	61
98	99	100

4 Name

<, > oder =?

a) 62 ◯ 64   b) 54 ◯ 70   c) 6 Z ◯ 5 Z
   67 ◯ 70   35 ◯ 38   5 Z ◯ 7 Z
   39 ◯ 35   55 ◯ 44   1 Z ◯ 9 E
   60 ◯ 40   56 ◯ 65   2 Z ◯ 8 E
   50 ◯ 50   34 ◯ 78   0 Z ◯ 1 E

   29 ◯ 92   55 ◯ 55   2 Z 2 E ◯ 22
   64 ◯ 84   68 ◯ 70   1 Z 5 E ◯ 14
   42 ◯ 24   91 ◯ 19   9 Z 3 E ◯ 95
   67 ◯ 97   48 ◯ 84   8 Z 1 E ◯ 81
   77 ◯ 7   23 ◯ 32   7 Z 0 E ◯ 7

Ordne die Zahlen nach der Größe.

a)    55   33   19
                              42   ~~16~~   27

b) 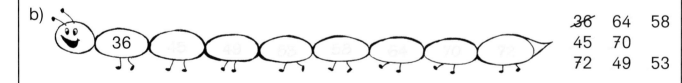   ~~36~~   64   58
                              45   70
                              72   49   53

c) 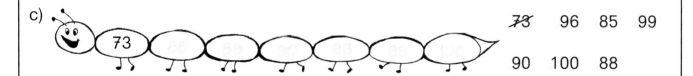   ~~73~~   96   85   99
                              90   100   88

d)    94   71   ~~49~~
                              62   88

113

5 Name

1 Überlege und rechne.

a) 40 + 30 = 70
70 + 10 = 80
50 + 20 = 70
20 + 50 = 70
10 + 60 = 70
0 + 30 = 30
10 + 10 = 20
90 + 0 = 90
40 + 50 = 90
30 + 20 = 50

b) 70 − 30 = 40
50 − 40 = 10
80 − 50 = 30
70 − 20 = 50
80 − 30 = 50
50 − 30 = 20
90 − 70 = 20
100 − 10 = 90
100 − 50 = 50
90 − 20 = 70

c) 80 − 50 = 30
30 + 60 = 90
90 − 30 = 60
50 + 20 = 70
100 − 40 = 60
10 + 60 = 70
70 − 0 = 70

Denke an die kleine Aufgabe.

2

a) 2 + 3 = 5
12 + 3 = 15
32 + 3 = 35
52 + 3 = 55
82 + 3 = 85

b) 35 + 2 = 37
64 + 4 = 68
71 + 7 = 78
57 + 0 = 57
43 + 5 = 48

c) 6 − 5 = 1
16 − 5 = 11
26 − 5 = 21
46 − 5 = 41
76 − 5 = 71

d) 67 − 3 = 64
38 − 4 = 34
45 − 0 = 45
69 − 7 = 62
86 − 5 = 81

e) 66 + 2 = 68
49 − 4 = 45
57 + 1 = 58
35 − 3 = 32
92 + 7 = 99

f) 65 + 4 = 69
56 − 5 = 51
78 + 1 = 79
36 − 3 = 33
28 − 6 = 22

114

6 Name

Rechne schrittweise.

Lege mit Z-Streifen und E-Plättchen.

a) 26 + 6 = ☐
   26 + 4 = 30
   30 + 2 = ☐

b) 45 + 7 = ☐
   ☐ + ☐ = ☐
   ☐ + ☐ = ☐

c) 72 + 9 = ☐
   ☐ + ☐ = ☐
   ☐ + ☐ = ☐

d) 34 + 8 = ☐
   ☐ + ☐ = ☐
   ☐ + ☐ = ☐

e) 28 + 3 = ☐
   ☐ + ☐ = ☐
   ☐ + ☐ = ☐

f) 87 + 5 = ☐
   ☐ + ☐ = ☐
   ☐ + ☐ = ☐

g) 76 + 7 = ☐
   ☐ + ☐ = ☐
   ☐ + ☐ = ☐

h) 75 + 6 = ☐
   ☐ + ☐ = ☐
   ☐ + ☐ = ☐

---

a) 55 − 7 = ☐
   55 − 5 = 50
   50 − 2 = ☐

b) 72 − 5 = ☐
   ☐ − ☐ = ☐
   ☐ − ☐ = ☐

c) 96 − 8 = ☐
   ☐ − ☐ = ☐
   ☐ − ☐ = ☐

d) 63 − 6 = ☐
   ☐ − ☐ = ☐
   ☐ − ☐ = ☐

e) 51 − 2 = ☐
   ☐ − ☐ = ☐
   ☐ − ☐ = ☐

f) 58 − 9 = ☐
   ☐ − ☐ = ☐
   ☐ − ☐ = ☐

g) 42 − 8 = ☐
   ☐ − ☐ = ☐
   ☐ − ☐ = ☐

h) 34 − 7 = ☐
   ☐ − ☐ = ☐
   ☐ − ☐ = ☐

i) 25 − 6 = ☐
   ☐ − ☐ = ☐
   ☐ − ☐ = ☐

7 Name

1 Nimm dein Legespiel zur Hand. Lege aus und notiere den Namen der Teile.

a) Dreieck — 4 oder 5

b) Quadrat — 1 2 oder andere Diagonale

c) Rechteck — 3 oder 1 + 2 + 6 oder 4 + 5

Für Figur b) und c) gibt es mehrere Möglichkeiten.

2

Welchen Weg soll ich nehmen? Male an.

8 Name

Ergänze. Schau im Kalender nach.

1 Jahr hat ____ Monate.

1 Jahr hat ____ Wochen.

1 Jahr hat ____ Tage.

1 Schaltjahr hat ____ Tage.

1 Monat hat ____ Wochen.

1 Monat hat ____ Tage, oder ____ Tage, oder _____.

1 Woche hat ____ Tage.

Der 7. Monat heißt: _____.

Der 12. Monat heißt: _____.

Der 3. Monat heißt: _____.

Du brauchst einen Kalender.

Die Anzahl der Tage kannst du dir leicht mit der Faustregel merken.

Ordne die Monate nach Tagen.

30	31

Wann ist der Heilige Abend? _____

In welchem Monat ist Muttertag? _____

Wann ist Silvester? _____

In welchem Monat kann Ostermontag sein? _____

117

9 Name

1 Rechne schrittweise.

a) 42 —(+ 26)→ [68]; 42 —(+ 20)→ [62] —(+ 6)→ [68]

b) 42 —(+ 26)→ [68]; 42 —(+ 6)→ [48] —(+ 20)→ [68]

c) 44 —(+ 22)→ [66]; 44 —(+ [20])→ [64] —(+ [2])→ [66]

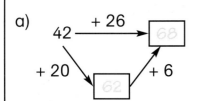

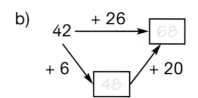

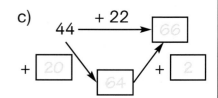

Es sind verschiedene Rechenwege möglich.

d) 64 —(+ 33)→ [97]; 64 —(+ [30])→ [94] —(+ [3])→ [97]

e) 23 —(+ 44)→ [67]; 23 —(+ [40])→ [63] —(+ [4])→ [67]

f) 37 —(+ 51)→ [88]; 37 —(+ [50])→ [87] —(+ [1])→ [88]

g) 41 —(+ 55)→ [96]; 41 —(+ [50])→ [91] —(+ [5])→ [96]

h) 75 —(+ 11)→ [86]; 75 —(+ [10])→ [85] —(+ [1])→ [86]

Rechne so, wie es für dich am leichtesten ist.

2

a) 39 —(− 17)→ [22]; 39 —(− [10])→ [29] —(− [7])→ [22]

b) 68 —(− 22)→ [46]; 68 —(− [20])→ [48] —(− [2])→ [46]

c) 85 —(− 41)→ [44]; 85 —(− [40])→ [45] —(− [1])→ [44]

d) 26 —(− 13)→ [13]; 26 —(− [10])→ [16] —(− [3])→ [13]

e) 77 —(− 52)→ [25]; 77 —(− [50])→ [27] —(− [2])→ [25]

f) 99 —(− 46)→ [53]; 99 —(− [40])→ [59] —(− [6])→ [53]

g) 65 —(− 33)→ [32]; 65 —(− [30])→ [35] —(− [3])→ [32]

h) 49 —(− 26)→ [23]; 49 —(− [20])→ [29] —(− [6])→ [23]

i) 44 —(− 33)→ [11]; 44 —(− [30])→ [14] —(− [3])→ [11]

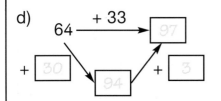

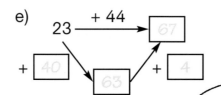

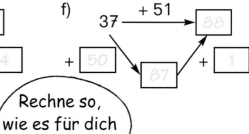

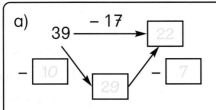

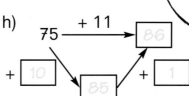

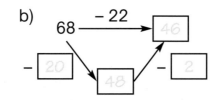

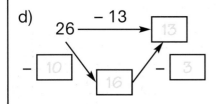

10 Name

Schritt für Schritt zum Ergebnis.

Lege mit Z-Streifen und E-Plättchen.

a) 24 + 17 = ☐
   20 + 10 = 30
   4 + 7 = 11
   30 + 11 = 41

b) 35 + 27 = ☐
   ☐ + ☐ = ☐
   ☐ + ☐ = ☐
   ☐ + ☐ = ☐

c) 57 + 38 = ☐
   ☐ + ☐ = ☐
   ☐ + ☐ = ☐
   ☐ + ☐ = ☐

d) 49 + 35 = ☐
   ☐ + ☐ = ☐
   ☐ + ☐ = ☐
   ☐ + ☐ = ☐

e) 38 + 47 = ☐
   ☐ + ☐ = ☐
   ☐ + ☐ = ☐
   ☐ + ☐ = ☐

f) 19 + 77 = ☐
   ☐ + ☐ = ☐
   ☐ + ☐ = ☐
   ☐ + ☐ = ☐

g) 13 + 68 = ☐
   ☐ + ☐ = ☐
   ☐ + ☐ = ☐
   ☐ + ☐ = ☐

h) 32 + 59 = ☐
   ☐ + ☐ = ☐
   ☐ + ☐ = ☐
   ☐ + ☐ = ☐

Ich zähle zuerst die Einer dazu, dann die Zehner.

a) 24 + 17 = ☐
   ☐ + ☐ = ☐
   ☐ + ☐ = ☐

b) 48 + 37 = ☐
   ☐ + ☐ = ☐
   ☐ + ☐ = ☐

c) 22 + 69 = ☐
   ☐ + ☐ = ☐
   ☐ + ☐ = ☐

d) 57 + 26 = ☐
   ☐ + ☐ = ☐
   ☐ + ☐ = ☐

e) 66 + 18 = ☐
   ☐ + ☐ = ☐
   ☐ + ☐ = ☐

f) 54 + 38 = ☐
   ☐ + ☐ = ☐
   ☐ + ☐ = ☐

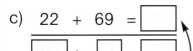

g) 19 + 55 = ☐
   ☐ + ☐ = ☐
   ☐ + ☐ = ☐

h) 59 + 26 = ☐
   ☐ + ☐ = ☐
   ☐ + ☐ = ☐

11 Name

1 Rechne schrittweise.

Ziehe zuerst die Zehner ab!

a) 31 − 12 = 19
   31 − 10 = 21
   21 − 2 = 19

b) 52 − 14 = 38
   52 − 10 = 42
   42 − 4 = 38

c) 24 − 15 = 9
   24 − 10 = 14
   14 − 5 = 9

d) 37 − 18 = 19
   37 − 10 = 27
   27 − 8 = 19

e) 76 − 19 = 57
   76 − 10 = 66
   66 − 9 = 57

f) 47 − 29 = 18
   47 − 20 = 27
   27 − 9 = 18

g) 73 − 34 = 39
   73 − 30 = 43
   43 − 4 = 39

h) 57 − 38 = 19
   57 − 30 = 27
   27 − 8 = 19

2

Ziehe zuerst die Einer ab!
Vergleiche die Ergebnisse von 1 und 2.

a) 31 − 12 = 19
   31 − 2 = 29
   29 − 10 = 19

b) 52 − 14 = 38
   52 − 4 = 48
   48 − 10 = 38

c) 24 − 15 = 9
   24 − 5 = 19
   19 − 10 = 9

d) 37 − 18 = 19
   37 − 8 = 29
   29 − 10 = 19

e) 76 − 19 = 57
   76 − 9 = 67
   67 − 10 = 57

f) 47 − 29 = 18
   47 − 9 = 38
   38 − 20 = 18

g) 73 − 34 = 39
   73 − 4 = 69
   69 − 30 = 39

h) 57 − 38 = 19
   57 − 8 = 49
   49 − 30 = 19

12 Name

Rechne schrittweise. Es sind verschiedene Rechenwege möglich.

a) 30 +[7]→ 37

b) 42 +[7]→ 49

c) 66 +[4]→ 70

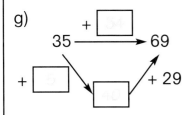
d) 38 +[8]→ 46; +2 ↘ [40] ↗ +[6]

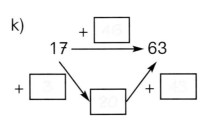
e) 57 +[5]→ 62; +[3] ↘ 60 ↗ +[2]

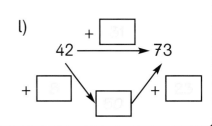
f) 88 +[6]→ 94; +[2] ↘ 90 ↗ +[4]

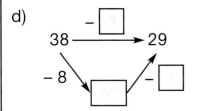
g) 35 +[34]→ 69; +[5] ↘ [40] ↗ +29

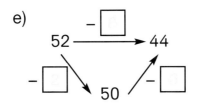
h) 22 +56→ 78; +[8] ↘ [30] ↗ +[48]

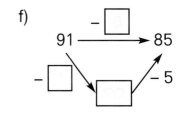
i) 36 +[21]→ 57; +[4] ↘ [40] ↗ +17

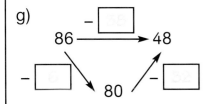
j) 68 +[31]→ 99; +[2] ↘ [70] ↗ +[29]

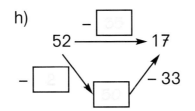
k) 17 +[46]→ 63; +[3] ↘ [20] ↗ +[43]

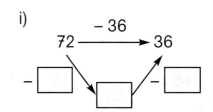
l) 42 +[31]→ 73; +[8] ↘ [50] ↗ +[23]

---

a) 46 −[6]→ 40

b) 88 −[7]→ 81

c) 99 −[9]→ 90

d) 38 −[9]→ 29; −8 ↘ [30] ↗ −[1]

e) 52 −[8]→ 44; −[2] ↘ 50 ↗ −[6]

f) 91 −[6]→ 85; −[1] ↘ [90] ↗ −5

g) 86 −[38]→ 48; −[6] ↘ 80 ↗ −[32]

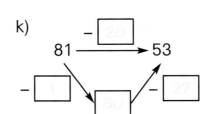
h) 52 −[35]→ 17; −[2] ↘ [30] ↗ −33

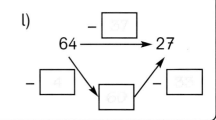
i) 72 −36→ 36; −[2] ↘ [70] ↗ −[34]

j) 66 −[17]→ 49; −[6] ↘ [60] ↗ −[11]

k) 81 −[28]→ 53; −[1] ↘ [80] ↗ −27

l) 64 −[37]→ 27; −[4] ↘ [60] ↗ −[33]

13 Name

1 Rechne mit Geld.

Wie viel Geld hat jedes Kind?

a) Eva

10 € + 5 € + 2 € + 1 € + 1 € = 19 €

b) Sven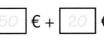

50 € + 20 € + 10 € + 5 € + 1 € = 86 €

c) Ulli

10 Ct + 10 Ct + 5 Ct + 2 Ct + 2 Ct = 29 Ct

d) Sema

50 Ct + 20 Ct + 1 Ct + 1 Ct + 1 Ct = 73 Ct

e) Steffi

50 € + 1 € + 5 Ct + 2 Ct = 51 € 7 Ct

2

a) 8,20 € = 8 € + 20 Ct
6,40 € = 6 € + 40 Ct
5,70 € = 5 € + 70 Ct
9,80 € = 9 € + 80 Ct
2,30 € = 2 € + 30 Ct

b) 38,50 € = 8 € + 50 Ct
97,30 € = 97 € + 30 Ct
88,45 € = 88 € + 45 Ct
17,17 € = 17 € + 17 Ct
53,35 € = 53 € + 35 Ct

c) 33,05 € = 33 € + 5 Ct
75,08 € = 75 € + 8 Ct
68,09 € = 68 € + 9 Ct
91,02 € = 91 € + 2 Ct
54,01 € = 54 € + 1 Ct

d) 0,44 € = 0 € + 44 Ct
0,56 € = 0 € + 56 Ct
0,99 € = 0 € + 99 Ct
0,05 € = 0 € + 5 Ct
0,06 € = 0 € + 6 Ct

14 Name

Lege und rechne.

a) 66 Ct + 12 Ct = ☐ Ct
12 Ct + 66 Ct = ☐ Ct
16 Ct + 73 Ct = ☐ Ct
16 Ct + 63 Ct = ☐ Ct
63 Ct + 16 Ct = ☐ Ct

b) 15 Ct + 18 Ct = ☐ Ct
18 Ct + 15 Ct = ☐ Ct
56 Ct + 26 Ct = ☐ Ct
56 Ct + 36 Ct = ☐ Ct
36 Ct + 56 Ct = ☐ Ct

Lege mit Rechengeld.

c) 55 Ct − 13 Ct = ☐ Ct
56 Ct − 14 Ct = ☐ Ct
57 Ct − 15 Ct = ☐ Ct
48 Ct − 22 Ct = ☐ Ct
49 Ct − 23 Ct = ☐ Ct

d) 54 Ct − 16 Ct = ☐ Ct
33 Ct − 17 Ct = ☐ Ct
65 Ct − 39 Ct = ☐ Ct
48 Ct − 29 Ct = ☐ Ct
72 Ct − 34 Ct = ☐ Ct

a) 12 € + 13 € = ☐ €
12 € + 23 € = ☐ €
12 € + 33 € = ☐ €
44 € + 12 € = ☐ €
54 € + 12 € = ☐ €

b) 47 € + 25 € = ☐ €
25 € + 47 € = ☐ €
25 € + 57 € = ☐ €
48 € + 34 € = ☐ €
34 € + 48 € = ☐ €

c) 44 € − 21 € = ☐ €
45 € − 22 € = ☐ €
46 € − 23 € = ☐ €
66 € − 34 € = ☐ €
67 € − 35 € = ☐ €

d) 46 € − 38 € = ☐ €
73 € − 19 € = ☐ €
84 € − 46 € = ☐ €
57 € − 28 € = ☐ €
38 € − 19 € = ☐ €

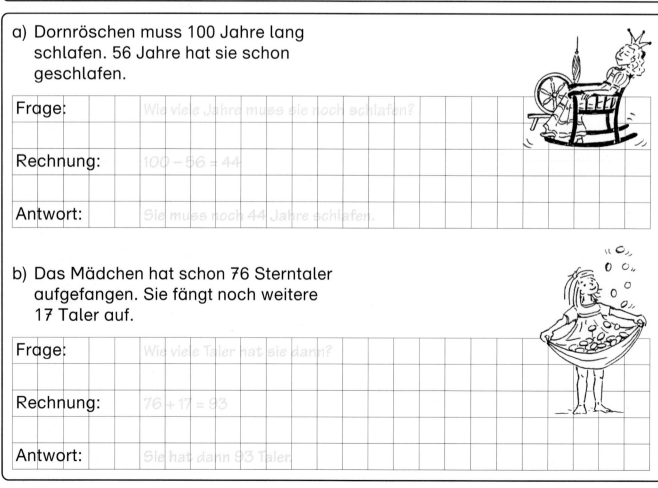

16 Name

Male gleiche Körper in der gleichen Farbe an. Schreibe die Namen der Körper darunter.

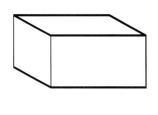 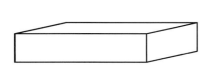 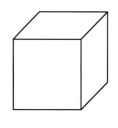

_____ _____ _____

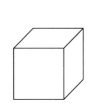 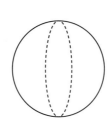 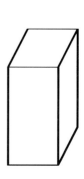

_____ _____ _____

Zeichne die geometrischen Muster ohne Lineal fertig. Male sie schön an.

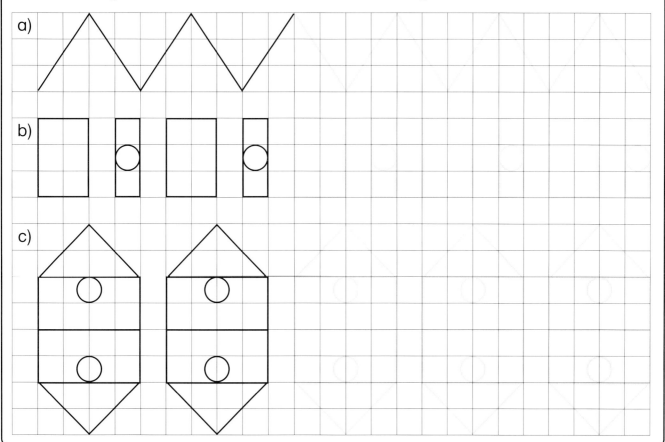

a)

b)

c)

125

17 Name

Finde und rechne Malaufgaben.

a)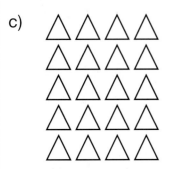

5 · 3 = 15

b)

6 · 2 = 12

c)

4 · 5 = 20

c)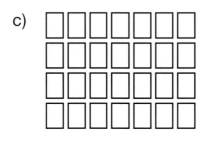

7 · 4 = 28

c)

3 · 6 = 18

2

a)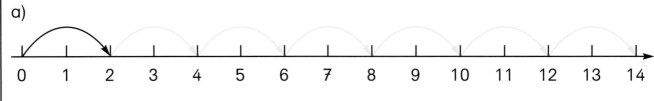

2 + 2 + 2 + 2 + 2 + 2 + 2 = 14   7 · 2 = 14

Zeichne ein.

b)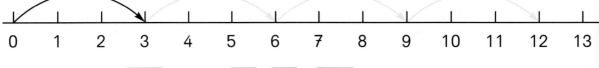

3 + 3 + 3 + 3 = 12   4 · 3 = 12

c)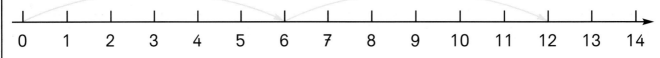

6 + 6 = 12   2 · 6 = 12

18 Name

Finde und rechne Geteilt-Aufgaben.

a)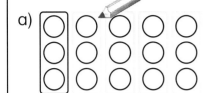

15 : 3 = ☐

b)

 : 6 = ☐

Teile und schreibe auf.

c)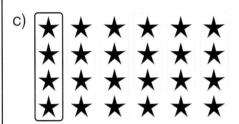

 : ☐ = ☐

d)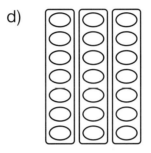

☐ : ☐ = ☐

e)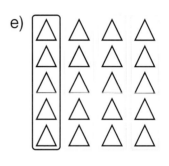

☐ : ☐ = ☐

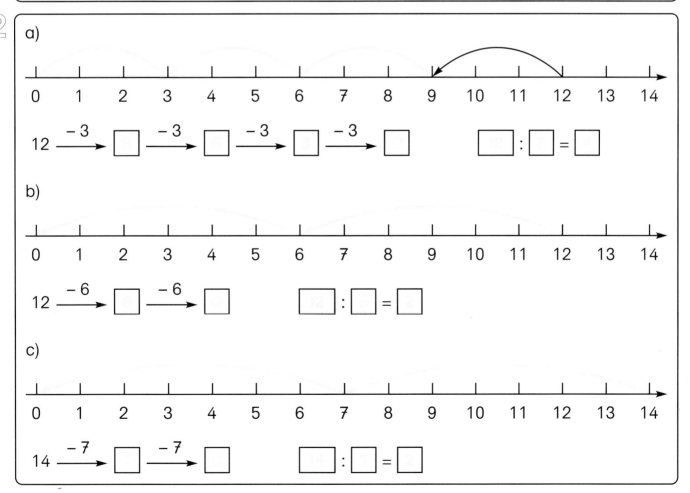

a) number line 0–14 with jump from 12 to 9

12 —−3→ ☐ —−3→ ☐ —−3→ ☐ —−3→ ☐   ☐ : ☐ = ☐

b) number line 0–14

12 —−6→ ☐ —−6→ ☐   ☐ : ☐ = ☐

c) number line 0–14

14 —−7→ ☐ —−7→ ☐   ☐ : ☐ = ☐

19 Name

1 Rechne die Mal- und die Tauschaufgabe.

Rechne 2 Malaufgaben.

Tauschaufgaben Ⓣ

a) 4 · 3 = 12
3 · 4 = 12

b) 7 · 2 = 14
2 · 7 = 14

c) 6 · 4 = 24
4 · 6 = 24

c) 4 · 5 = 20
5 · 4 = 20

c) 6 · 5 = 30
5 · 6 = 30

2 Lege mit Plättchen und rechne.

Umkehraufgaben Ⓤ

a) 8 · 2 = 16
16 : 2 = 8

b) 3 · 4 = 12
12 : 4 = 3

c) 6 · 3 = 18
18 : 3 = 6

d) 2 · 5 = 10
10 : 5 = 2

e) 7 · 1 = 7
7 : 1 = 7

f) 12 : 3 = 4
4 · 3 = 12

g) 18 : 2 = 9
9 · 2 = 18

h) 14 : 7 = 2
2 · 7 = 14

i) 10 : 10 = 1
1 · 10 = 10

j) 21 : 3 = 7
7 · 3 = 21

k) 18 : 6 = 3
3 · 6 = 18

20 Name

Rechne verwandte Aufgaben.

Schreibe und löse immer 4 verwandte Aufgaben.

a) 5 · 4 = 20 ⟷(T) 4 · 5 = ☐
   ↕(U)   ↕(U)
   20 : 4 = ☐   ☐ : ☐ = ☐

b) 2 · 5 = ☐ ⟷(T) 5 · ☐ = ☐
   ↕(U)   ↕(U)
   10 : ☐ = ☐   10 : ☐ = ☐

c) 6 · 3 = ☐ ⟷(T) 3 · ☐ = ☐
   ↕(U)   ↕(U)
   18 : ☐ = ☐   ☐ : ☐ = ☐

d) 3 · 7 = ☐ ⟷(T) 7 · ☐ = ☐
   ↕(U)   ↕(U)
   21 : ☐ = ☐   ☐ : ☐ = ☐

e) 5 · 3 = ☐ ⟷(T) ☐ · ☐ = ☐
   ↕(U)   ↕(U)
   15 : ☐ = ☐   ☐ : ☐ = ☐

---

a) 12 : 4 = ☐
   ☐ · 4 = 12

b) 9 : 3 = ☐
   ☐ · 3 = ☐

c) 12 : 6 = ☐
   ☐ · 6 = ☐

d) 15 : 5 = ☐
   ☐ · 5 = ☐

e) 8 : 8 = ☐
   ☐ · 8 = ☐

f) 10 : 2 = ☐
   ☐ · 2 = ☐

g) 40 : 4 = ☐
   ☐ · 4 = ☐

h) 8 : 2 = ☐
   ☐ · 2 = ☐

i) 8 : 4 = ☐
   ☐ · 4 = ☐

21 Name

1 Nimm ein Lineal zu Hilfe.

Zeichne die Strecken.

a) 4 cm

b) 6 cm

c) 9 cm

d) 12 cm

e) 7 cm

f) 14 cm

g) 5 cm

2

a) 7 cm + 3 cm = 10 cm
6 cm + 9 cm = 15 cm
2 cm + 6 cm = 8 cm
5 cm + 8 cm = 13 cm
9 cm + 2 cm = 11 cm

b) 33 cm + 13 cm = 46 cm
64 cm + 25 cm = 89 cm
64 cm + 26 cm = 90 cm
64 cm + 27 cm = 91 cm
65 cm + 27 cm = 92 cm

c) 18 cm − 7 cm = 11 cm
23 cm − 2 cm = 21 cm
78 cm − 13 cm = 65 cm
49 cm − 37 cm = 12 cm
62 cm − 46 cm = 16 cm

d) 71 cm − 23 cm = 48 cm
48 cm + 23 cm = 71 cm
34 cm − 18 cm = 16 cm
16 cm + 18 cm = 34 cm
68 cm − 39 cm = 29 cm

22 Name

Überlege und rechne.

a) 2 · 1 = [2]
4 · 1 = [4]
7 · 1 = [7]
3 · 1 = [ ]
5 · 1 = [ ]

b) 3 · 2 = [ ]
5 · 2 = [ ]
8 · 2 = [ ]
4 · 2 = [ ]
10 · 2 = [ ]

c) 2 · 5 = [ ]
7 · 5 = [ ]
9 · 5 = [ ]
6 · 5 = [ ]
3 · 5 = [ ]

d) 3 · 10 = [ ]
5 · 10 = [ ]
6 · 10 = [ ]
8 · 10 = [ ]
4 · 10 = [ ]

e) 6 · 0 = [ ]
4 · 0 = [ ]
1 · 0 = [ ]
0 · 0 = [ ]
9 · 0 = [ ]

f) 6 · 5 = [ ]
7 · 2 = [ ]
8 · 1 = [ ]
2 · 0 = [ ]
9 · 10 = [ ]

Kontrolliere mit der Umkehraufgabe.

---

a) 35 : 5 = [7]
15 : 5 = [ ]
40 : 5 = [ ]
25 : 5 = [ ]
50 : 5 = [ ]

b) 8 : 1 = [ ]
10 : 1 = [ ]
6 : 1 = [ ]
1 : 1 = [ ]
9 : 1 = [ ]

c) 60 : 10 = [ ]
90 : 10 = [ ]
20 : 10 = [ ]
100 : 10 = [ ]
70 : 10 = [ ]

d) 16 : 2 = [ ]
12 : 2 = [ ]
8 : 2 = [ ]
14 : 2 = [ ]
18 : 2 = [ ]

e) 30 : 5 = [ ]
10 : 2 = [ ]
80 : 10 = [ ]
7 : 1 = [ ]
6 : 2 = [ ]

f) 45 : 5 = [ ]
4 : 2 = [ ]
15 : 5 = [ ]
20 : 2 = [ ]
30 : 10 = [ ]

23 Name

1 Sei klug und rechne.

a)
- 0 · 0 = 0
- 1 · 1 = 1
- 2 · 2 = 4
- 3 · 3 = 9
- 4 · 4 = 16
- 5 · 5 = 25
- 6 · 6 = 36
- 7 · 7 = 49
- 8 · 8 = 64
- 9 · 9 = 81
- 10 · 10 = 100

b)
- 10 · 10 = 100
- 9 · 9 = 81
- 8 · 8 = 64
- 7 · 7 = 49
- 6 · 6 = 36
- 5 · 5 = 25
- 4 · 4 = 16
- 3 · 3 = 9
- 2 · 2 = 4
- 1 · 1 = 1
- 0 · 0 = 0

c)
- 2 · 2 = 4
- 6 · 6 = 36
- 10 · 10 = 100
- 1 · 1 = 1
- 5 · 5 = 25
- 8 · 8 = 64
- 3 · 3 = 9
- 7 · 7 = 49
- 4 · 4 = 16
- 9 · 9 = 81

Zwillings-aufgaben

Umkehr-aufgaben

2

a)
- 1 : 1 = 1
- 4 : 2 = 2
- 9 : 3 = 3
- 16 : 4 = 4
- 25 : 5 = 5
- 36 : 6 = 6
- 49 : 7 = 7
- 64 : 8 = 8
- 81 : 9 = 9
- 100 : 10 = 10

b)
- 100 : 10 = 10
- 81 : 9 = 9
- 64 : 8 = 8
- 49 : 7 = 7
- 36 : 6 = 6
- 25 : 5 = 5
- 16 : 4 = 4
- 9 : 3 = 3
- 4 : 2 = 2
- 1 : 1 = 1

c)
- 49 : 7 = 7
- 16 : 4 = 4
- 9 : 3 = 3
- 64 : 8 = 8
- 25 : 5 = 5
- 81 : 9 = 9
- 36 : 6 = 6
- 100 : 10 = 10
- 1 : 1 = 1
- 4 : 2 = 2

24 Name

Teile mit Rest.

a) 12 : 5 = 2 R 2
    ———————————
    10 : 5 = 2
    12 − 10 = 2

b) 13 : 3 = ☐ ☐
    ———————————
    12 : 3 = ☐
    13 − 12 = ☐

c) 19 : 4 = ☐ ☐
    ———————————
    16 : 4 = ☐
    19 − 16 = ☐

d) 17 : 2 = ☐ ☐
    ———————————
    16 : 2 = ☐
    17 − 16 = ☐

e) 13 : 5 = ☐ ☐
    ———————————
    ☐ : 5 = ☐
    13 − ☐ = ☐

f) 24 : 10 = ☐ ☐
    ———————————
    ☐ : 10 = ☐
    24 − ☐ = ☐

Suche erst die kleinere Aufgabe.

---

a) 11 : 3 = ☐
    R ☐
    ———————
    9 : 3 = ☐

b) 19 : 2 = ☐
    R ☐
    ———————
    18 : 2 = ☐

c) 15 : 4 = ☐
    R ☐
    ———————
    12 : 4 = ☐

d) 17 : 6 = ☐
    R ☐
    ———————
    ☐ : 6 = ☐

e) 42 : 5 = ☐
    R ☐
    ———————
    ☐ : 5 = ☐

f) 17 : 4 = ☐
    R ☐
    ———————
    ☐ : 4 = ☐

g) 33 : 10 = ☐
    R ☐
    ———————
    ☐ : 10 = ☐

h) 21 : 2 = ☐
    R ☐
    ———————
    ☐ : 2 = ☐

i) 31 : 5 = ☐
    R ☐
    ———————
    ☐ : 5 = ☐

25 Name

1

a)
1 · 5 = 5
2 · 5 = 10
3 · 5 = 15
4 · 5 = 20
5 · 5 = 25
6 · 5 = 30
7 · 5 = 35
8 · 5 = 40
9 · 5 = 45
10 · 5 = 50

b)
1 · 10 = 10
2 · 10 = 20
3 · 10 = 30
4 · 10 = 40
5 · 10 = 50
6 · 10 = 60
7 · 10 = 70
8 · 10 = 80
9 · 10 = 90
10 · 10 = 100

c)
2 · 5 = 10
6 · 10 = 60
6 · 5 = 30
7 · 5 = 35
2 · 10 = 20
4 · 5 = 20
8 · 5 = 40
8 · 10 = 80
3 · 5 = 15
9 · 5 = 45

Verbinde gleiche Ergebnisse.

2

a)
1 · 1 = 1
1 · 2 = 2
1 · 3 = 3
1 · 4 = 4
1 · 5 = 5
1 · 6 = 6
1 · 7 = 7
1 · 8 = 8
1 · 9 = 9
1 · 10 = 10

b)
1 · 0 = 0
2 · 0 = 0
3 · 0 = 0
4 · 0 = 0
5 · 0 = 0
6 · 0 = 0
7 · 0 = 0
8 · 0 = 0
9 · 0 = 0
10 · 0 = 0

c)
1 · 5 = 5
7 · 0 = 0
8 · 0 = 0
8 · 1 = 8
1 · 7 = 7
6 · 0 = 0
1 · 4 = 4
1 · 9 = 9
9 · 0 = 0
3 · 0 = 0

Das Einmaleins ist leicht.

26 Name

a)
- 1 · 2 = ☐
- 2 · 2 = ☐
- 3 · 2 = ☐
- 4 · 2 = ☐
- 5 · 2 = ☐
- 6 · 2 = ☐
- 7 · 2 = ☐
- 8 · 2 = ☐
- 9 · 2 = ☐
- 10 · 2 = ☐

b)
- 1 · 4 = ☐
- 2 · 4 = ☐
- 3 · 4 = ☐
- 4 · 4 = ☐
- 5 · 4 = ☐
- 6 · 4 = ☐
- 7 · 4 = ☐
- 8 · 4 = ☐
- 9 · 4 = ☐
- 10 · 4 = ☐

c)
- 6 · 2 = ☐
- 6 · 4 = ☐
- 3 · 4 = ☐
- 9 · 2 = ☐
- 4 · 4 = ☐
- 7 · 2 = ☐
- 7 · 4 = ☐
- 5 · 2 = ☐
- 4 · 6 = ☐
- 7 · 4 = ☐

Verbinde gleiche Ergebnisse.

a)
- 1 · 4 = ☐
- 2 · 4 = ☐
- 3 · 4 = ☐
- 4 · 4 = ☐
- 5 · 4 = ☐
- 6 · 4 = ☐
- 7 · 4 = ☐
- 8 · 4 = ☐
- 9 · 4 = ☐
- 10 · 4 = ☐

b)
- 1 · 8 = ☐
- 2 · 8 = ☐
- 3 · 8 = ☐
- 4 · 8 = ☐
- 5 · 8 = ☐
- 6 · 8 = ☐
- 7 · 8 = ☐
- 8 · 8 = ☐
- 9 · 8 = ☐
- 10 · 8 = ☐

c)
- 5 · 8 = ☐
- 5 · 4 = ☐
- 6 · 4 = ☐
- 3 · 8 = ☐
- 3 · 4 = ☐
- 8 · 8 = ☐
- 6 · 8 = ☐
- 2 · 8 = ☐
- 4 · 4 = ☐
- 7 · 8 = ☐

Das Einmaleins mit 2, 4 und 8 ist verwandt.

27

1

a) "Ich habe 32 Sticker und du 29 Sticker." "Sind das viele!"

Frage: Wer hat mehr Sticker?
Rechnung: 32 − 29 = 3
Antwort: Daniel hat 3 Sticker mehr. Daniel hat mehr Sticker.

b) "Ich habe 22 Punkte. Vorher hatte ich schon 27 Punkte." "Ab 50 Punkten hast du gewonnen."

Frage: Wie viele Punkte fehlen?
Rechnung: 22 + 27 = 49   50 − 49 = 1
Antwort: Es fehlt noch ein Punkt.

2

a) "Ich hatte 83 Orangen. 42 habe ich schon verkauft."

Frage: Wie viele Orangen hat sie noch?
Rechnung: 83 − 42 = 41
Antwort: Sie hat noch 41 Orangen.

b) "Jetzt sind es nur noch 33 Eier. Heute früh waren es 100 Stück."

Frage: Wie viele Eier hat sie verkauft?
Rechnung: 100 − 33 = 67
Antwort: Sie hat 67 Eier verkauft.

c) "Ich habe schon 29 verkauft." (50 Tulpen)

Frage: Wie viele Tulpen hat sie noch?
Rechnung: 50 − 29 = 21
Antwort: Sie hat noch 21 Tulpen.

28 Name

a)

Frage:

Rechnung:

Antwort:

b) Ein Tiger frisst am Tag 7 Stücke Fleisch.

Frage:

Rechnung:

Antwort:

a) Wir sind 20 Kinder. — Ich habe insgesamt 60 Euro eingesammelt.

Frage:

Rechnung:

Antwort:

b) Wir verteilen uns gleichmäßig.

Frage:

Rechnung:

Antwort:

29 Name

1

a) 27 —+6→ 33; +3, 30, +3
b) 38 —+5→ 43; +2, 40, +3
c) 69 —+4→ 73; +1, 70, +3

Verschiedene Lösungen möglich.

d) 36 —+25→ 61; +20, 56, +5
e) 78 —+16→ 94; +10, 88, +6
f) 57 —+36→ 93; +6, 63, +30

g) 25 —+49→ 74; +40, 65, +9
h) 66 —+27→ 93; +7, 73, +20
i) 45 —+38→ 83; +8, 53, +30

Zerlege.

2

a) 76 —−9→ 67; −6, 70, −3
b) 36 —−8→ 28; −6, 30, −2
c) 92 —−5→ 87; −2, 90, −3

d) 55 —−18→ 37; −10, 45, −8
e) 61 —−27→ 34; −20, 41, −7
f) 94 —−36→ 58; −30, 64, −6

g) 72 —−34→ 38; −30, 42, −4
h) 88 —−49→ 39; −40, 48, −9
i) 34 —−28→ 6; −20, 14, −8

30 Name

a) 4 · 2 = [ ]
8 · 2 = [16]
9 · 2 = [18]
3 · 2 = [6]
5 · 2 = [ ]

b) 3 · 5 = [ ]
6 · 5 = [30]
4 · 5 = [ ]
7 · 5 = [35]
8 · 5 = [ ]

c) 6 · 8 = [48]
4 · 8 = [32]
10 · 8 = [80]
8 · 8 = [64]
7 · 8 = [56]

d) 2 · 7 = [ ]
6 · 7 = [42]
9 · 7 = [63]
4 · 7 = [28]
8 · 7 = [56]

e) 6 · 4 = [ ]
9 · 4 = [36]
3 · 4 = [ ]
7 · 4 = [24]
5 · 4 = [ ]

f) 4 · 3 = [12]
7 · 3 = [21]
6 · 3 = [18]
8 · 3 = [24]
2 · 3 = [6]

a) 42 : 6 = [7]
18 : 6 = [ ]
54 : 6 = [9]
6 : 6 = [1]
30 : 6 = [ ]

b) 56 : 8 = [7]
16 : 8 = [ ]
48 : 8 = [6]
24 : 8 = [3]
72 : 8 = [ ]

c) 25 : 5 = [5]
10 : 5 = [2]
50 : 5 = [10]
35 : 5 = [7]
15 : 5 = [3]

d) 16 : 4 = [4]
24 : 4 = [6]
8 : 4 = [2]
36 : 4 = [ ]
28 : 4 = [7]

e) 14 : 7 = [ ]
28 : 7 = [4]
70 : 7 = [ ]
35 : 7 = [5]
56 : 7 = [8]

f) 81 : 9 = [9]
54 : 9 = [6]
36 : 9 = [4]
72 : 9 = [8]
18 : 9 = [2]

Übungen zum Vertiefen

Die Übungen zum Vertiefen unterstützen ganz gezielt ein differenziertes Vorgehen im Mathematikunterricht der Jahrgangsstufe 2. Sie dienen speziell leistungsstarken und begabten Kindern zur weiteren Entwicklung und Förderung ihrer Fähigkeiten. Eine Reihe von Aufträgen können selbstverständlich auch von allen Kindern bearbeitet werden (z.B. von heterogenen Leistungsgruppen).

Dafür wurden insbesondere solche Inhalte aufgenommen, die nicht nur laufenden Lehrplanstoff festigen, sondern auch zusätzliche mathematische Fähigkeiten entwickeln helfen. Die Übungen nehmen keine Inhalte vom Ende der zweiten Jahrgangsstufe oder von Jahrgangsstufe 3 vorweg. Vielmehr werden Übungsformen bzw. Aufgabentypen aufgegriffen, die von ihrer Struktur her komplizierter und anspruchsvoller als herkömmliche Aufgabenstellungen sind.

Die Übungen sollen leistungsstärkeren Kindern Spaß und Freude am mathematischen Denken und Knobeln vermitteln, um eine mögliche persönliche Haltung in der Richtung „Mathe ist langweilig" in die Einschätzung „Das ist spannend und macht Laune, da muss man echt überlegen" umzuwandeln.

Über das Schuljahr verteilt werden 30 verschiedene Übungsblätter als Kopiervorlage (KV) angeboten. Jede Kopiervorlage enthält jeweils eine spezielle Zielstellung, die in unterschiedlichen Aufgabentypen umgesetzt wird.

Es wird erwartet, dass leistungsstarke Kindern sehr selbständig die Aufgaben lösen und kontrollieren können. Die Kinder können dabei selbstverständlich nach eigenem Ermessen auf Hilfsmittel bzw. auf Lernmittel ihrer Wahl zurückgreifen.

Bei der Bearbeitung der Aufgaben ist eine Partner- oder Gruppenarbeit denkbar oder sogar anzustreben. Leistungshomogene Gruppen von 2 bis 4 Kindern können gemeinsam Fragestellungen bearbeiten, sich Lösungswege erschließen und gegenseitig kontrollieren. Da einige Aufgaben auch mehrere Lösungen zulassen, können diese ausgetauscht und ergänzt werden.

Die benötigte Bearbeitungszeit bestimmt das Kind bzw. die Gruppe im Allgemeinen selbst.

Jedes Übungsblatt bietet durch Aufträge wie „Denke dir selbst ähnliche Aufgaben aus und löse sie!" oder „Stelle ähnliche selbst erdachte Aufgaben deinem Partner und vergleicht eure Lösungen!" Fortsetzungsmöglichkeiten (z. B. auf der Rückseite).

Im Folgenden werden alle Übungen entsprechenden Lernzielen sowie Buchseiten zugeordnet, wobei es jederzeit denkbar ist, die Übungen auch zu einem anderen Zeitpunkt einzusetzen bzw. nach den bereits bestehenden Fähigkeiten, der in Frage kommenden Kinder, Übungen auszusuchen.

Es ist sicher weder möglich noch erforderlich alle Übungen in der hier aufgelisteten Reihenfolge bearbeiten zu lassen. Die nachfolgenden Übungen stellen eine Arbeitserleichterung und Hilfe dar, die auf die konkrete und aktuelle Klassensituation übertragen werden können.

Inhaltsverzeichnis

KV	Lernziel	Schüler-buch
1	– Rechnen bis 20, auch mit mehrgliedrigen Termen	nach Seite 7
2	– Ergänzen von Zeichen beim Rechnen bis 20	nach Seite 9
3	– Lösen von komplexen Sachaufgaben im Zahlenraum bis 20	nach Seite 11
4	– Fortsetzen von Zahlenfolgen bis 100	nach Seite 21
5	– Mehrgliedriges Zerlegen von Zahlen bis 100	nach Seite 25
6	– Lösen von Aufgaben zur Addition und Subtraktion im gleichen Zehner	nach Seite 27
7	– Lösen von Aufgaben sowie Umkehraufgaben und Kettenaufgaben mit Zehnerübergang	nach Seite 33
8	– Ergänzen von Rechenzeichen beim Addieren und Subtrahieren bis 100	nach Seite 35
9	– Lösen komplexer Aufgaben zum Wahrnehmen von ebenen Figuren	nach Seite 39
10	– Zusammenstellen eines bevorstehenden oder zurückliegenden Kalenderjahres	nach Seite 41
11	– Addieren und Subtrahieren ohne Zehnerübergang bei den Einern	nach Seite 43
12	– Lösen von Aufgaben und Umkehraufgaben mit zweistelligen Zahlen mit Zehnerübergang	nach Seite 49
13	– Lösen von Ergänzungsaufgaben beim Rechnen mit zweistelligen Zahlen mit Zehnerübergang	nach Seite 51
14	– Addieren und Subtrahieren in Tabellen	nach Seite 51
15	– Addieren und Subtrahieren mit Geldwerten bis 100	nach Seite 55
16	– Lösen von komplexen Sachaufgaben im Zahlenraum bis 100	nach Seite 61
17	– Zeichnen geometrischer Flächen und Körper	nach Seite 69
18	– Veranschaulichen und Bestimmen von Multiplikationsaufgaben	nach Seite 73
19	– Veranschaulichen und Bestimmen von Divisionsaufgaben	nach Seite 77

Inhaltsverzeichnis

KV	Lernziel	Schüler-buch
20	– Lösen von Aufgaben und Umkehraufgaben (Mal- und Geteiltaufgaben)	nach Seite 79
21	– Messen, Schätzen und Rechnen mit Längenangaben	nach Seite 87
22	– Lösen von Kernaufgaben zu Multiplikation und Division	nach Seite 91
23	– Teilen mit Rest	nach Seite 93
24	– Aufstellen von Malfolgen und Geteiltfolgen	nach Seite 99
25	– Veranschaulichen und Lösen von Sachaufgaben	nach Seite 103
26	– Lösen von komplexen Sachaufgaben im Zahlenraum bis 100	nach Seite 105
27	– Aufstellen und Lösen von Zauberdreiecken im Zahlenraum bis 100	nach Seite 107
28	– Lösen von Rechenketten mit verschiedenen Rechenoperationen	nach Seite 109
29	– Falten nach Plan	nach Seite 117
30	– Aufstellen und Lösen von Zauberquadraten im Zahlenraum bis 100	nach Seite 119

1 Name

Aufgabe und Tauschaufgabe.

7 + ☐ = ☐ ⟷ ☐ + 7 = 15
☐ + 9 = ☐ ⟷ 9 + ☐ = 17
☐ + 5 = ☐ ⟷ 5 + 9 = ☐
8 + ☐ = ☐ ⟷ 4 + ☐ = ☐
☐ + 6 = ☐ ⟷ ☐ + ☐ = 15

Aufgabe und Umkehraufgabe – Ergänze und verbinde.

7 + 8 = ☐	☐ − 5 = ☐	15 − 8 = ☐	7 + ☐ = ☐
9 + ☐ = 13	14 − 7 = ☐	13 − ☐ = 7	☐ + 7 = 16
☐ + 6 = 11	15 − ☐ = ☐	☐ − 9 = 3	☐ + 6 = ☐
☐ + 5 = 14	11 − ☐ = 5	17 − ☐ = ☐	☐ + 5 = ☐
6 + ☐ = 12	12 − ☐ = ☐	☐ − 7 = 9	9 + ☐ = 17
☐ + 7 = 14	☐ − ☐ = 9	14 − ☐ = 9	3 + ☐ = 12

Hier musst du manchmal Zahlen und manchmal Zeichen finden.

14 + 3 − ☐ = 12   19 − ☐ − 6 = 8
18 − 9 ◯ 4 = 13   16 + 3 ◯ 7 = 12
 9 ◯ 6 − 5 = 10   13 − ☐ − 5 = 4
16 − ☐ + 2 = 11   7 ◯ 6 − 4 = 9
☐ − 8 + 3 = 15   ☐ − 9 + 5 = 11
17 − ☐ + 4 = 12   14 ◯ 3 + 9 = 20

143

2 Name

1 Finde das richtige Zeichen.

12 + 4 − 7 (<) 10
19 − 7 − 5 (>) 4
15 + 3 − 9 (=) 6 + 3
12 + 7 − 3 (<) 20 − 2
8 + 4 + 6 (=) 15 − 4 + 7
13 − 5 + 8 (>) 20 − 8 + 3

2 Manchmal gibt es mehrere Möglichkeiten.

8 + 4 + 5 = 19 − 7 + [5]   Weitere Lösungen:
7 + 7 + 4 < 20 − [8] + 7   7, 6, 5, 4, 3, 2, 1, 0
19 − 6 − 5 > 16 + 1 − [10]   11, 12, 13, 14, 15, 16, 17
17 − 9 + 2 = 11 − 5 + [4]
13 + 3 + [0] < 18 + 2 (+) 6   1, 2, 3, 4, 5, 6, 7, 8, 9
15 − 8 (−) 5 > 14 − 7 − 3

3 Setze folgende Zeichen richtig ein. (+), (−), (>), (<), (=).
Manchmal fehlen auch Zahlen. Gibt es auch mehrere Lösungsmöglichkeiten?
Kreuze diese Aufgaben an!

4 (+) 9 (<) 18   14 + 6 (>) 18 (>) 13 + 4
7 (+) [7] = 14   9 − 5 (<) 12 (<) 18 − 3
14 (−) 6 (=) 8   ✗   9 + 6 (=) 15 (=) 19 − 4
19 (−) [7] = 12   18 − 7 (<) 13 (<) 19 − 2
12 + 7 (<) 15 + 5   12 + 7 (>) 18 (>) 20 − 7
9 (+) 6 (<) 14 + 4   ✗   11 + 3 (<) 15 (<) 8 + 9

Hier kannst du kontrollieren, ob du ebenso viele Zeichen hast:

+	+	+	<	<	<	<	<	<	<
=	=	=	−	−	>	>	>	>	7	7

144

3 Name

Barbara und Lukas bekommen von ihrer Großmutter 5 Euro, von Tante Luzia 3 Euro und von ihrer Mutter 6 Euro für den Besuch des Volksfestes geschenkt. Sie sollen das Geld gerecht untereinander aufteilen.

Frage:

Rechnung:

Antwort:

Das alles gibt es auf dem Volksfest.

Limonade	1 kleine Flasche	1 €
Eis	2 Kugeln	3 €
Zuckerwatte	1 Portion	1 €
Bratwurstsemmel	mit 2 Würsten	3 €
Fischsemmel		2 €

1 Fahrt 2 Euro — Geisterbahn

5 Runden 4 Euro — Ponyreiten

3 Euro — Schiffschaukel

1 Fahrt 3 Euro — Riesenrad

3 Chips 4 Euro — Autoscooter

a) Sophie möchte gerne in das Riesenrad, Autoscooter fahren und sich in der Geisterbahn erschrecken lassen. Eine Bratwurstemmel und ein Eis gehören für sie einfach dazu. Ob ihre 20 Euro für alles reichen?

Rechnung:

Antwort:

b) Lukas möchte nur 8 Euro ausgeben. Auf jeden Fall will er aber mit dem Autoscooter fahren und eine Fischsemmel essen.
Was kann er mit dem restlichen Geld noch machen?

Rechnung:

Antwort:

4 Name

1
Zähle in Zweierschritten.
Male dann Ketten mit geraden Zahlen rot und mit ungeraden Zahlen grün an.

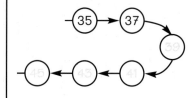
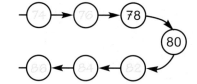
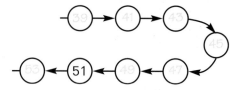
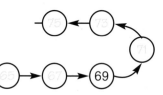
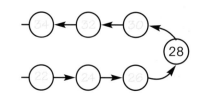
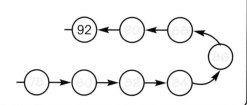

2
Welche Zahl fehlt? Schreibe sie in das Kästchen.

30, 40, 60, 70, 80, 90, 100 → 50   46, 47, 48, 49, 51, 52, 53, 54 → 50

95, 85, 75, 55, 45, 35, 25 → 65   63, 61, 59, 57, 53, 51, 49, 47 → 55

22, 32, 42, 62, 72, 82, 92 → 52   47, 53, 59, 65, 71, 77, 83, 95 → 89

3
Ergänze die fehlenden Zahlen in den Zahlenfolgen.

20	30	40	50	60	70
27	32	37	42	47	52
71	67	63	59	55	51

17	27	37	47	57	67
47	54	61	68	75	82
12	20	28	36	44	52

4
Ausschnitte aus der Hundertertafel. Wie heißen die fehlenden Zahlen?

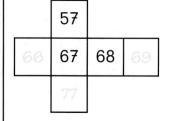
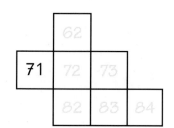
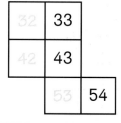
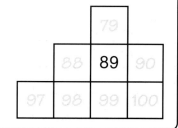

5 Name

Wie heißen die Aufgaben.

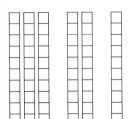

30 + ☐ + ☐
= 60

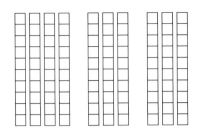

☐ + 30 + ☐
= 100

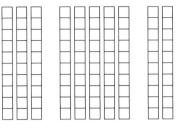

☐ + ☐ + ☐
= 100

Male zu den Aufgaben Kästchen aus. Dann rechne.

2 0 + 5 0 + 1 0 = ☐ ☐   4 0 + 2 0 + ☐ ☐ = 9 0

Male Zeilen mit mehreren Möglichkeiten gelb an.

a)

80		
30	20	
	10	60
10		

90		
60	10	10
10		40
	20	20

70		
20	0	
		30

90		
	70	
40	30	
		10

b)

100		
40	20	
		50

100			
70	0	20	10
		60	
	10	10	10

60		
50		10
	20	
		30

6 Name

1 Finde Aufgaben mit Plus oder Minus.

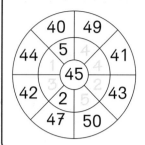
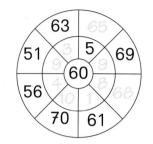
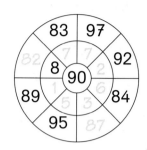

2 Was gehört zusammen? Verbinde Zahlen aus Plusaufgaben.

6 Ct	3 Ct	50 Ct	25 Ct	2 Ct	100 Ct
88 Ct	4 Ct	60 Ct	67 Ct	8 Ct	40 Ct
77 Ct	6 Ct	10 Ct	91 Ct	5 Ct	70 Ct
43 Ct	2 Ct	80 Ct	18 Ct	3 Ct	30 Ct
54 Ct	7 Ct	90 Ct	32 Ct	9 Ct	20 Ct

3 Rechne zu den beiden Nachbarzehnern. Es gibt immer 2 Aufgaben.

~~82 €~~   ~~24 €~~   14 €   41 €   78 €
~~63 €~~   96 €   37 €   55 €

82 € − 2 € = 80 €   96 € − 6 € = 90 €   41 € − 1 € = 40 €
82 € + 8 € = 90 €   96 € + 4 € = 100 €   41 € + 9 € = 50 €

63 € − 3 € = 60 €   14 € − 4 € = 10 €   55 € − 5 € = 50 €
63 € + 7 € = 70 €   14 € + 6 € = 20 €   55 € + 5 € = 60 €

24 € − 4 € = 20 €   37 € − 7 € = 30 €   78 € − 8 € = 70 €
24 € + 6 € = 30 €   37 € + 3 € = 40 €   78 € + 2 € = 80 €

7 Name

1 Rechne. Überprüfe deine Ergebnisse dann mit der Umkehraufgabe.

8 3 + 9 =   → 9 2 −   =
4 4 +   = 5 1 →
     + 5 = 7 4 →
6 2 − 7 =   →
9 5 −   = 8 7 →
     − 8 = 1 5 →
4 6 +   = 5 5 →
7 3 − 5 =   →
     + 6 = 4 2 →
5 8 −   = 4 9 →
     + 2 = 3 1 →
     − 9 = 1 8 →
4 6 − 7 =   →
     + 9 = 3 7 →
5 5 − 6 =   →

2 Suche die von dir eingetragenen Zahlen von Nr. 1 und male die Felder unten in einer Farbe an.

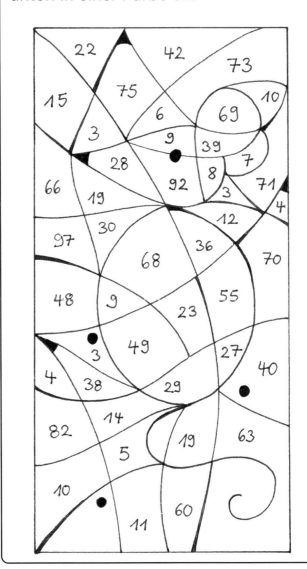

3 Rechne geschickt!

$68 - 7 - 5 + 8 + 6 - 9 - 9 - 6 + 8 + 6 + 8 =$ | 68 | 63 | 71 |

$97 - 8 - 9 - 7 + 3 + 2 - 9 - 9 + 5 + 7 + 3 =$ | 83 | 79 | 75 |

$21 + 8 + 9 + 5 + 7 - 9 - 3 + 8 + 7 + 8 + 2 =$ | 65 | 63 | 61 |

$39 + 6 + 8 - 5 + 7 + 3 + 8 - 4 - 3 + 8 + 3 =$ | 70 | 68 | 72 |

8 Name

1 Ergänze das Rechenzeichen. Manchmal fehlt noch die Zehnerzahl im Ergebnis.

a) 44 (+) 7 = 51   19 (+) 9 = [2]8   13 (+) 7 = [2]0

  86 (+) 9 = 95   95 (−) 6 = [8]9   89 (+) 6 = [9]5

  63 (−) 8 = 55   23 (−) 4 = [1]9   48 (−) 9 = [3]9

  71 (−) 5 = 66   54 (+) 7 = [6]1   52 (+) 3 = [5]5

  32 (+) 9 = 41   36 (−) 8 = [2]8   75 (+) 6 = [8]1

Selbstkontrolle: 9 mal (+) und 6 mal (−)

b) Was sagst du zu diesen Aufgaben? Schreibe eine zweite richtige Lösungsmöglichkeit dahinter.

4	5	+	5	=	5	0		4	5	−	5	=	4	0
5	1	+	5	=	5	6		5	1	−	5	=	4	6
7	8	+	5	=	8	3		7	8	−	5	=	7	3
2	9	+	5	=	3	4		2	9	−	5	=	2	4

Bei den Ergebnissen kannst du etwas entdecken. Schreibe es in einem kurzen Satz auf.

Die Einer bleiben gleich, ob ich nun + [5] oder − [5] rechne.

2 Was gehört zusammen? Setze das richtige Zeichen ein (+) (−) und verbinde.

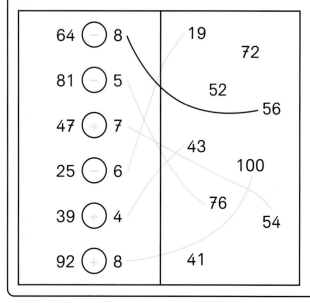

150

9 Name

Im vergangenen Jahrhundert hat eine Gruppe von Malern ihre Bilder mit geometrischen Formen gestaltet. Vielleicht hast du schon einmal solch ein Bild gesehen. Diese Kunstrichtung heißt Kubismus. So könnte ein Bild von dem Maler Piet Mondrian ausgesehen haben:

- Male alle Kreise, die du entdeckst, in verschiedenen Rottönen an.
- Male alle Quadrate in verschiedenen Blautönen an. Rechtecke bleiben weiß.
- Male alle Dreiecke in verschiedenen Gelbtönen an.

Versuche selbst ein Bild mit diesen Formen zu gestalten. Du kannst auch ein Dorf, eine Landschaft oder auch etwas anderes auf diese Weise darstellen. Viel Spaß dabei!

10 Name

1 Ein Geburtstagskalender für deine Klasse.

1. Januar	2. Februar	3. März
3. 01. Ludwig		
31	28	31

4. April	5. Mai	6. Juni
30	31	30

7. Juli	8. August	9. September
31	31	30

10. Oktober	11. November	12. Dezember
31	30	31

1. Nummeriere die Monate der Reihe nach.
2. Trage die Namen der Monate in der richtigen Reihenfolge ein.
3. Zeichne zu jedem Monat ein passendes Symbol in das Kästchen neben dem Monatsnamen.
4. Trage ein, wie viele Tage jeder Monat heuer hat.
5. Ordne die Geburtstage der Kinder deiner Klasse in der richtigen Reihenfolge ein.
6. Male in jeweils einer Farbe die Monatsblätter an, die ganz zu einer Jahreszeit gehören.

11 Name

1 Welche Rechnungen sind richtig? Male diese Aufgaben an.
Färbe Blätter mit falschen Aufgaben ganz dunkel.

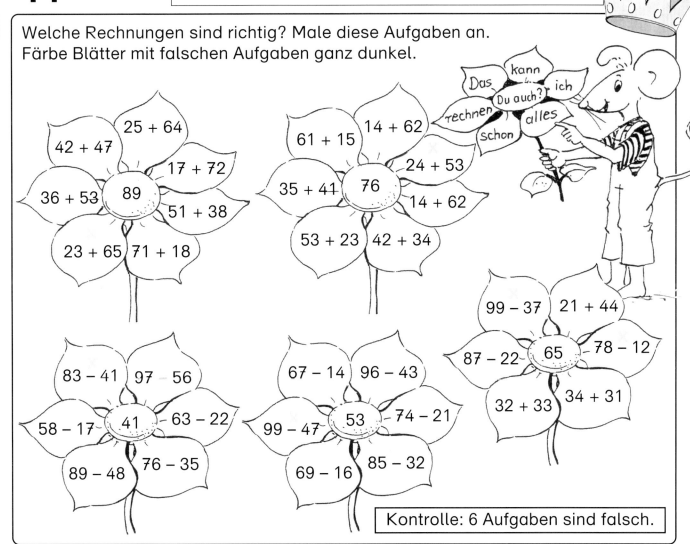

Kontrolle: 6 Aufgaben sind falsch.

2 Verbinde mit dem richtigen Ergebnis.

21 + 24 + 34		42 + 35 + 21
59 − 23 − 15		65 + 13 + 11
35 + 32 + 21		98 − 24 − 53
46 + 12 + 41		79 − 57 − 10
87 − 31 − 54		23 + 44 + 30
13 + 46 + 41		83 + 16 − 27
68 − 24 − 33		63 − 41 + 35
94 − 60 − 12		48 + 31 − 69

Zahlen im Feld: 21, 100, 21, 98, 79, 11, 12, 88, 97, 99, 89, 10, 2, 57, 72, 22

12 Name

1 Rechne in 2 Schritten. Schreibe dann die Umkehraufgabe.

a) 17 + 48 = 65 → Umkehraufgabe → 65 − 48 = 17
17 + 40 = 57
57 + 8 = 65

65 − 40 = 25
25 − 8 = 17

b) 56 + 18 = 74 → Umkehraufgabe → 74 − 18 = 56
56 + 10 = 66
66 + 8 = 74

74 − 10 = 64
64 − 8 = 56

c) 37 + 49 = 86 → Umkehraufgabe → 86 − 49 = 37
37 + 40 = 77
77 + 9 = 86

86 − 40 = 46
46 − 9 = 37

2

a) 48 + 32 = 80 → Umkehraufgabe → 80 − 32 = 48
48 + 30 = 78
78 + 2 = 80

80 − 30 = 50
50 − 2 = 48

b) 52 − 19 = 33 → Umkehraufgabe → 33 + 19 = 52
52 − 10 = 42
42 − 9 = 33

33 + 10 = 43
43 + 9 = 52

c) 64 − 37 = 27 → Umkehraufgabe → 27 + 37 = 64
64 − 30 = 34
34 − 7 = 27

27 + 30 = 57
57 + 7 = 64

Kontrolle: Ergebnisse der Aufgaben: 27, 33, 65, 74, 80, 86

13 Name

Kannst du die Rechenquadrate lösen?

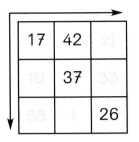

17	42	21
10	37	33
53	1	26

Immer 80

53	16	29
13	37	48
32	45	21

Immer 98

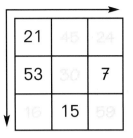

21	45	24
53	30	7
16	15	59

Immer 90

Rechne die Aufgaben der Reihe nach. Die zur Lösungszahl gehörigen Buchstaben ergeben das Lösungswort.

a) 39 + 53 = 92
    56 + 25 = 81
    59 + 37 = 96
    71 + 28 = 99
    37 + 26 = 63

R	P	T	S	O
28	25	37	92	59

Lösungswort: SPORT

   83 − 47 = 36
   76 − 48 = 28
   93 − 36 = 57
   98 − 79 = 19
   72 − 59 = 13

I	L	P	E	S
93	72	48	79	36

Lösungswort: SPIEL

b) 48 + 20 + 22 = 90
    36 + 15 + 30 = 81
    29 + 48 + 16 = 93
    18 + 27 + 30 = 75
    47 + 28 + 15 = 90
    17 + 57 + 25 = 99

M	R	M	S	E	O
48	17	27	22	47	30

Lösungswort: SOMMER

   80 − 25 − 25 = 30
   70 − 38 − 19 = 13
   90 − 18 − 45 = 27
   60 − 15 − 26 = 19
   100 − 39 − 48 = 13
   80 − 37 − 18 = 25

N	W	R	E	I	T
18	25	80	100	19	15

Lösungswort: WINTER

14 Name

1
Da heißt es gut aufpassen.

"Übung macht den Meister."

+	18	28	37	42	25
47	65	75	84	89	72
26	44	54	63	68	51
32	50	60	69	74	57
55	73	83	92	97	80
49	67	77	86	91	74

−	46	34	29	51	43
53	7	19	24	2	10
77	31	43	48	26	34
98	52	64	69	47	55
64	18	30	35	13	21
89	43	55	60	38	46

Male die Zahlen so an:

Zahlen zwischen 39 und 50 — gelb   69 und 80 — rot
49 und 60 — grün   79 und 90 — lila
59 und 70 — blau   89 und 100 — braun

2
Mal (+) und mal (−). Gar nicht leicht.

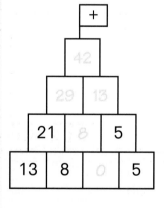 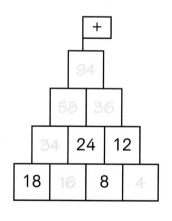 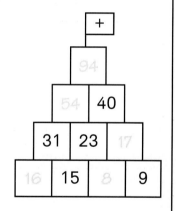

Selbstkontrolle: Turmzahlen: 94, 42, 94 / Kellerzahlen: 4, 10, 6

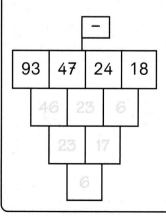 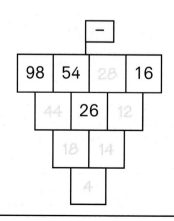 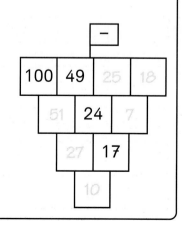

15 Name

a) Wie viele Cent sind das? Ergänze immer auf 100 Cent.

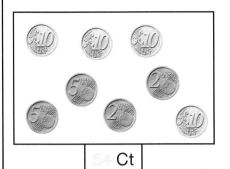 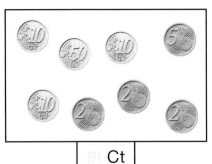 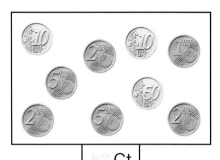

54 Ct   91 Ct   87 Ct

54 Ct + 46 Ct = 100 Ct   91 Ct + 9 Ct = 100 Ct   87 Ct + 13 Ct = 100 Ct

b) Wie viel Geld ist in der Kasse?

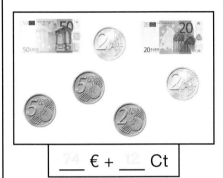 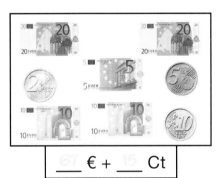 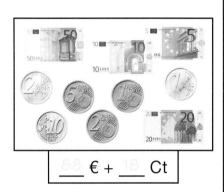

74 € + 12 Ct   67 € + 15 Ct   88 € + 18 Ct

c) Male den Betrag mit möglichst wenigen Münzen und Scheinen in die Kästchen.

	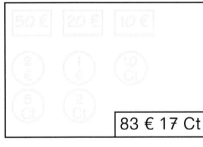	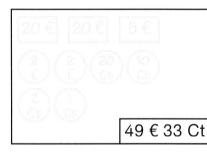
90 € 9 Ct	83 € 17 Ct	49 € 33 Ct

	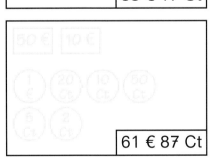	
34 € 66 Ct	61 € 87 Ct	76 € 23 Ct

Ergänze immer auf einen Euro.

43 Ct	21 Ct	67 Ct	92 Ct	18 Ct	36 Ct	9 Ct	54 Ct	75 Ct	23 Ct	48 Ct	34 Ct	89 Ct
57 Ct	79 Ct	33 Ct	8 Ct	82 Ct	64 Ct	91 Ct	46 Ct	25 Ct	77 Ct	52 Ct	66 Ct	11 Ct

100 Ct = 1 €

16 Name

1 a) Laura kauft für ihr Aquarium zwei Pflanzen für je 7 Euro und einen Fisch für 5 Euro.
Mit welchem Geldschein hat sie bezahlt, wenn sie 31 Euro herausbekommt?

Unterstreiche zuerst die Frage. Dann rechne.

Rechnung: 7 € + 7 € + 5 € = 19 €
oder 2 · 7 € + 5 € = 19 €
19 € + 31 € = 50 €

Antwort: Laura hat mit einem 50-Euro-Schein bezahlt.

b) Knicke das Blatt an der gestrichelten Linie nach hinten um bevor du weiterliest. Du kannst die Aufgabe auch mit Hilfe des folgenden Rechenplanes lösen. Versuche es einmal damit.

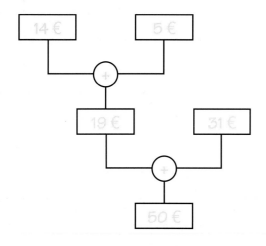

Hast du die Aufgabe selbständig geschafft? Oder brauchst du Hilfe? Dann schau auf dem unteren Abschnitt nach.

abknicken

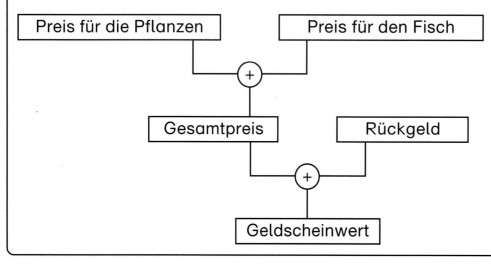

158

17 Name

Kannst du das alles genau nachzeichen? Achte auf die Punkte.

Zeichne mit Lineal.   Zeichne ohne Hilfsmittel

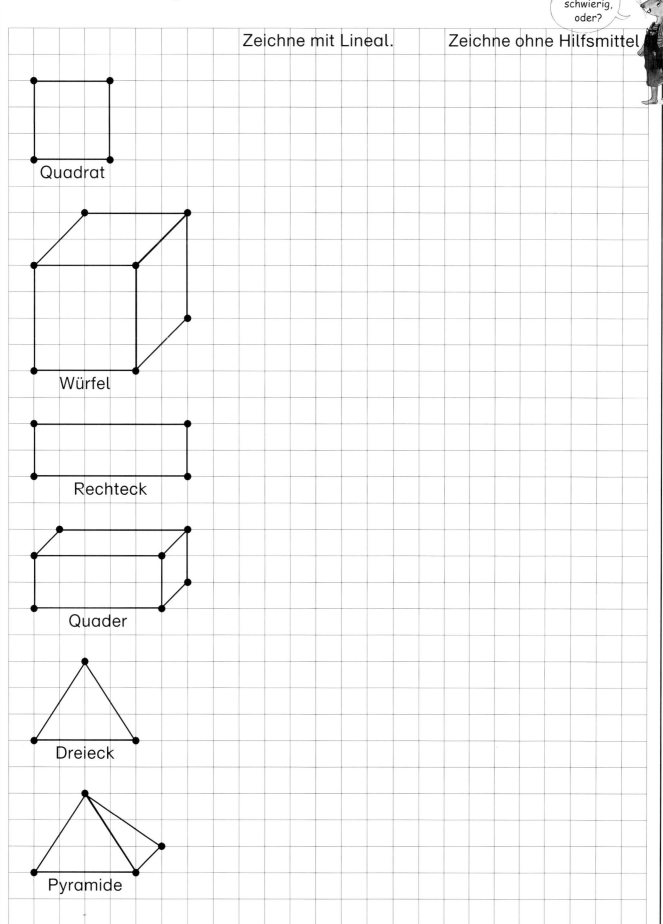

Schwierig, schwierig, oder?

Quadrat

Würfel

Rechteck

Quader

Dreieck

Pyramide

159

18 Name

1 Zu jedem Bild gibt es eine Plusaufgabe und eine Malaufgabe.

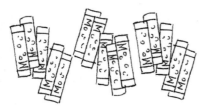

5 + 5 + 5 = 15   3 + 3 + 3 = 9   6 + 6 = 12

3 · 5 = 15   3 · 3 = 9   2 · 6 = 12

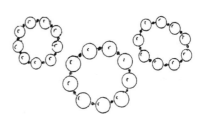

7 + 7 = 14   4 + 4 + 4 + 4 = 16   9 + 9 + 9 = 27

2 · 7 = 14   4 · 4 = 16   3 · 9 = 27

2 Zeichne ein passendes Bild zu jeder Plusaufgabe. Schreibe die Malaufgabe dazu.

3 + 3 + 3 + 3 + 3 = 15   5 + 5 + 5 + 5 = 20   2 + 2 + 2 + 2 + 2 = 10

5 · 3 = 15   4 · 5 = 20   5 · 2 = 10

4 + 4 + 4 = 12   8 + 8 = 16   6 + 6 + 6 + 6 = 24

3 · 4 = 12   2 · 8 = 16   4 · 6 = 24

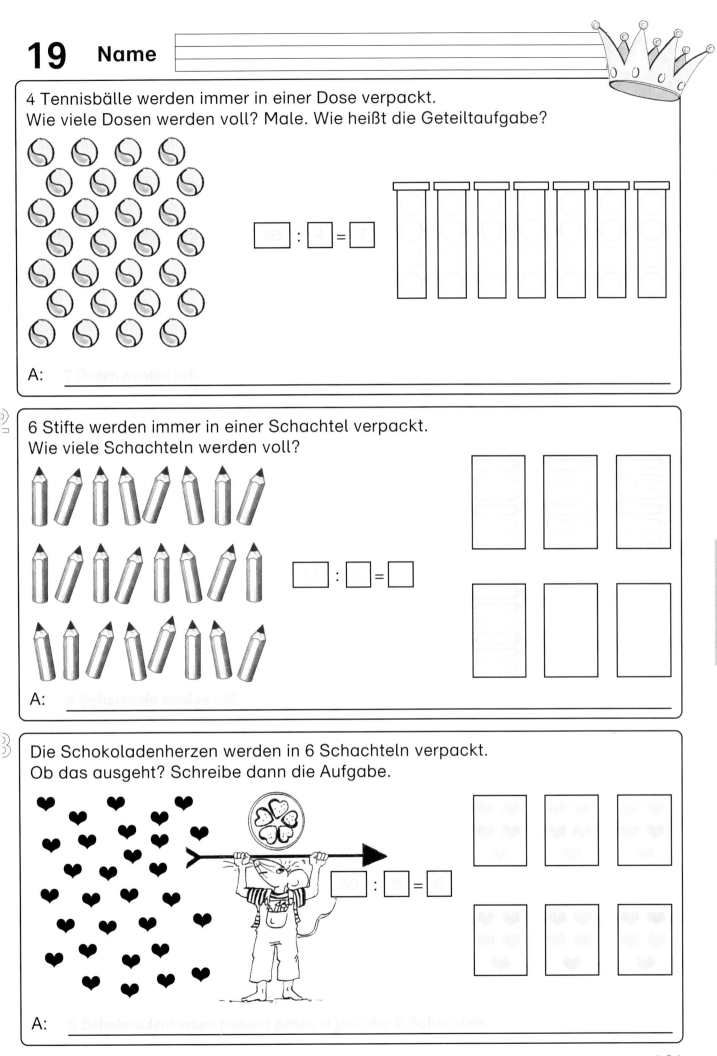

20 Name

1
Zu jedem Bild gibt es eine Geteilt-Aufgabe und eine Mal-Aufgabe.

Und welche Aufgabe rechne ich als Probe?

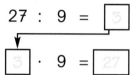
27 : 9 = 3
3 · 9 = 27

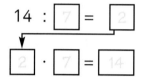
14 : 7 = 2
2 · 7 = 14

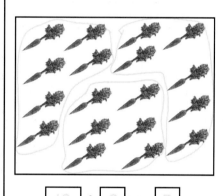
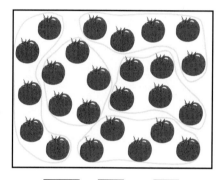
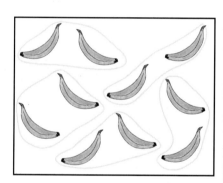

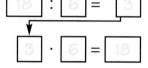
18 : 6 = 3
3 · 6 = 18

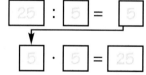
25 : 5 = 5
5 · 5 = 25

10 : 2 = 5
5 · 2 = 10

2
Rechne. Kontrolliere mit der Umkehraufgabe.

Mal-Aufgabe → Geteilt-Aufgabe	Geteilt-Aufgabe → Mal-Aufgabe
4 · 2 = 8 → 8 : 2 = 4	10 : 2 = 5 → 5 · 2 = 10
8 · 5 = 40 → 40 : 5 = 8	12 : 3 = 4 → 4 · 3 = 12
6 · 4 = 24 → 24 : 4 = 6	20 : 5 = 4 → 4 · 5 = 20
2 · 3 = 6 → 6 : 3 = 2	16 : 4 = 4 → 4 · 4 = 16
5 · 6 = 30 → 30 : 6 = 5	12 : 6 = 2 → 2 · 6 = 12
4 · 3 = 12 → 12 : 3 = 4	18 : 6 = 3 → 3 · 6 = 18
5 · 5 = 25 → 25 : 5 = 5	32 : 8 = 4 → 4 · 8 = 32

21 Name

Wie lang sind die Stäbchen zusammen?
Schätze zuerst, dann miss mit einem Lineal.

a)

Ich schätze ☐ cm.

b)

Ich schätze ☐ cm.

Kontrolle zu a) und b): Die beiden Ergebnisse sind zusammen 88 cm.

c) Wie viele cm fehlen noch bis zu 1m?

bei a) R:
A:

bei b) R:
A:

Wie groß ist der Unterschied zwischen den Stäbchen?
Schätze wieder zuerst, dann miss und berechne!

a)

Ich schätze ☐ cm.

b)

Ich schätze ☐ cm.

Kontrolle: zu a) und b): Die beiden Ergebnisse sind zusammen 5 cm.

22 Name

1 Das kann dir helfen, wenn dir eine Aufgabe nicht gleich einfällt:

VERDOPPELN

2 · 2 = 4	4 · 2 = 8	3 · 2 = 6	5 · 2 = 10
↓	↓	↓	↓
4 · 2 = 8	8 · 2 = 16	6 · 2 = 12	10 · 2 = 20

HALBIEREN

4 · 10 = 40	8 · 10 = 80	6 · 10 = 60	10 · 10 = 100
↓	↓	↓	↓
2 · 10 = 20	4 · 10 = 40	3 · 10 = 30	5 · 10 = 50

NACHBARAUFGABE

+ 5 →

3 · 5 = 15 → 4 · 5 = 20 → 5 · 5 = 25 → 6 · 5 = 30

7 · 5 = 35 → 8 · 5 = 40 → 9 · 5 = 45 → 10 · 5 = 50

2

·	1	2	3	4	5	6	7	8	9	10
1	1	2	3	4	5	6	7	8	9	10
2	2	4	6	8	10	12	14	16	18	20
3	3	6	9	12	15	18	21	24	27	30
4	4	8	12	16	20	24	28	32	36	40
5	5	10	15	20	25	30	35	40	45	50
6	6	12	18	24	30	36	42	48	54	60
7	7	14	21	28	35	42	49	56	63	70
8	8	16	24	32	40	48	56	64	72	80
9	9	18	27	36	45	54	63	72	81	90
10	10	20	30	40	50	60	70	80	90	100

a) Fahre Ergebnisse von Einmaleinsaufgaben, die du schon lösen kannst, grün nach.

b) In jedem Einmaleins gibt es eine Zwillingsaufgabe, bei der die ersten beiden Zahlen gleich sind z.B. 1·1, 2·2, 3·3 ... Suche die Ergebnisse solcher Aufgaben in der Einmaleinstafel und male diese Kästchen jeweils gelb an.

c) Was fällt dir noch auf, wenn du die Einmaleinstafel genau anschaust? Kennzeichne selbständig mit anderen Farben.

23 Name

Bleiben beim Einpacken welche übrig?

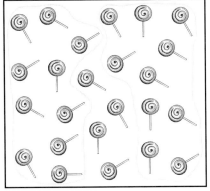

Den Rest bekomme ich! Piep!

22 = 5 + 5 + 5 + 5 + 2
22 = 4 · 5 R 2

___ = 10 + 10 + ___
___ = ___

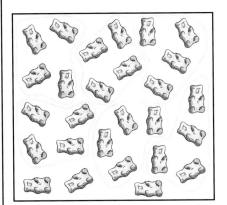
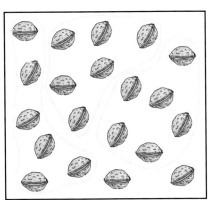
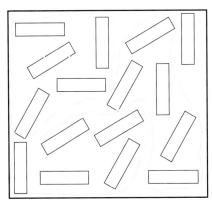

___ = 4 + ___
___ = ___

___ = 6 + ___
___ = ___

___ = 5 + ___
___ = ___

2 Mal mit Rest – mal ohne Rest

28 : 2 = ___	28 : 9 = ___	21 : 4 = ___	42 : 8 = ___
28 : 3 = ___	28 : 10 = ___	22 : 4 = ___	34 : 4 = ___
28 : 4 = ___	16 : 4 = ___	23 : 4 = ___	16 : 2 = ___
28 : 5 = ___	17 : 4 = ___	24 : 4 = ___	30 : 5 = ___
28 : 6 = ___	18 : 4 = ___	26 : 4 = ___	24 : 8 = ___
28 : 7 = ___	19 : 4 = ___	34 : 6 = ___	14 : 4 = ___
28 : 8 = ___	20 : 4 = ___	20 : 5 = ___	

3 Kannst du die Aufgaben lösen?

16 : ___ = 3 R 1   27 : ___ = 6 R 3   ___ : 5 = 8 R 3
___ : 4 = 5 R 2   17 : ___ = 8 R 1   ___ : 4 = 3 R 2
___ : 5 = 4 R 4   ___ : 10 = 5 R 2   30 : ___ = 3 R 6

24 Name

1
Kreise in der Hundertertafel ein:
die 5er-Zahlen gelb
die 10er-Zahlen rot
die 4er-Zahlen blau
die 8er-Zahlen grün

Da gibt es was zu entdecken!

1	2	3	4	5	6	7	8	9	10
11	12	13	14	15	16	17	18	19	20
21	22	23	24	25	26	27	28	29	30
31	32	33	34	35	36	37	38	39	40
41	42	43	44	45	46	47	48	49	50
51	52	53	54	55	56	57	58	59	60
61	62	63	64	65	66	67	68	69	70
71	72	73	74	75	76	77	78	79	80
81	82	83	84	85	86	87	88	89	90
91	92	93	94	95	96	97	98	99	100

2
Setze die Zahlenfolgen fort. Zu jeder Zahlenfolge gehören 10 Zahlen

a) 70, 63, 56, 49, 42, 35, 28, 21, 14, 7

90, 81, 72, 63, 54, 45, 36, 27, 18, 9

60, 54, 48, 42, 36, 30, 24, 18, 12, 6

40, 36, 32, 28, 24, 20, 16, 12, 8, 4

30, 27, 24, 21, 18, 15, 12, 9, 6, 3

b) 100, 90, 80, 70, 60, 50, 40, 30, 20, 10

80, 72, 64, 56, 48, 40, 32, 24, 16, 8

10, 9, 8, 7, 6, 5, 4, 3, 2, 1

50, 45, 40, 35, 30, 25, 20, 15, 10, 5

20, 18, 16, 14, 12, 10, 8, 6, 4, 2

Kontrolle: Zähle jeweils die kleinsten Zahlen jeder Reihe zusammen. Dann erhälst du bei a) als Ergebnis 29 und bei b) 26.

25 Name

Male passende Bilder zu den Rechengeschichten und rechne eine Aufgabe.

a) Die Klasse 2c hat insgesamt 19 Kinder. Davon sind 12 Mädchen.

b) Im Sport liegen Reifen am Boden. Auf ein Signal hin sollen sich immer 3 Kinder in einem Reifen zusammenfinden.

c) Ein andermal sollen die Kinder Fünfergruppen bilden. Jede Gruppe erhält ein großes Gruppenspringseil, 2 Kinder schwingen das Seil. Drei springen jeweils gleichzeitig.

d) Die Vierergruppe findet für sich eine andere Möglichkeit.

26 Name

1 Die Klasse 2a geht ins Schwimmbad. Von den 28 Kindern der Klasse können 11 Jungen und 13 Mädchen schwimmen. Von den Nichtschwimmern sind die Hälfte Mädchen und die Hälfte Jungen.

a) Wie viele Kinder der Klasse können schwimmen?
b) Wie viele Kinder der Klasse sind Nichtschwimmer?
c) Wie viele Mädchen und wie viele Jungen sind Nichtschwimmer?
d) Wie viele Mädchen und wie viele Jungen sind insgesamt in der Klasse 2a?

a) R: 11 + 13 = 24
   A: 24 Kinder können schwimmen.

b) R: 28 − 24 = 4
   A: 4 Kinder sind Nichtschwimmer.

c) R: 4 : 2 = 2
   A: 2 Jungen und 2 Mädchen sind Nichtschwimmer.

d) R: 11J + 2J = 13J
       13M + 2M = 15M
   A: 13 Jungen und 15 Mädchen sind in der Klasse 2a.

2 Bei einem Wasserspiel im Nichtschwimmerbecken macht die ganze Klasse mit.

a) Es sollen sich immer 4 Kinder zusammenfinden.
b) Für ein anderes Spiel wird die Klasse in 2 Gruppen geteilt.

a) F: Wie viele Gruppen gibt das?
   R: 28 : 4 = 7
   A: Das ergibt 7 Gruppen.

b) F: Wie viele Kinder sind in jeder Gruppe?
   R: 28 = 14 + 14
   A: 14 Kinder sind in jeder Gruppe.

27 Name

Zauberdreiecke – keine Zauberei. Die 3 Zahlen einer Seite ergeben immer die gleiche Zahl: Die Zauberzahl. Das Zeichen in der Mitte hilft dir beim Finden.

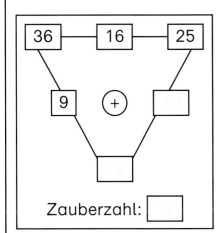
Zauberzahl: ☐

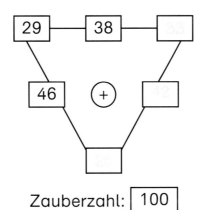
Zauberzahl: 100

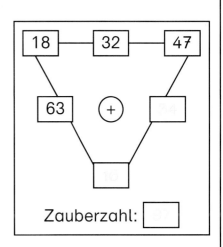
Zauberzahl: ☐

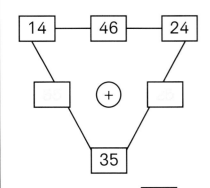
Zauberzahl: ☐

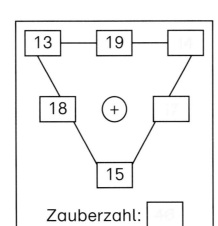
Zauberzahl: ☐

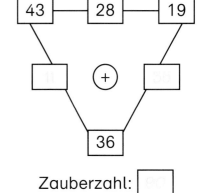
Zauberzahl: ☐

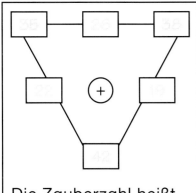
Die Zauberzahl heißt 99. Findest du selber passende Zahlen für das Zauberdreieck?

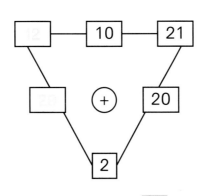
Zauberzahl: ☐

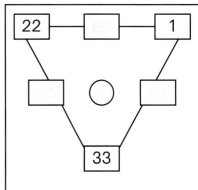
Zauberzahl: 88

28 Name

Rechenketten – kannst du sie lösen?

1) 25 → :5 → 5 → +43 → 48 → :8 → 6 → +17 → 23 ▲ → +13 → 36 → :4 → 9 → ·2 → 18 → +11 → 29 •

2)

Spalte 1: 50 → :5 → 10 → +17 → 27 → +13 → 40 → :8

Spalte 2: ◆ 5 → -15 → 20 → ·2 → 10 → ·2 → 5

Spalte 3: 5 → +27 → 32 → ·2 → 64 → :8 → 8 → +16

Spalte 4: ☾ 100 → +40 → 60 → +27 → 33 → +9 → 24

Spalte 5: 100 → :10 → 10 → +37 → 47 → ·2 → 94 → -15

Spalte 6: ✲ 76 → +46 → 30 → :2 → 60 → -19 → 79

3) ☺ 15 → +6 → 9 → :8 → 72 → -6 → 78 → +16 → 62 → +56 → 6 → :8 → 48 → -33 → 81

Selbstkontrolle:

▲ 23 | • 29 | ◆ 5 | ☾ 100 | ✲ 76 | ☺ 15

170

29 Name

So kannst du eine Windmühle falten. Bist du geschickt beim Falten?

Du brauchst einen quadratischen Papierbogen mit einer Seitenlänge von etwa 20 cm.
Fertige daraus folgendes Faltnetz an:

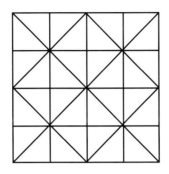

1.

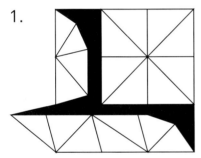

Unteren und linken Streifen nach innen falten, Ecke dabei ausklappen.

2.

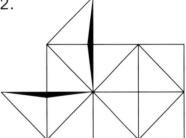

Oberen Streifen nach innen falten. Nächste Ecke wieder ausklappen und nach oben falten.

3.

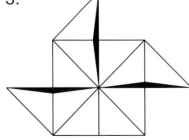

Rechten Streifen nach innen falten, dabei dritte Ecke ausklappen und nach rechts falten.

4.

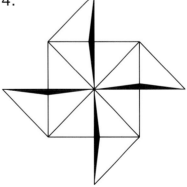

Letzte Ecke herausfalten.

30 Name

1 Wandere mit der Maus Wackelohr durch den Irrgarten der Zauberquadrate zum Käse. Ergänze die Zauberquadrate. Die Zauberzahlen werden auf dem Weg zum Ziel immer größer. Zeichne den Weg ein.

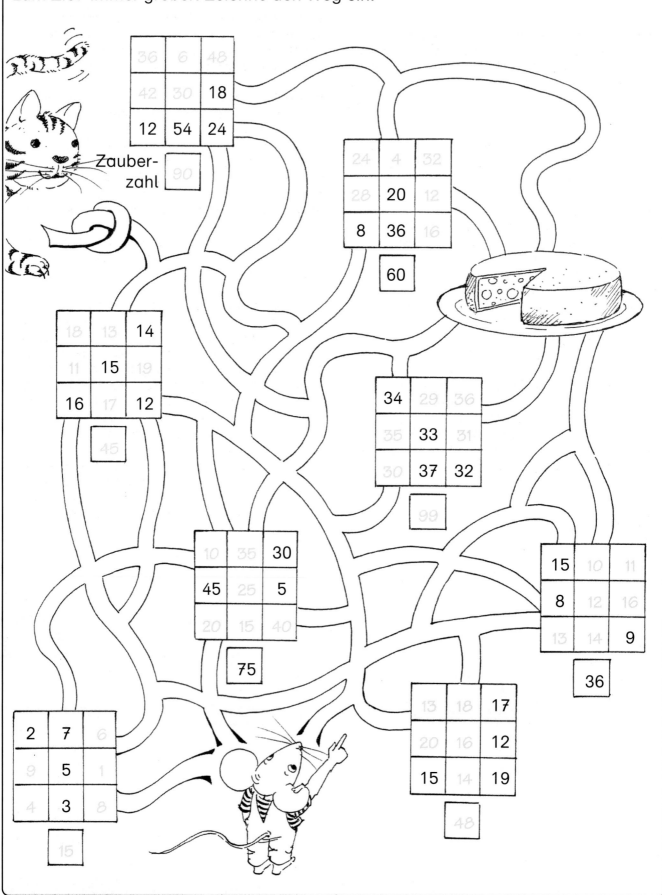

Materialien zur Freiarbeit und Lernspiele

Die Freiarbeitsmaterialien und Lernspiele sollen der Lehrkraft ausgewählte Zusatzmaterialien für vorrangig offene Unterrichtsformen zur Verfügung stellen.

Dafür wurden genau solche Inhalte aus dem Mathematiklehrplan Klassenstufe 2 aufgenommen, die Lernschwerpunkte auch in den folgenden Schuljahren sein werden und die sich besonders für neue Unterrichtsideen eignen.

Ein wichtiger Grundsatz für diese Materialien ist die Möglichkeit einer Eigenkontrolle durch die Kinder, wodurch ein weitgehend selbständiges Arbeiten denkbar wird.

Die Nutzung dieser Materialien ist in den unterschiedlichsten Sozialformen möglich (Gruppenarbeit, Partnerarbeit oder Einzelarbeit). Die Zusammensetzung der Gruppen muss dabei durchaus nicht leistungshomogen sein. Die Kinder sollen gegenseitig voneinander lernen bzw. über mathematische Aufgabenstellungen kommunizieren und sich bei der Lösungsfindung unterstützen.

In vielen Fällen können an dieser Stelle nur Anregungen bzw. Beschreibungen von speziellen Materialien gegeben werden. Soweit es möglich ist, werden auch Kopiervorlagen mitgeliefert. Viele Spiele können das ganze Schuljahr über genutzt werden. Es gibt zu speziellen Inhalten immer entsprechende Aufgabensätze, die hinzugefügt werden können.

Materialien, die generell benötigt werden sind: Spielwürfel, Holzwürfel, Pappteile für Domino- und Memory-Spiele, Schere, Bindfaden, Stifte, Farbe, Klebstoff oder Klebestift, durchsichtige Klebefolie oder ein Laminiergerät sowie alle zur Verfügung stehenden und bekannten Lernmittel.

Erfahrungsgemäß sind Kinder besonders mit solchen Materialien verbunden, die sie auch selbst angefertigt haben. Deshalb sollten Kinder in den Herstellungsprozess einbezogen werden.

Interessierte Lehrer finden im Internet unter der Adresse: http://www.tu-berlin.de/reitberger nützliche Anregungen und praktikable Vorlagen für weitere spezielle Materialien einer Mathematikecke.
Hier können sie sich beispielsweise Druckvorlagen für mathematische Strategiespiele oder für geometrische Legespiele kostenlos herunter laden.

Die Anregungen zur Freiarbeit beziehen auch Ideen eines Lernens mit allen Sinnen – soweit das für Mathematik möglich und sinnvoll ist – mit ein.

Bei der Durchführung von Lernspielen sollte beachtet werden, dass derartigen Spielen auch oft ein gewisses Glücksmoment eigen ist. Ein leistungsschwächeres Kind kann damit durchaus auch eine Chance auf eine schnellere Ergebnisermittlung – oder bei einem Wettbewerb auf den Sieg – haben. Spiele leben von vielen kleinen Erfolgserlebnissen im Spielverlauf. Sie sollten von allen Kindern deshalb auch als Spiele erlebt werden.

Die hier gemachten Spielvorschläge sollen Spaß an der Mathematik vermitteln und einen für Kinder kaum spürbaren Lerneffekt mit sich bringen. Den einzelnen Materialien wurden wesentliche Lernziele zugeordnet.

Inhaltsverzeichnis

FA	Lernziel
1 Das Einer-Zehner-Feld	– Zerlegen von Zahlen in Zehner und Einer – Eintragen von Stellenwerten ins Zahlenhaus
2 Material für Sachaufgaben (ICE-Zug)	– kreatives Arbeiten mit einer Sachsituation – Zählen und Rechnen zum Erschließen des Zahlenraums bis 100
3 Material für Sachaufgaben (Tiere)	– kreatives Arbeiten mit einer Sachsituation – Vergleichen von Daten bis 100 – selbständiges Finden von Rechengeschichten und Sachaufgaben
4 Der Zahlenstrahl	– Ordnen und Vergleichen im Zahlenraum bis 100 – Addieren und Subtrahieren bis 100 – Multiplizieren und Dividieren
5 Das Hunderterquadrat	– Orientieren im Zahlenraum bis 100 – Lösen von Nachbaraufgaben („+ 1" bzw. „– 1", „+ 10" bzw. „– 10") – Addieren und Subtrahieren bis 100 – Multiplizieren und Dividieren
6 Maltürme	– Legen und Rechnen von Einmaleinsaufgaben – (Punktemuster)
7 Einmaleinsbrett	– Spannen und Rechnen von Einmaleinsaufgaben – (Fadenmuster)
Spiel	
1 Memory	– Finden von Aufgaben und Umkehraufgaben vom Typ ZE + E bzw. ZE – E – Finden von Aufgaben und Umkehraufgaben vom Typ ZE + ZE bzw. ZE – ZE – Finden von Aufgaben und Umkehraufgaben vom Typ E · E bzw. ZE : E
2 Schätzspiel	– Zuordnen von Strecken und vorgegebenen Längenangaben
3 Puzzle	– Addieren und Subtrahieren bis 100 – Multiplizieren und Dividieren bis 100 – Üben von Aufgaben mit Zeitangaben
4 Einmaleins-Quartett	– Festigen des kleinen Einmaleins (Verwandte Aufgaben: Tauschaufgaben und deren Umkehraufgaben

FA1
Das Einer–Zehner–Feld

Beschreibung:

Lernziel:
- Zahlaufbau
- Rechnen mit Zehnerübergang (konkret)

Material:
- Einerplättchen, Zehnerstreifen
- je nach Größe der Streifen und Plättchen, am besten DIN A 4 oder DIN A 5 Blatt

z. B.

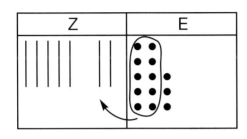

~~77~~ + 6
~~77~~ + 3 → 1 Zehner „voll"
→ wechseln
3E bleiben übrig

Z	E

FA2
Material für Sachsituationen

Beschreibung:

- Die Bilder von den Steuerwagen des ICE werden kopiert. Kinder können sich damit Rechengeschichten und Sachaufgaben ausdenken.

  „Denke dir Aufgaben zum Zählen und zum Rechnen aus.
  Löse die Aufgaben und stelle sie deinen Mitschülern."

- Konkrete Anregungen (jeweils für die Wagen der 1. bzw. 2. Klasse):
  - Wie viele Sitzplätze gibt es (in der 1. Klasse/ 2. Klasse)?
  - Wo sind mehr? Vergleiche!
  - Wie viele Plätze sind im vorderen Teil des Steuerwagens?
  - Wie viele Plätze haben einen Tisch?
  - Wie viele Fensterplätze gibt es?
  - Wie viele Plätze gibt es auf der rechten (linken) Seite des Steuerwagens?
  - Denke dir selbst einen Wagen für den ICE aus. Zeichne deine Ideen auf.
  - Vergleiche die Anzahl und Anordnung der Sitzplätze eines Eisenbahnwagens mit einem Bus.

Eigene Ideen:

FA2
Steuerwagen vom ICE

1. Klasse

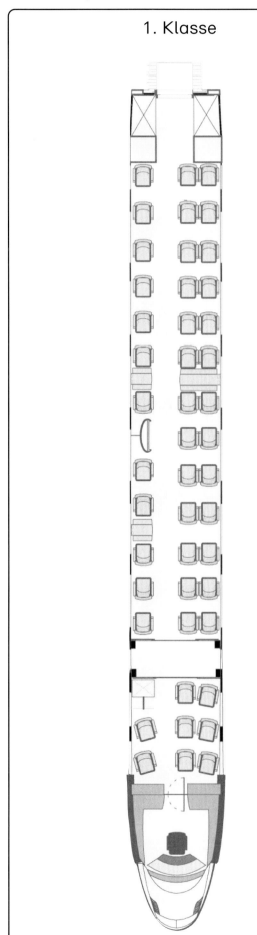

2. Klasse

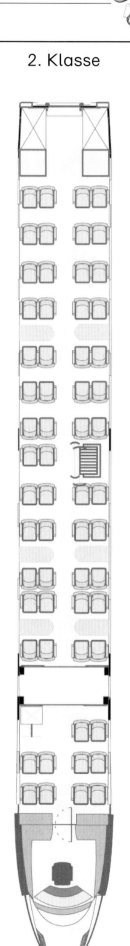

FA3

Material für Sachaufgaben (Daten über Tiere)

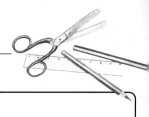

Anregungen für Sachaufgaben:

- Ordne das Höchstalter der Säugetiere. Beginne mit dem ältesten.

- Vergleiche das Alter von einer Giraffe und einem Kaninchen!

- Welches Tier kann genauso alt werden wie ein Esel?

- Wie viele Jahre kann ein Feuersalamander älter werden als ein Laubfrosch?

- Ein Storch ist 19 Jahre. Wie viele Jahre lebt er noch, wenn er sein Höchstalter erreicht?

- Peter will einen Kanarienvogel kaufen. Ihm wird ein 23 Jahre alter Vogel angeboten. Sollte er ihn kaufen?

- Gib 5 verschiedene Schulterhöhen für einen Dalmatiner an.

- Wieviel mal größer ist ein Bernhardiner gegenüber einem Zwergpudel?

- Ein junger Boxerhund hat eine Kopf-Rumpflänge von 49 cm.
  Wie viele Zentimeter könnte er noch wachsen?

- Denke dir zu jeder Tabelle eine Minusaufabe aus.

Eigene Ideen:

FA3

Tabelle: Höchstalter verschiedener Säugetiere

Art	Höchstalter
Braunbär	47 Jahre
Delphin	25 bis 30 Jahre
Eichhörnchen	12 Jahre
Eisbär	41 Jahre
Elefant	70 Jahre
Esel	100 Jahre
Feldhase	8 Jahre
Fuchs	14 Jahre
Giraffe	34 Jahre
Goldhamster	4 Jahre
Gorilla	60 Jahre
Hirsch	30 Jahre
Hund	15 bis 20 Jahre
Igel	14 Jahre
Kaninchen	18 Jahre
Katze	35 Jahre
Löwe	30 Jahre
Maulwurf	3 bis 4 Jahre
Maus	4 Jahre
Meerschweinchen	15 Jahre
Mensch	< 120 Jahre
Pferd	40 bis 50 Jahre
Rind	20 bis 25 Jahre
Schaf	20 Jahre
Schimpanse	> 50 Jahre
Wal	100 Jahre
Ziege	20 Jahre

FA3

Tabelle: Höchstalter verschiedener Tiere
(Wirbellose Tiere, Fische, Amphibien, Reptilien)

Art	Höchstalter
Wirbellose Tiere	
Bienenkönigin	5 Jahre
Bienenarbeiterin	6 Wochen
Flusskrebs	20 bis 30 Jahre
Hummer	45 Jahre
Regenwurm	10 Jahre
Spinnen	20 Jahre
Stubenfliege	76 Tage
Tausendfüßler	5 bis 6 Jahre
Weinbergschnecke	> 18 Jahre
Wirbeltiere	
Fische	
Forelle	18 Jahre
Goldfisch	41 Jahre
Karpfen	70 bis 100 Jahre
Lachs	13 Jahre
Seepferdchen	5 Jahre
Amphibien	
Feuersalamander	43 Jahre
Laubfrosch	22 Jahre
Reptilien	
Blindschleiche	33 (bis 55) Jahre
Eidechsen	5 bis 8 Jahre
Klapperschlange	19 Jahre
Landschildkröte	137 Jahre

FA3

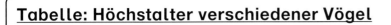

Tabelle: Höchstalter verschiedener Vögel

Art	Höchstalter
Adler	60 bis 80 Jahre
Amsel	18 Jahre
Ente	25 Jahre
Eule	60 bis 70 Jahre
Gans	31 Jahre
Haussperling	23 Jahre
Huhn	30 Jahre
Kakadu	100 Jahre
Kanarienvogel	24 Jahre
Kohlmeise	9 Jahre
Krähe	118 Jahre
Kuckuck	40 Jahre
Lerche	8 Jahre
Pelikan	50 bis 60 Jahre
Pinguin	26 Jahre
Rotkehlchen	11 Jahre
Schwalbe	16 Jahre
Schwan	30 (bis 100) Jahre
Storch	70 bis 100 Jahre
Strauß	62 Jahre
Taube	35 Jahre

Tabelle: Größe einiger Hunderassen

Art	Kopf-Rumpflänge in cm	Schulturhöhe in cm
Wolf	100 bis 140	65 bis 90
Bernhardiner	68 bis 78	65 bis 80
Boxer	57 bis 73	53 bis 63
Cockerspaniel	35 bis 42	35 bis 42
Collie	56 bis 63	50 bis 60
Dalmatiner	50 bis 60	50 bis 60
Deutscher Schäferhund	60 bis 65	55 bis 65
Rottweiler	60 bis 65	55 bis 66
Zwergpudel	35	30 bis 35
Zwergspitz	28	28

FA4
Der Zahlenstrahl

Beschreibung:

Zahlenstrahl bis 100 (in 1 cm-Abständen)

Einsatz:
- Zahldarstellung
  - Zeigen von bestimmten Zahlen
  - Auflegen von Vorgänger-Nachfolger

- Addition/ Subtraktion
  - Addition: Vorwärtsspringen
  - Subtraktion: Rückwärtsspringen

- Multiplikation/ Division:
  - bestimmte Anzahl gleicher Sprünge vorwärts bzw. rückwärts

- Als Würfelspiel:
  - Spielsteine auf 0, würfeln mit 1, 2 oder 3 Würfeln
  - nach vorne gehen
  - wer als erster bei 100 ist, hat gewonnen

Hinweis: Aufgrund der Länge nur 1 Zahlenstrahl pro Schulbank

Eigene Ideen:

FA4
Der Zahlenstrahl

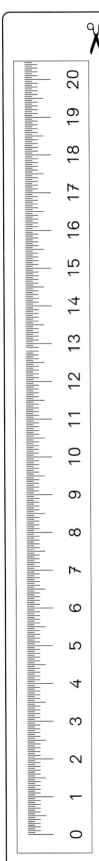

FA5
Das Hunderterquadrat

Beschreibung:

Ziel: Orientieren und Rechnen im Hunderterfeld

Material:
- Blankovorlage „Gitterfeld" kopieren und eventuell laminieren (Laminiergerät)
- Legeplättchen, Muggelsteine
- Legeaufgaben (eventuell Kästchen)
- „Kontrollfeld" als Folie zum Darüberlegen

Anleitung: Vorgabe einer Legeaufgabe in Form von Kärtchen, z. B. „Lege Steine auf folgende Felder: 13, 24, 35, 53, 44, 57, 46" oder „Lege Plättchen auf die Ergebnisfelder: 15 + 1, 27 – 1, 26 + 10, 56 – 10."

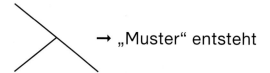 → „Muster" entsteht

Zur Kontrolle wird Folie mit Zahlen darübergelegt.

☞ SS können sich in PA Aufgaben stellen.

Eigene Ideen:

FA5
Das Hunderterquadrat

1	2	3	4	5	6	7	8	9	10
11	12	13	14	15	16	17	18	19	20
21	22	23	24	25	26	27	28	29	30
31	32	33	34	35	36	37	38	39	40
41	42	43	44	45	46	47	48	49	50
51	52	53	54	55	56	57	58	59	60
61	62	63	64	65	66	67	68	69	70
71	72	73	74	75	76	77	78	79	80
81	82	83	84	85	86	87	88	89	90
91	92	93	94	95	96	97	98	99	100

FA5

Kontrollfeld Hunderterquadrat

FA6
Mal-Türme

Beschreibung:

Lernziel:
- Herleiten, Veranschaulichen und Festigen von Malreihen und einzelnen Aufgaben, u. a. Grundaufgaben und Zwillingsaufgaben.

Anleitung:
- SS legen Plättchen oder Muggelsteine auf den Plan auf.

Bsp. 3 · 4
3 Türme werden besetzt, in jedem Turm liegen 4 Steine.

○ ○ ○
○ ○ ○
○ ○ ○
○ ○ ○

Eigene Ideen:

FA6
Maltürme

FA7
Das Einmaleinsbrett

Beschreibung:

Bauanleitung:
- Kreisvorlage ausschneiden und auf Holz kleben (alternativ: Vorlage auf Holzbrett durchpausen).
- An jedem Punkt einen Nagel oder Holzstift anbringen.
- Einen dicken Faden am „Nullpunkt" befestigen.

Vorgehensweise:
- Mit einem Faden nacheinander die Zahlen der einzelnen Einmaleinsreihen umschlingen. Dabei ergeben sich einprägsame Muster.

Hinweis:
- Die Zahlen auf dem Einmaleinskreis sind nur Einerzahlen. z. B. 3er Reihe: **0 – 3 – 6 – 9 – 12 – 15 – 18 – 21 – 24 – 27 – 30**

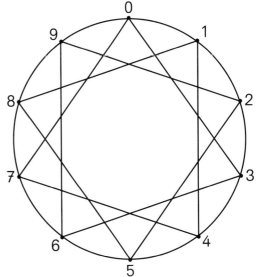

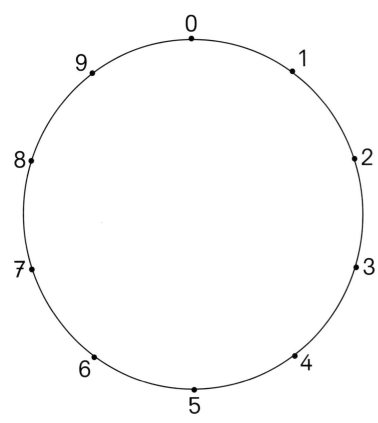

Spiel 1   Memory

Beschreibung:

Spielidee:
- Finden von Aufgaben und zugehörigen Umkehraufgaben. Plus- und Malaufgaben können getrennt oder zusammen verwendet werden.

Bauanleitung:
- Kopieren der Kärtchen auf Tonpapier oder Aufkleben der Kärtchen auf Karton um Durchscheinen der Zahlen zu vermeiden.

Spielanleitung:
- Spielen wie Memory-Spiel:
Aufdecken zweier (gleicher) Kärtchen. Nach Ausrechnen kann das Ergebnis mit Folienstift notiert werden.

Hinweis:
- Folieren der Kärtchen ist sinnvoll.
- Für schwächere Schüler: Schüler rechnen zuerst alle Kärtchen aus und notieren Ergebnisse mit Folienstift.

Eigene Ideen:

Spiel 1   Memory

38 + 7 = ☐	45 − 7 = ☐	57 + 9 = ☐	66 − 9 = ☐
23 + 9 = ☐	32 − 9 = ☐	65 + 7 = ☐	72 − 7 = ☐
18 + 4 = ☐	22 − 4 = ☐	77 + 6 = ☐	83 − 6 = ☐
46 + 8 = ☐	54 − 8 = ☐	89 + 3 = ☐	92 − 3 = ☐
96 − 8 = ☐	88 + 8 = ☐	32 − 7 = ☐	25 + 7 = ☐
82 − 5 = ☐	77 + 5 = ☐	91 − 4 = ☐	87 + 4 = ☐
74 − 6 = ☐	68 + 6 = ☐	57 − 9 = ☐	48 + 9 = ☐
65 − 9 = ☐	56 + 9 = ☐	43 − 6 = ☐	37 + 6 = ☐

Spiel 1 Memory

13 + 18 = 31	31 − 18 = 13	42 + 29 = 71	71 − 29 = 42
24 + 19 = 43	43 − 19 = 24	38 + 45 = 83	83 − 45 = 38
48 + 33 = 81	81 − 33 = 48	67 + 24 = 91	91 − 24 = 67
56 + 26 = 82	82 − 26 = 56	78 + 16 = 94	94 − 16 = 78
82 − 15 = 67	67 + 15 = 82	52 − 33 = 19	19 + 33 = 52
74 − 38 = 36	36 + 38 = 74	45 − 27 = 18	18 + 27 = 45
91 − 24 = 67	67 + 24 = 91	87 − 49 = 38	38 + 49 = 87
63 − 46 = 17	17 + 46 = 63	36 − 19 = 17	17 + 19 = 36

Spiel 1 Memory

2 · 3 = 6	6 : 3 = 2	9 · 2 = 18	18 : 2 = 9
4 · 2 = 8	8 : 2 = 4	5 · 6 = 30	30 : 6 = 5
6 · 4 = 24	24 : 4 = 6	4 · 3 = 12	12 : 3 = 4
3 · 6 = 18	18 : 6 = 3	7 · 4 = 28	28 : 4 = 7
12 : 6 = 2	2 · 6 = 12	27 : 9 = 3	3 · 9 = 27
15 : 3 = 5	5 · 3 = 15	30 : 3 = 10	10 · 3 = 30
20 : 4 = 5	5 · 4 = 20	24 : 3 = 8	8 · 3 = 24
50 : 5 = 10	10 · 5 = 50	20 : 2 = 10	10 · 2 = 20

Spiel 2   Schätzspiel

Beschreibung:

Spiel für 2 – 4 Spieler (Kartenspiel)

Material:
- Streckenkarten (16)
- „cm-Karten" (36)
- 1 Lineal

Anleitung: Die 16 Streckenkarten werden gemischt und auf einen Stapel gelegt (umgedreht).
Die 36 „cm-Karten" werden auch gemischt und gleichmäßig an die Mitspieler verteilt.
Ein Kind dreht eine Streckenkarte um.
Alle Spieler schätzen nun die Länge und suchen aus ihren „cm-Karten" eine entsprechende Karte. Diese wird von allen Spielern auf Kommando (z. B. 3-2-1-umdrehen) offen auf den Tisch gelegt.
Nun misst der Spieler, der die Streckenkarte umgedreht hat, die Strecke nach.
Derjenige Spieler, der richtig geschätzt hat, darf seine „cm-Karte" ablegen.
Die Spieler, die falsch geschätzt haben, müssen ihre Karten wieder an sich nehmen.
Sieger ist derjenige, der als erster alle Karten abgelegt hat.

Eigene Ideen:

Spiel 2   Schätzspiel

1 cm	1 cm	10 cm	10 cm
2 cm	2 cm	1 cm	1 cm
3 cm	3 cm	5 cm	5 cm
4 cm	4 cm	4 cm	4 cm
5 cm	5 cm	7 cm	7 cm
6 cm	6 cm	8 cm	8 cm
7 cm	7 cm	3 cm	3 cm
8 cm	8 cm	1 cm	2 cm
9 cm	9 cm	3 cm	4 cm

Spiel 2   Schätzspiel

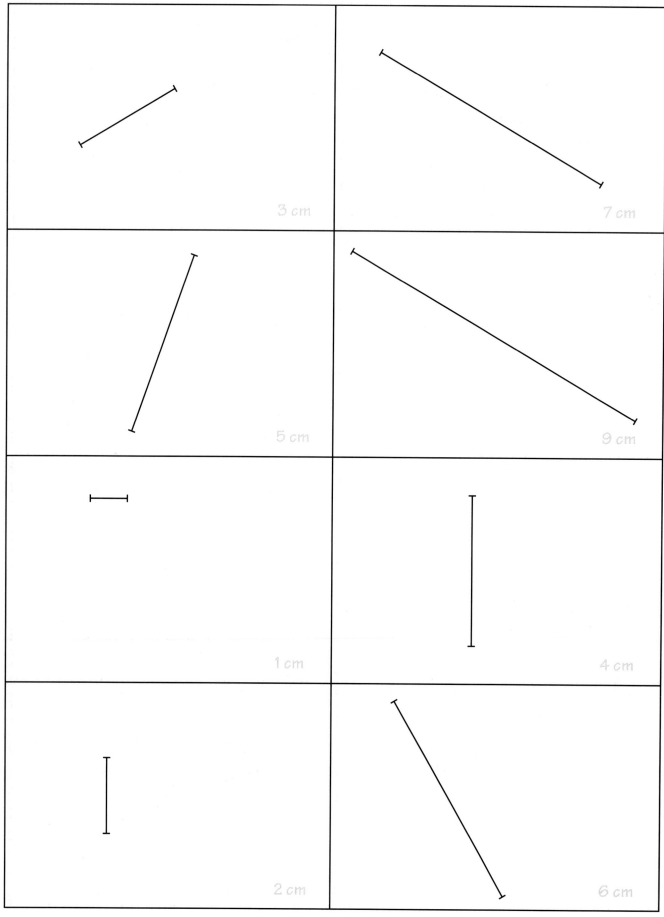

196

Spiel 2   Schätzspiel

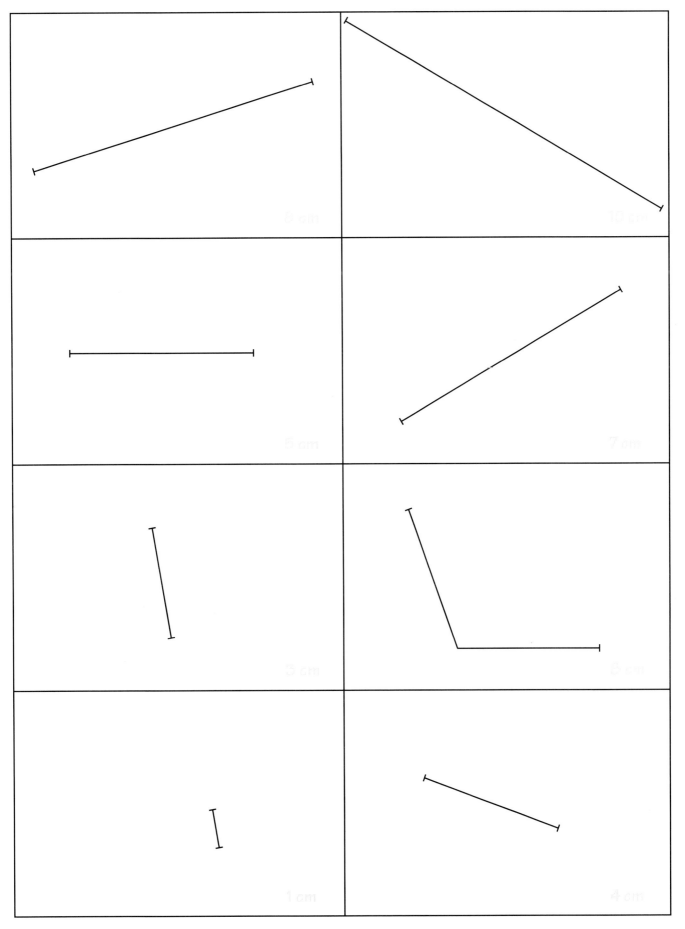

Spiel 3   Puzzle (S. 200–209)

Beschreibung:

Anleitung:
- Puzzles auf farbiges Tonpapier kopieren, folieren und zurechtschneiden.

Achtung! Nur Lösungskärtchen mit Bild zerschneiden.
Diese müssen auf die Aufgabenkarte, die an der gestrichelten Linie auszuschneiden ist, aufgelegt werden. Das entstandene Bild dient als Selbstkontrolle.
Aufbewahrung in Schachteln oder Umschlägen.

Hinweis: Am Ende des Schuljahres können die Puzzles bei einer Rechenreise als Wiederholung eingesetzt werden.

Eigene Ideen:

Spiel 4   Einmaleins-Quartett (S. 210–213)

Beschreibung:

Anleitung:
- Kartenspiel, das nach den Regeln eines Quartettspiels eingesetzt werden kann. 4 Karten (eine Aufgabenfamilie) bilden ein Quartett.

Herstellung: Kopieren/ Folieren/ Ausschneiden

Hinweis: Ein Quartett gilt nur dann als vollständig, wenn alle 4 Aufgaben mündlich gelöst werden.

Eigene Ideen:

Spiel 3 Puzzle

Lernziel: Plus- und Minus mit einstelligen Zahlen und Übergang

Puzzle Frederick

74 + 7 = ☐	27 + 8 = ☐	54 − 8 = ☐	42 + 9 = ☐
61 − 3 = ☐	42 − 4 = ☐	88 + 5 = ☐	93 − 6 = ☐
37 − 8 = ☐	36 + 7 = ☐	72 − 6 = ☐	28 + 4 = ☐

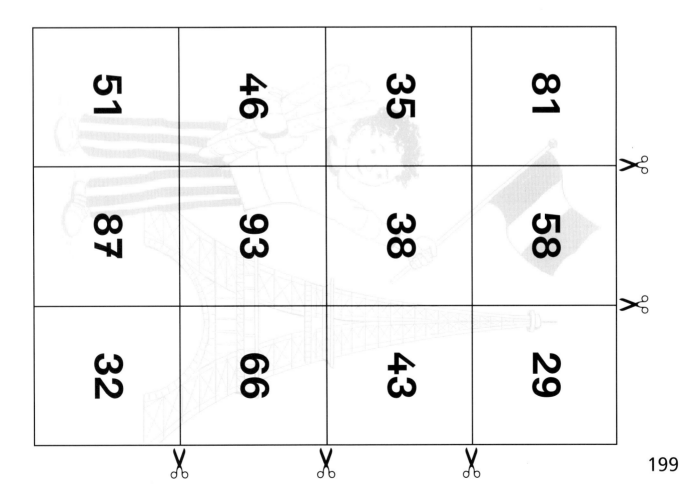

Spiel 3   Puzzle

Lernziel: Plus mit Zehnerzahlen, zweistelligen Zahlen ohne Übergang
Minus mit Zehnerzahlen, zweistelligen Zahlen ohne Übergang

88 − 51 = ☐	20 + 60 = ☐	45 + 32 = ☐	100 − 20 = ☐
60 − 40 = ☐	13 + 52 = ☐	89 − 35 = ☐	73 − 20 = ☐
55 + 14 = ☐	40 + 28 = ☐	36 − 23 = ☐	70 + 30 = ☐

Puzzle Max

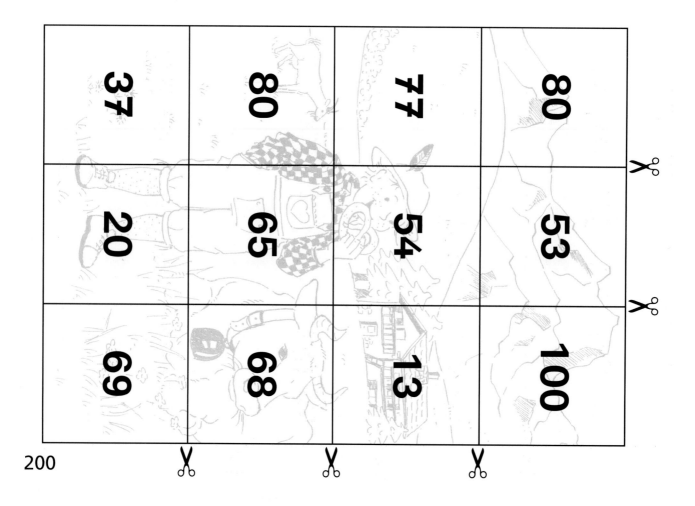

37	80	77	80
20	65	54	53
69	68	13	100

200

Spiel 3   Puzzle

Lernziel: Plus und Minus mit Längenmaßen

Puzzle Björn

12 m + 40 m = ☐	70 m + 11 m = ☐	32 m + 9 m = ☐	100 m − 9 m = ☐
77 m + 8 m = ☐	30 m + 18 m = ☐	96 m − 9 m = ☐	80 m − 51 m = ☐
80 m − 42 m = ☐	66 m − 8 m = ☐	99 m − 30 m = ☐	46 m + 46 m = ☐

52 m	81 m	41 m	91 m
85 m	48 m	87 m	29 m
38 m	58 m	69 m	92 m

201

Spiel 3   Puzzle

Lernziel: Plus und Minus mit zweistelligen Zahlen und Übergang

63 − 27 = ☐	84 − 46 = ☐	58 + 25 = ☐	32 + 19 = ☐
85 − 17 = ☐	22 + 19 = ☐	19 + 33 = ☐	62 − 27 = ☐
24 + 58 = ☐	36 + 36 = ☐	55 − 28 = ☐	54 − 46 = ☐

Puzzle Muharrem

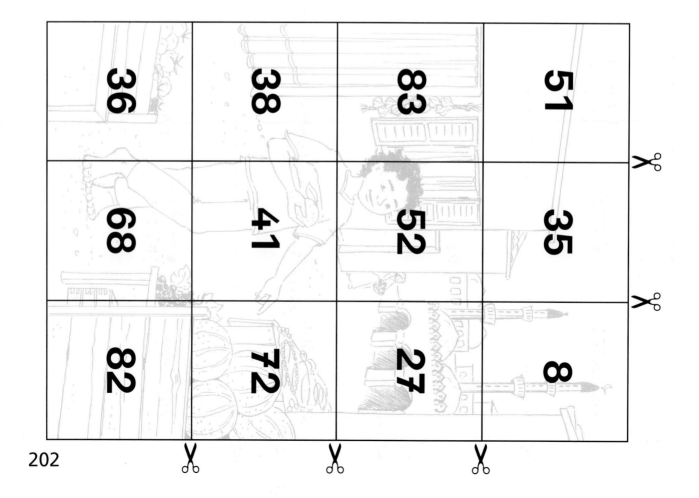

202

Spiel 3 Puzzle

Lernziel: Benennen von Uhrzeiten

Puzzle Angelina

12.08 Uhr	4.30 Uhr	dreiviertel 9	viertel nach 4
viertel nach 7	10.45 Uhr	11.55 Uhr	5.29 Uhr
13.30 Uhr	halb 6 Uhr	16.20 Uhr	18.37 Uhr

203

Spiel 3   Puzzle

Lernziel: Grundaufgaben: Einmaleins mit 2, 1, 0

Puzzle Quang

8 · 0 = ☐	9 · 2 = ☐	10 : 1 = ☐	18 : 2 = ☐
6 : 2 = ☐	10 : 2 = ☐	4 · 1 = ☐	7 · 2 = ☐
8 · 2 = ☐	8 · 1 = ☐	6 · 2 = ☐	10 · 2 = ☐

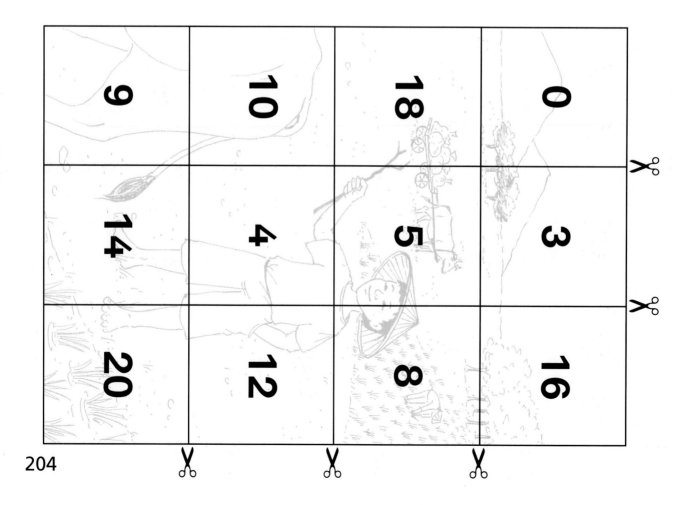

204

Spiel 3   Puzzle

Lernziel: Zwillingsaufgaben

Puzzle Priscilla

2 · 2 = ☐	9 = ☐ · ☐	36 = ☐ · ☐	49 = ☐ · ☐
25 = ☐ · ☐	9 · 9 = ☐	10 · 10 = ☐	6 · 6 = ☐
1 · 1 = ☐	8 · 8 = ☐	16 = ☐ · ☐	81 = ☐ · ☐

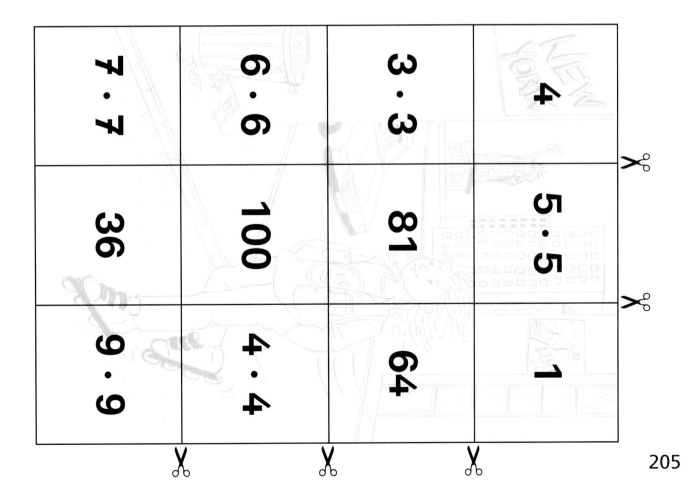

4	3 · 3	6 · 6	7 · 7
5 · 5	81	100	36
1	64	4 · 4	9 · 9

205

Spiel 3   Puzzle

Lernziel: Verschiedene Einmaleinsreihen

Puzzle Linda

5 · 6 = ☐	2 · 7 = ☐	3 · 7 = ☐	5 · 9 = ☐
5 · 8 = ☐	9 · 4 = ☐	4 · 3 = ☐	8 · 7 = ☐
2 · 9 = ☐	3 · 5 = ☐	7 · 4 = ☐	3 · 8 = ☐

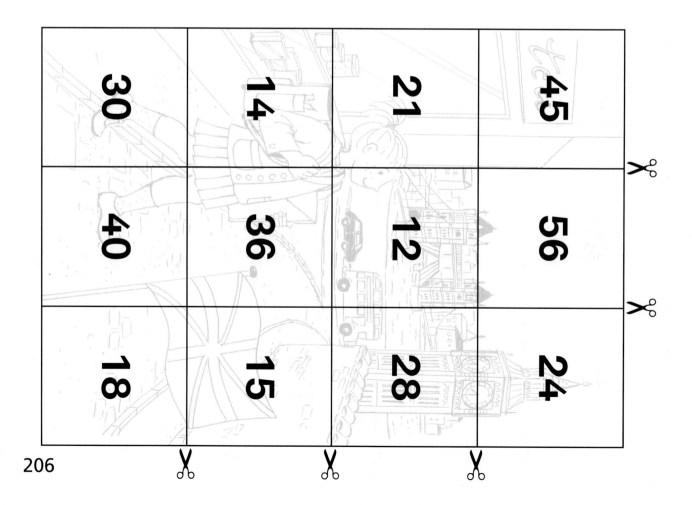

30	14	21	45
40	36	12	56
18	15	28	24

206

Spiel 3 Puzzle

Lernziel: Grundaufgaben: Einmaleins mit 5

Puzzle Rubina

8 · 5 = ☐	45 : 5 = ☐	50 : 5 = ☐	40 : 5 = ☐
7 · 5 = ☐	15 : 5 = ☐	6 · 5 = ☐	9 · 5 = ☐
10 · 5 = ☐	10 : 5 = ☐	30 : 5 = ☐	20 : 5 = ☐

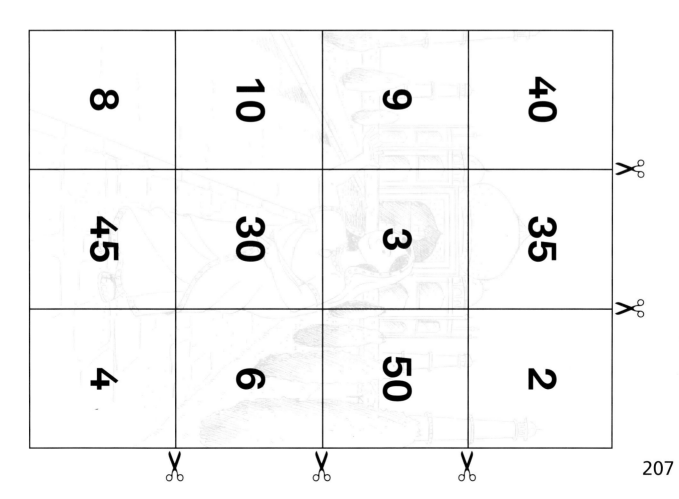

40	9	10	8
35	3	30	45
2	50	6	4

207

Spiel 3   Puzzle

Lernziel: Grundaufgaben: Einmaleins mit 10

Puzzle Lydia

60 : 10 = ☐	7 · 10 = ☐	3 · 10 = ☐	10 · 10 = ☐
9 · 10 = ☐	90 : 10 = ☐	20 : 10 = ☐	50 : 10 = ☐
6 · 10 = ☐	10 : 10 = ☐	10 · 8 = ☐	4 · 10 = ☐

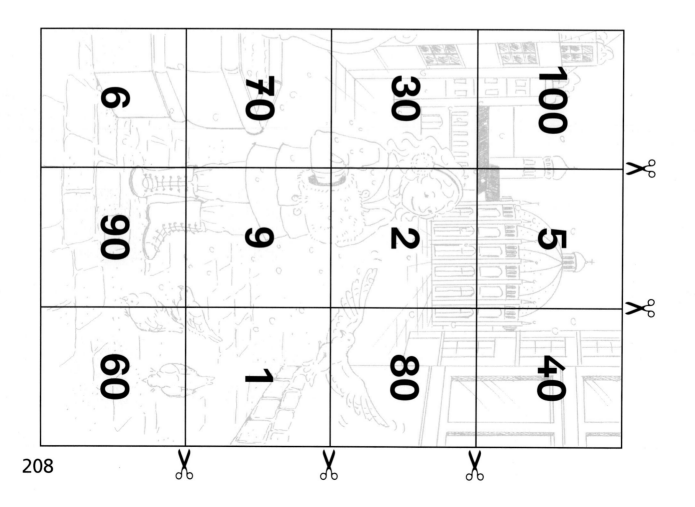

Spiel 4 Einmaleins-Quartett

Vorderseite   Rückseite

3 · 2 = ☐   6 : 3 = ☐

2 · 3 = ☐   6 : 2 = ☐

5 · 4 = ☐   20 : 5 = ☐

4 · 5 = ☐   20 : 4 = ☐

9 · 4 = ☐   36 : 4 = ☐

4 · 9 = ☐   36 : 9 = ☐

Spiel 4 Einmaleins-Quartett

Vorderseite | Rückseite

8 · 10 = ☐ | 80 : 10 = ☐

10 · 8 = ☐ | 80 : 8 = ☐

6 · 5 = ☐ | 30 : 5 = ☐

5 · 6 = ☐ | 30 : 6 = ☐

8 · 2 = ☐ | 16 : 2 = ☐

2 · 8 = ☐ | 16 : 8 = ☐

210

Spiel 4 — Einmaleins-Quartett

Vorderseite | Rückseite

| 2 · 9 = ☐ | 18 : 2 = ☐ |
| 9 · 2 = ☐ | 18 : 9 = ☐ |

| 7 · 8 = ☐ | 56 : 8 = ☐ |
| 8 · 7 = ☐ | 56 : 7 = ☐ |

| 7 · 5 = ☐ | 35 : 5 = ☐ |
| 5 · 7 = ☐ | 35 : 7 = ☐ |

Spiel 4 Einmaleins-Quartett

Vorderseite · Rückseite

| 1 · 2 = ☐ | 2 : 2 = ☐ |
| 2 · 1 = ☐ | 2 : 1 = ☐ |

| 9 · 8 = ☐ | 72 : 8 = ☐ |
| 8 · 9 = ☐ | 72 : 9 = ☐ |

| 10 · 4 = ☐ | 40 : 4 = ☐ |
| 4 · 10 = ☐ | 40 : 10 = ☐ |

Offene Kopiervorlagen

Offene Kopiervorlagen, die beliebig ausgefüllt werden können, dienen zur Arbeitserleichterung beim Vorbereiten von Übungsstunden. Sie ermöglichen, ganz gezielt auf die aktuelle und konkrete Unterrichtssituation einzugehen. Die Lehrkraft kann genau solche Aufgabentypen auswählen, die durch einen besonders hohen Fehleranteil aufgefallen sind und kann für einzelne Kinder ganz individuell Aufgaben zusammenstellen.

Reichen die angebotenen Zusatzmaterialien nicht aus bzw. werden (für einige Kinder) weitere Übungen erforderlich, können hier selbst Aufgaben eingetragen werden.

Die angebotenen Vorlagen beziehen sich immer auf solche Aufgabentypen, die bereits aus dem Schulbuch bzw. aus dem Arbeitsheft bekannt sind. Auf eine zusätzliche Nutzungserläuterung wird deshalb verzichtet.

Für jede Kopiervorlage wurde immer eine spezielle Aufgabenform, z. B. Zahlzerlegung in Zahlenhäusern oder Rechentafeln ausgewählt. Manchmal werden auch verschiedene Varianten zu einer Aufgabenform angeboten. Es besteht natürlich auch die Möglichkeit, ein Arbeitsblatt aus verschiedenen Vorlagen zusammenzustellen.

Im Lehrerband für die Jahrgangsstufe 1 existieren bereits eine Reihe von Vorlagen, die auch für die 2. Jahrgangsstufe hilfreich sein können (insbesondere K 8 bis 14). Hier eine Übersicht der Vorlagen aus Band 1:

Nr.	Thema	Begleit-materialien
1	Ziffern schreiben	202
2	Immer ☐ von einer Sorte (reale Objekte)	203
3	Immer ☐ von einer Sorte (geometrische Objekte)	204
4	Zahlen bzw. Mengenbilder eintragen	205
5	Zahlenketten, Vorgänger – Nachfolger	206
6	Zahlen zerlegen	207
7	Plus- und Minusaufgaben am Zahlenstrahl bis 10	208
8	Plus- Minusaufgaben am Zahlenstrahl bis 20	209
9	Tauschaufgaben/ Umkehraufgaben	210
10	Plus- und Minusaufgaben am Zwanzigerfeld	211
11	Rechnen mit Pfeilen	212
12	Turmzahlen und Kellerzahlen	213
13	Uhrzeit	214
14	Geobrett	215

Offene Kopiervorlagen

	Übersicht zu den Vorlagen Klasse 2 (fortlaufende Nummerierung)	Begleit-materialien
15	Kopfrechenblatt für tägliche Übungen	215
16	Mengen zu vorgegeben Anzahlen bilden/ Bündeln mit 10 (reale Objekte) Beliebig viele der 100 Objekte können vor dem Kopieren abgedeckt werden.	216
17	Zahlenstrahl bis 100 bzw. zum Selbsteintragen	217
18	Hunderterquadrat zum Orientieren und zum Selbsteintragen	185/186
19	Supermarkt „Malkauf" (Zeichnen und Zuordnen von Malaufgaben)	218
20	Wochenmarkt „Aufteilen und Verteilen"	219
21	Einmaleins-Maschine (Ergänzen einer beliebigen Einmaleinsreihe)	220
22	Einsdurcheins-Maschine (Ergänzen einer beliebigen Einsdurcheinsreihe)	221
23	Kontrollblatt zum Einmaleins	237
24	Kontrollblatt zum Einsdurcheins	238

15 Offene Kopiervorlage – Kopfrechenblatt

Datum	1.	2.	3.	4.	5.	6.	7.	8.	9.	10.	Fehler

16 Offene Kopiervorlage – Mengen bilden/ Bündeln

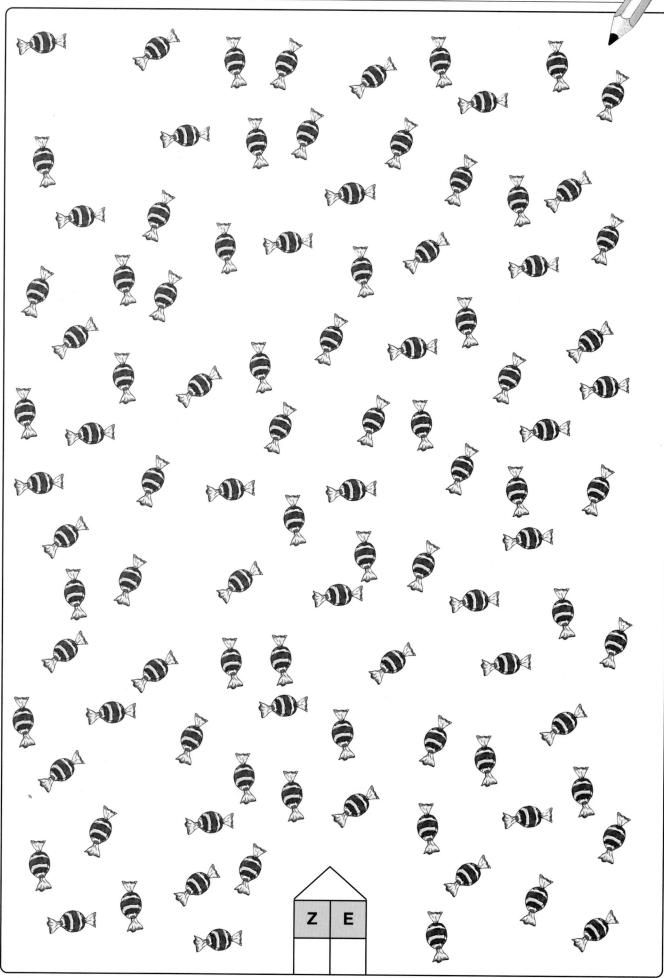

17 Offene Kopiervorlage – Zahlenstrahl bis 100

|0   10   20   30   40   50   60   70   80   90   100|

|0   10   20   30   40   50   60   70   80   90   100|

|0   10   20   30   40   50   60   70   80   90   100|

18 Offene Kopiervorlage – Supermarkt „Malkauf"

SUPERMARKT MALKAUF

SPORT

SCHREIBWAREN

LEBENSMITTEL

SPIELWAREN

KINDERMODE

HAUSHALT

218

19 Offene Kopiervorlage – Wochenmarkt „Teilkauf"

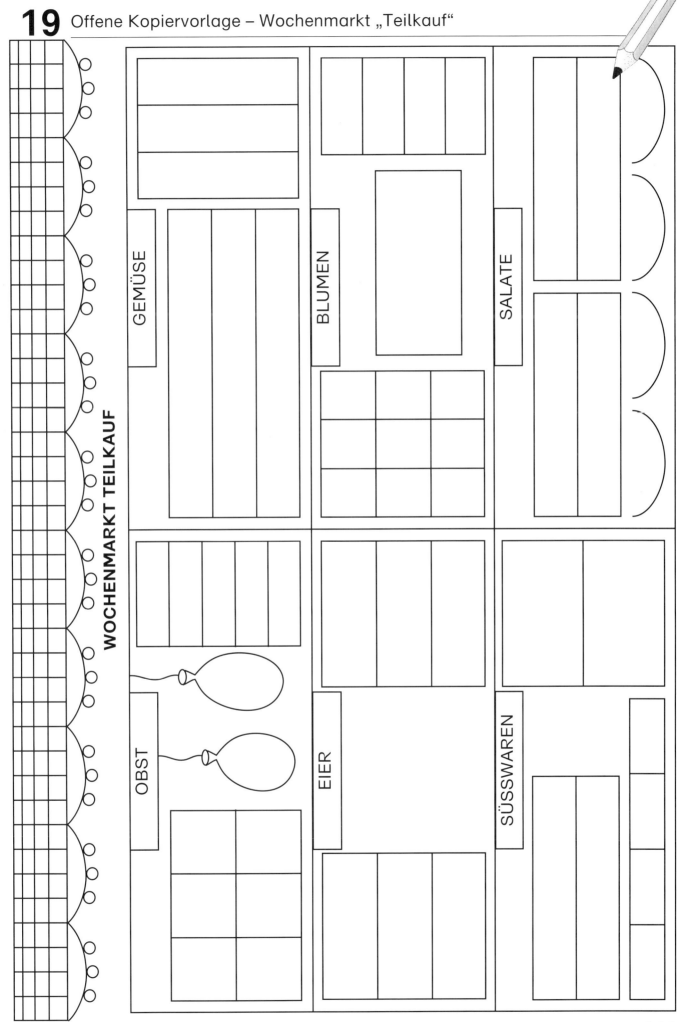

20 Offene Kopiervorlage – Einmaleins-Maschine

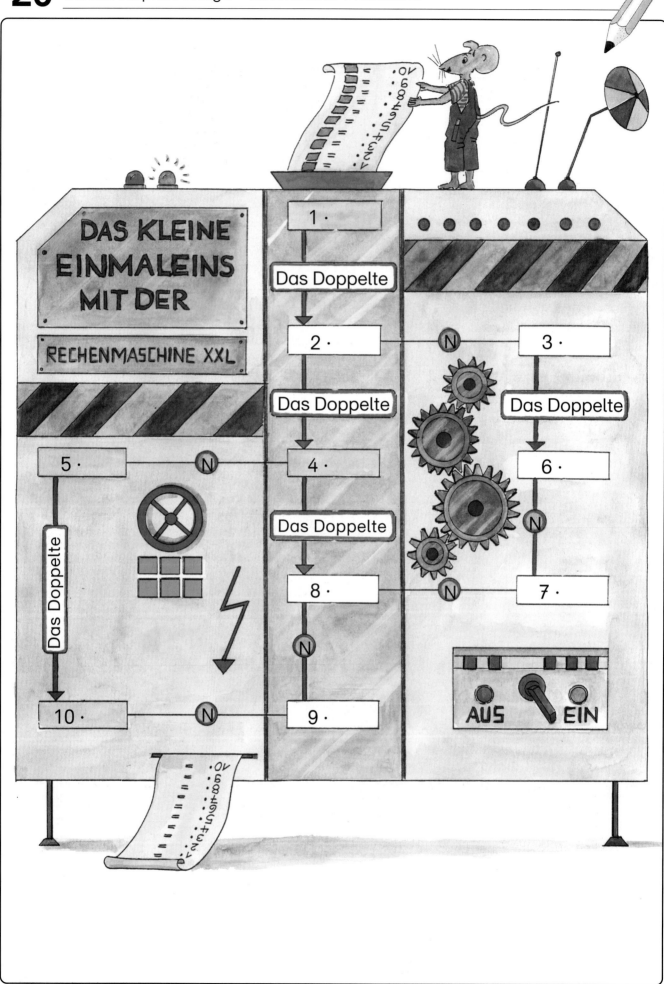

22 Offene Kopiervorlage – Einsdurcheins-Maschine

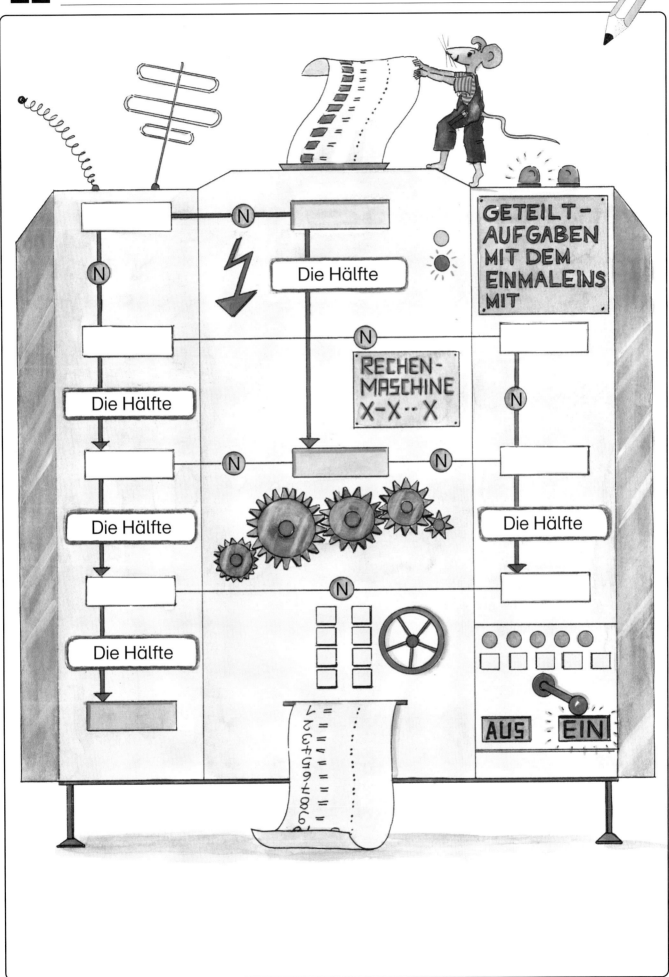

Lösungen Arbeitsheft

Lösungen Arbeitsheft / S. 1–4

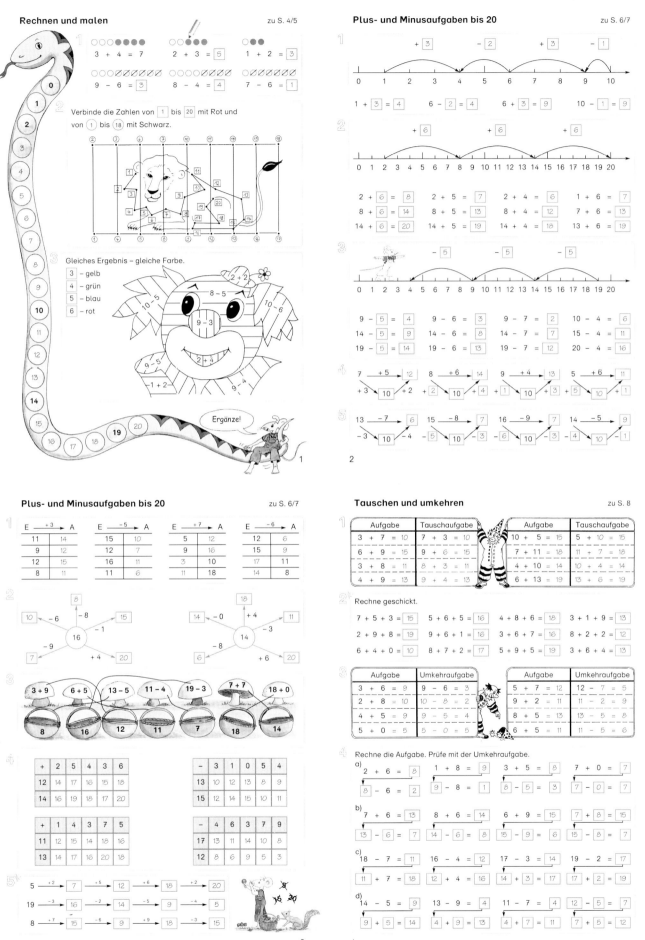

Lösungen Arbeitsheft / S. 5–8

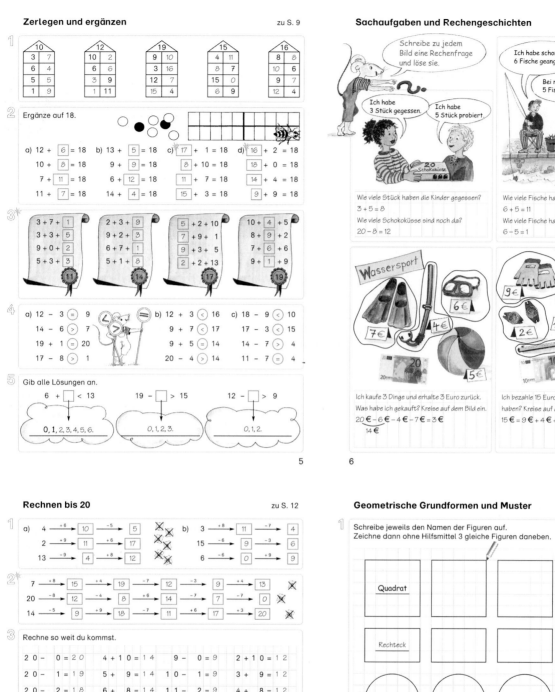

Lösungen Arbeitsheft / S. 9–12

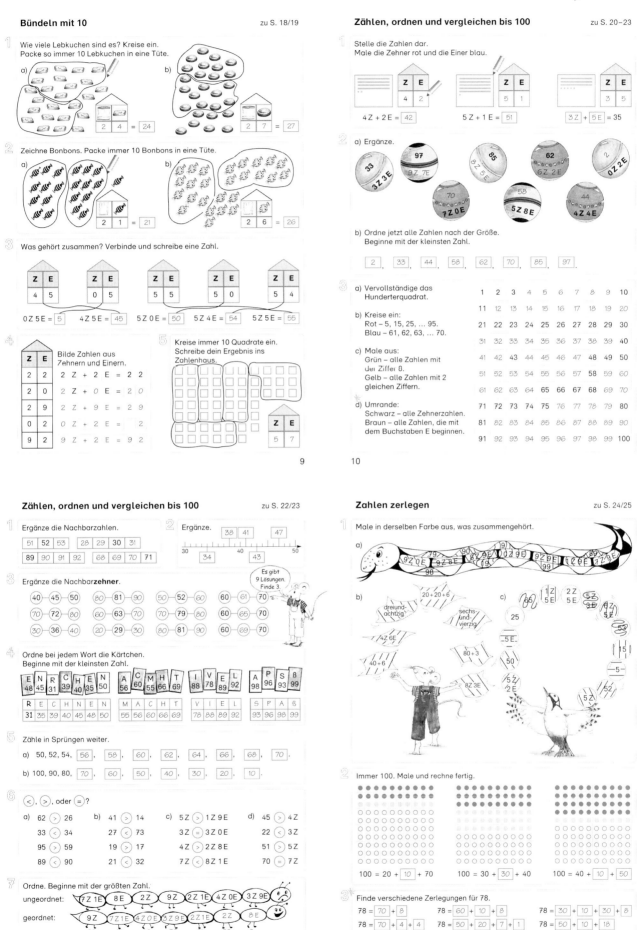

Lösungen Arbeitsheft / S. 13–16

Lösungen Arbeitsheft / S. 17–20

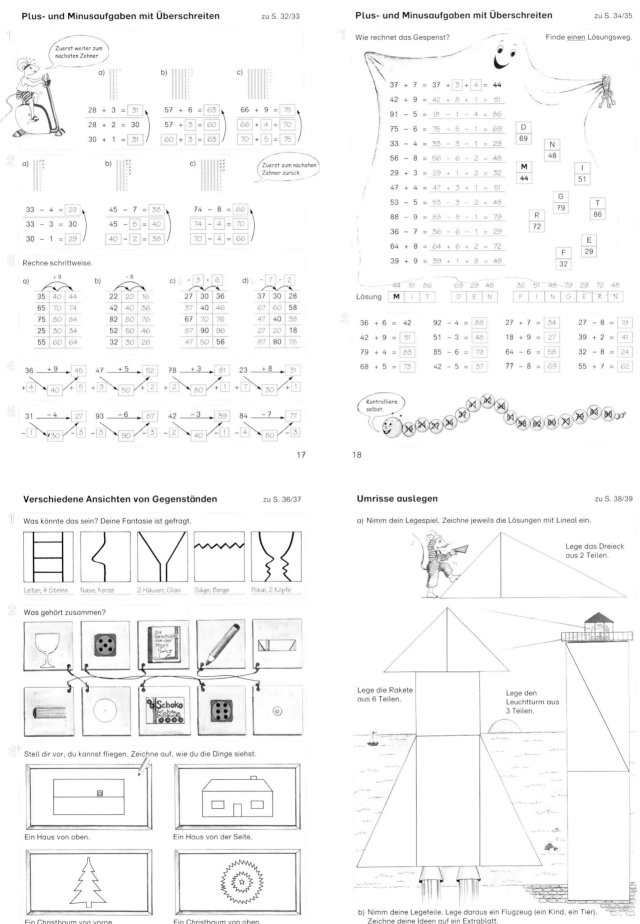

Lösungen Arbeitsheft / S. 21 – 24

Übungen zum Kalender   zu S. 40/41

1 Nimm einen Kalender von diesem Jahr. Dann ergänze.

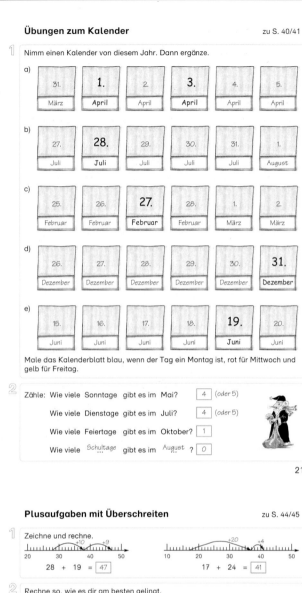

Male das Kalenderblatt blau, wenn der Tag ein Montag ist, rot für Mittwoch und gelb für Freitag.

2 Zähle: Wie viele Sonntage gibt es im Mai? 4 (oder 5)
Wie viele Dienstage gibt es im Juli? 4 (oder 5)
Wie viele Feiertage gibt es im Oktober? 1
Wie viele Schultage gibt es im August? 0

Plus- und Minusaufgaben mit zweistelligen Zahlen   zu S. 42/43

1 Zeichne und rechne.

23 + 12   23 + 2 + 10 = 35
33 − 12   33 − 2 − 10 = 21

2
a) 47 + 11 = 58   b) 61 + 23 = 84
25 + 22 = 47   72 + 16 = 88
34 + 15 = 49   43 + 24 = 67
53 + 36 = 89   57 + 31 = 88

c) 45 − 11 = 34   d) 38 − 15 = 23
54 − 12 = 42   46 − 24 = 22
67 − 25 = 42   92 − 31 = 61
89 − 53 = 36   56 − 33 = 23

3 Male pro Ergebnis ein Lösungsfeld aus.

52 + 36 = 88
83 + 16 = 99
26 + 71 = 97
29 − 13 = 16
45 − 34 = 11
67 − 46 = 21
88 − 27 = 61
34 − 22 = 12
92 − 61 = 31
56 − 33 = 23

Plusaufgaben mit Überschreiten   zu S. 44/45

1 Zeichne und rechne.

28 + 19 = 47   17 + 24 = 41

2 Rechne so, wie es dir am besten gelingt.

27 + 36 = 63   39 + 44 = 83   68 + 23 = 91   66 + 16 = 82
20 + 30 = 50   39 + 40 = 79   68 + 3 = 71   66 + 10 = 76
7 + 6 = 13   79 + 4 = 83   71 + 20 = 91   76 + 6 = 82
50 + 13 = 63

74 + 19 = 93   17 + 48 + 9 = 74   16 + 36 + 26 = 78
74 + 20 = 94   17 + 50 = 67   16 + 30 = 46
94 − 1 = 93   67 − 2 = 65   46 + 6 = 52
              65 + 9 = 74   52 + 20 = 72
                             72 + 6 = 78

3
+20 −1:
65 85 84
33 53 52
47 67 66
59 79 78
+19

+30 −2:
15 45 43
24 54 52
51 81 79
32 62 60
+28

4 2 Aufgaben – gleiches Ergebnis
18 + 26 = 44 und 20 + 24 = 44
39 + 17 = 56 und 40 + 16 = 56
46 + 49 = 95 und 45 + 50 = 95
37 + 28 = 65 und 35 + 30 = 65
59 + 16 = 75 und 60 + 15 = 75

5
14 40 18 56
73 99 33 71
56 +26 82 44 +38 82
65 91 56 94
44 70 29 67

6 Maria sammelt Sticker. Sie hat schon 63. Ihr Onkel schenkt ihr noch 19 Stück. Wie viele Sticker hat sie jetzt?
R: 63 + 19 = 82
A: Sie hat 82 Sticker.

Minusaufgaben mit Überschreiten   zu S. 46/47

1 Zeichne und rechne.

41 − 17 = 24   71 − 15 = 56

2 Schreibe einen Rechenweg und löse.

54 − 16 = 38   71 − 23 = 48   98 − 49 = 49   67 − 46 = 21
54 − 10 = 44   71 − 3 = 68   98 − 50 = 48   67 − 6 = 61
44 − 6 = 38   68 − 20 = 48   48 + 1 = 49   61 − 40 = 21

48 − 29 = 19   96 − 38 − 26 = 32   63 − 33 − 26 = 4
48 − 30 = 18   96 − 40 = 56   63 − 33 = 30
18 + 1 = 19   56 − 2 = 58   30 − 26 = 4
              58 − 26 = 32

3
−7 −20:
33 26 6
45 38 18
82 75 55
54 47 27
−27

−30 +2:
47 17 19
66 36 38
107 77 79
119 89 91
−28

4 2 Aufgaben – gleiches Ergebnis
42 − 19 = 23 und 43 − 20 = 23
64 − 28 = 36 und 66 − 30 = 36
31 − 17 = 14 und 30 − 16 = 14
52 − 34 = 18 und 50 − 16 = 18
73 − 39 = 34 und 74 − 40 = 34

5
53 − 19 = 34   D
87 − 28 = 59   U
22 − 14 = 8   B
49 − 11 = 38   I
75 − 46 = 29   S
95 − 67 = 28   T

38 − 20 = 18   N
80 − 21 = 59   U
91 − 73 = 18   N
64 − 37 = 27   F
80 − 42 = 38   I
85 − 57 = 28   T

Lösungen Arbeitsheft / S. 25–28

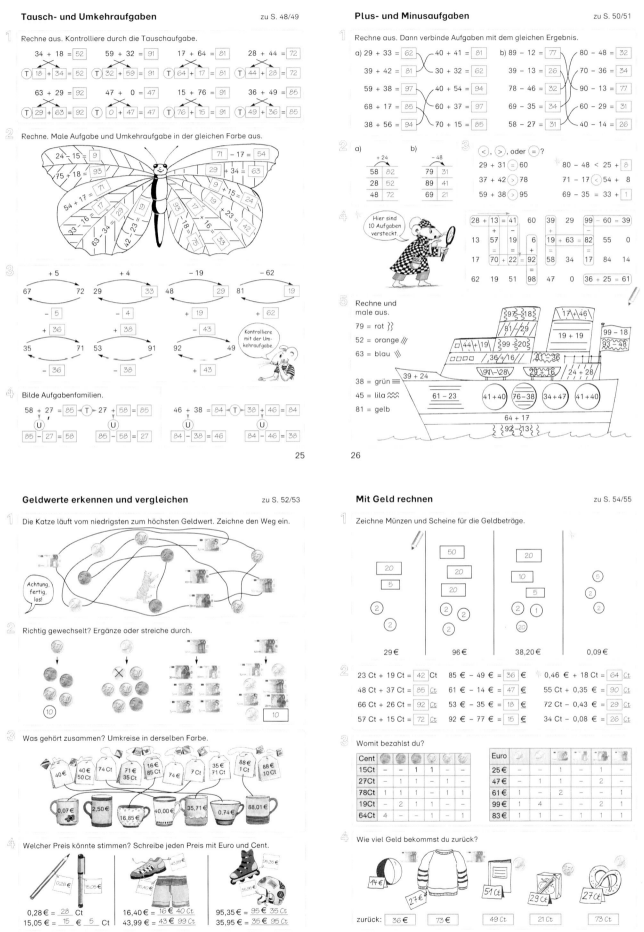

Lösungen Arbeitsheft / S. 29–32

Zeiteinheiten üben — zu S. 58/59

1 Schreibe immer die 2 möglichen Uhrzeiten dazu.

7.00 morgens	24.00/0.00 nachts	3.00 nachts	5.00 morgens	9.00 morgens
19.00 abends	12.00 mittags	15.00 nachmittags	17.00 nachmittags	21.00 abends

2 Zeichne die Zeiger ein. Stundenzeiger rot, Minutenzeiger blau.

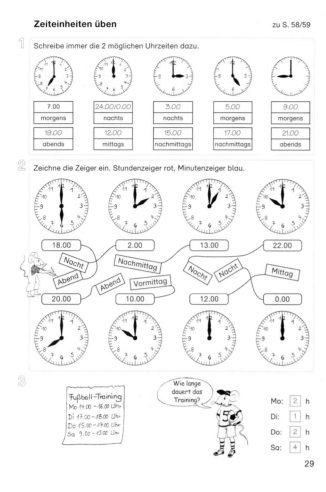

18.00 Nacht – 20.00
2.00 Abend – 10.00
13.00 Abend/Vormittag – 12.00
22.00 Nacht/Nacht – 0.00
Mittag

3 Fußball-Training
Mo 14.00–16.00 Uhr
Di 17.00–18.00 Uhr
Do 15.00–17.00 Uhr
Sa 9.00–13.00 Uhr

Wie lange dauert das Training?

Mo: 2 h
Di: 1 h
Do: 2 h
Sa: 4 h

Zeiteinheiten üben — zu S. 60

1 Wie viele Minuten sind vergangen?

15 min   25 min   30 min   35 min   55 min

2 Wie spät ist es?

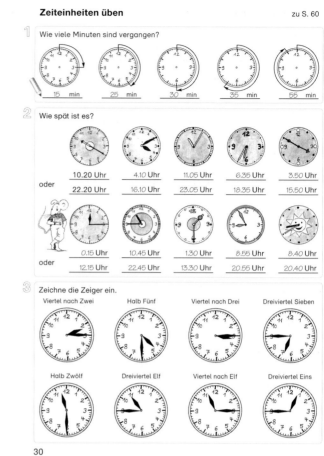

10.20 Uhr / 22.20 Uhr
4.10 Uhr / 16.10 Uhr
11.05 Uhr / 23.05 Uhr
6.35 Uhr / 18.35 Uhr
3.50 Uhr / 15.50 Uhr

0.15 Uhr / 12.15 Uhr
10.45 Uhr / 22.45 Uhr
1.30 Uhr / 13.30 Uhr
8.55 Uhr / 20.55 Uhr
8.40 Uhr / 20.40 Uhr

3 Zeichne die Zeiger ein.

Viertel nach Zwei — Halb Fünf — Viertel nach Drei — Dreiviertel Sieben
Halb Zwölf — Dreiviertel Elf — Viertel nach Elf — Dreiviertel Eins

Sachaufgaben — zu S. 61–63

1. Können Anna und Moritz die Burg jetzt besichtigen? Wie viel Zeit haben die Kinder dazu?
   Anna und Moritz können die Burg besichtigen (Mo–Do). Sie haben noch 2 h Zeit.

2. Wie viele Stunden und Minuten kann man die Burg am Mittwochnachmittag besuchen?
   Am Mittwochnachmittag sind 2 h und 15 min Besichtigungszeit.

3. Wann hat man am wenigsten Zeit für eine Besichtigung?
   Am wenigsten Zeit ist Mo bis Do nachmittag: 2 h 15 min. Freitags ist geschlossen (0 h). Sa und So sind 2 h und 30 min Zeit, genauso Mo bis Do vormittag.

4. Wie viele Tage dauert das Burgfest?
   Das Burgfest dauert 6 Tage.

5. An welchem Wochentag beginnt das Burgfest, an welchem Wochentag endet es? Schau in deinem Kalender nach.
   Es könnte am Dienstag beginnen und Sonntag enden.

6. Herr und Frau Hein besichtigen mit ihren 3 Kindern Burg Schreckenstein. Wie viel kostet der Eintritt?
   R: 4 € + 4 € + 2 € + 2 € + 2 € = 14 €
   A: Der Eintritt kostet 14 €.

7. ★ Frau Hein bezahlt mit einem 50-Euro-Schein.
   F: Wie viel Geld erhält sie zurück?
   R: 50 – 14 € = 36 €
   A: Sie erhält 36 € zurück.

Mein Ideenblatt für Geometrie — zu S. 66/67

Male aus den vorgegebenen Figuren ein Bild.
Du kannst auch noch andere geometrische Formen „einbauen".
Nimm dazu Farbstifte. Gib dem Bild einen Namen.

Meine Ideen für ein Bild mit geometrischen Formen

Lösungen Arbeitsheft / S. 33–36

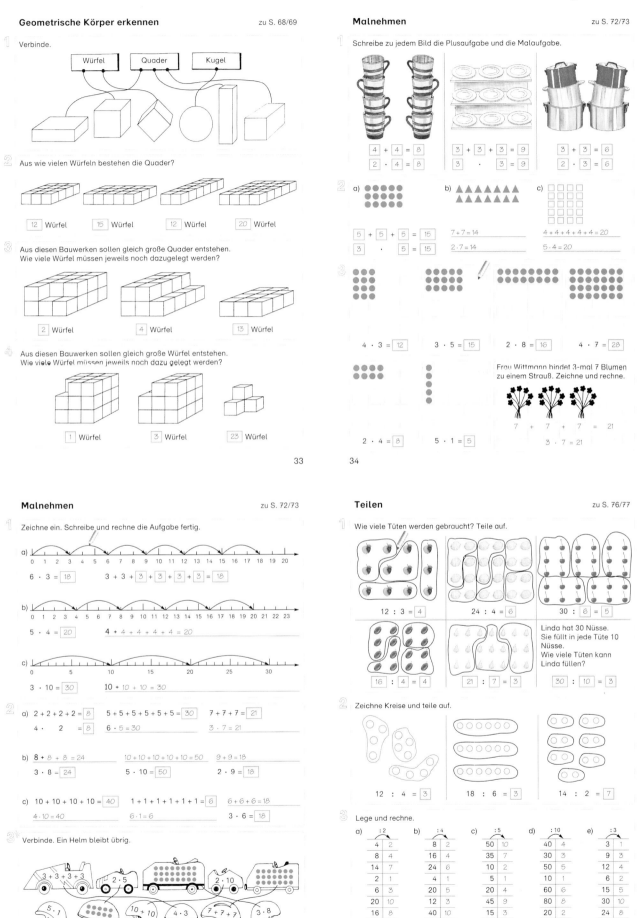

Lösungen Arbeitsheft / S. 37–40

Teilen zu S. 76/77

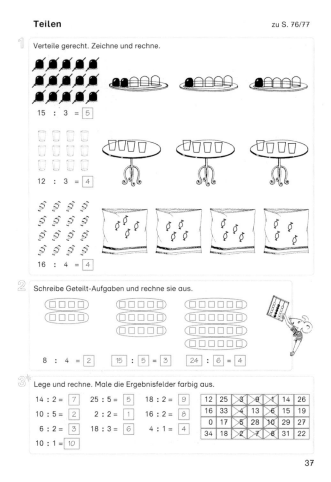

Tausch- und Umkehraufgaben zu S. 78/79

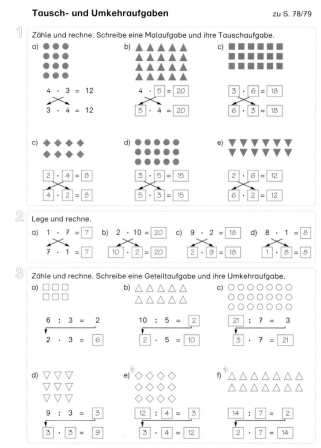

Verwandte Aufgaben zu S. 80/81

Mit Längenmaßen messen zu S. 84/85

Maße	Höhe der Schultasche	Breite der Schultasche
Daumenbreite	z.B. 20	30
Schritt	1	1
Handspanne	2	3
Fuß	2	3
Körpergröße	–	–

1 m: Tisch (lang), Stuhllehne (hoch)

2 m: Bett (breit), Schrank (hoch)

3 m: Schrank (lang), Teppich (lang)

Maßband
Lineal
Messstab (Zollstock)

Lösungen Arbeitsheft / S. 41 – 44

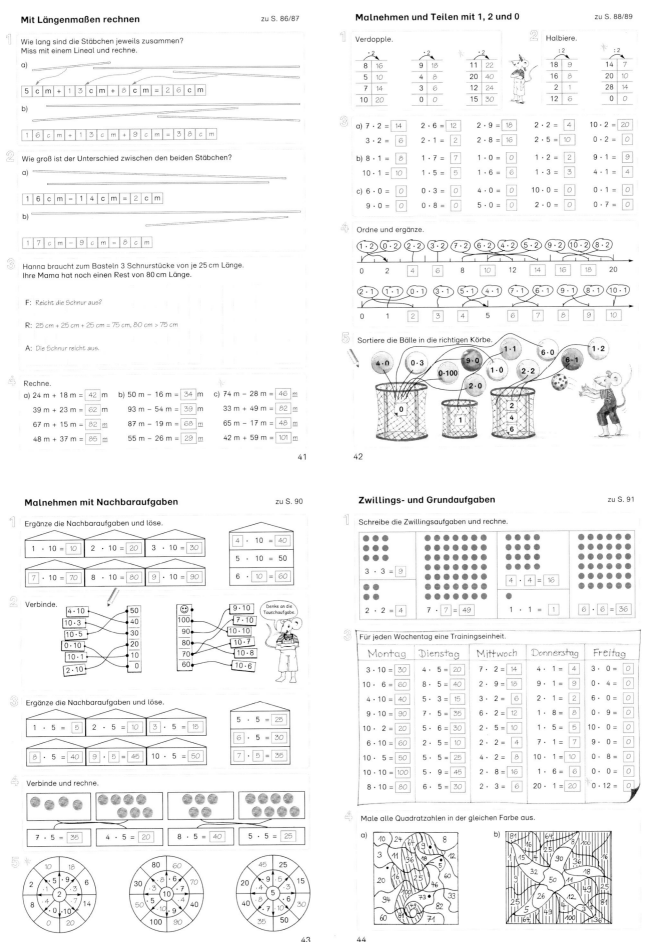

Lösungen Arbeitsheft / S. 45–48

Zwillings- und Grundaufgaben
zu S. 88–91

1
a) ·2: 4→8, 8→16, 9→18, 7→14, 3→6
b) ·5: 3→15, 5→25, 1→5, 9→45, 2→10
c) :10: 70→7, 40→4, 100→10, 20→2, 80→8
d) :5: 50→10, 25→5, 5→1, 15→3, 30→6
e) :2: 10→5, 14→7, 18→9, 2→1, 12→6

2 Rechne. Streiche die Ergebnisse durch.

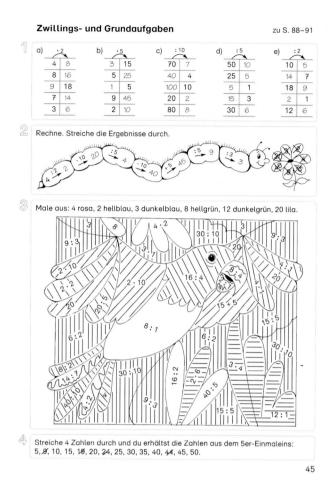

3 Male aus: 4 rosa, 2 hellblau, 3 dunkelblau, 8 hellgrün, 12 dunkelgrün, 20 lila.

4 Streiche 4 Zahlen durch und du erhältst die Zahlen aus dem 5er-Einmaleins:
5, ~~8~~, 10, 15, ~~18~~, 20, ~~24~~, 25, 30, 35, 40, ~~44~~, 45, 50.

Aufgaben zerlegen und zusammensetzen / Teilen mit Rest
zu S. 92/93

1
a) 2·4 = 8, 3·4 = 12, 4·4 = 16, 5·4 = 20, 6·4 = 24
b) 0·3 = 0, 1·3 = 3, 2·3 = 6, 3·3 = 9, 4·3 = 12

2 Rechne immer erst die beiden unteren Aufgaben.
7·6 = 42: 6·6 = 36, 1·6 = 6
9·8 = 72: 8·8 = 64, 1·8 = 8
9·5 = 45: 10·5 = 50, 1·5 = 5

3
20:4 = 5: 16:4 = 4, 4:4 = 1
30:5 = 6: 25:5 = 5, 5:5 = 1
18:2 = 9: 20:2 = 10, 2:2 = 1

4 50:5 = 10, 45:5 = 9, 40:5 = 8, 35:5 = 7, 30:5 = 6

5 Teile. Schreibe dazu, welcher Rest bleibt.
a) 9:2 = 4 R 1
b) 11:3 = 3 R 2
c) 12:5 = 2 R 2
d) 13:4 = 3 R 1
e) 12:3 = 4 R 0
f) 14:6 = 2 R 2

6 Finde 2 Zahlen, die beim Teilen durch 5 den Rest 1 lassen, aber durch 4 ohne Rest teilbar sind. 16, 36

Malfolgen ableiten
zu S. 96/97

1 Finde das Einmaleins mit 4. Notiere es dann auf ein Extrablatt.

Das kleine Einmaleins mit der 4:
1·4 = 4
2·4 = 8
3·4 = 12
4·4 = 16
5·4 = 20
6·4 = 24
7·4 = 28
8·4 = 32
9·4 = 36
10·4 = 40

2 Löse. Trage unten ein, was du zuerst rechnest. Schreibe so: 1., 2., 3., 4., 5.

Das Doppelte: 1·9 = 9, 2·9 = 18, 4·9 = 36, 8·9 = 72 (1.)
Die Hälfte: 3·9 = 27, 6·9 = 54 (3.)
Nachbaraufgaben: 10·9 = 90, 2·9 = 18, 5·9 = 45 (4.)
7·9 = 63, 3·9 = 27, 6·9 = 54 (2.)
10·9 = 90, 9·9 = 81 (5.)

3 Setze fort.
1·9 = 9, 2·9 = 18, 3·9 = 27, 4·9 = 36
5·9 = 45, 6·9 = 54, 7·9 = 63, 8·9 = 72
9·9 = 81, 10·9 = 90

Malfolgen ableiten
zu S. 98/99

1
a) Male alle 10er-Zahlen gelb an. Sage dann das Einmaleins mit 10 rückwärts auf.
b) Kreise alle 5er-Zahlen grün ein. Sage dann das Einmaleins mit 5 rückwärts auf.
c) Suche dir selbst Zahlen einer Malfolge und rahme sie rot ein.
d) Wo findest du Zahlen, die beim Teilen durch 5 den Rest 4 lassen?
Spalte mit 9E (9, 19, 29 …)
Spalte mit 4E (4, 14, 24 …)

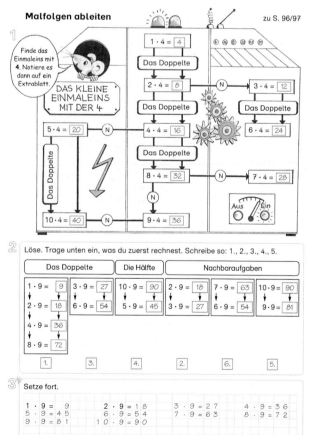

2 Male aus: alle 10er Zahlen gelb, verbleibende 5er Zahlen orange, verbleibende 2er Zahlen rot.

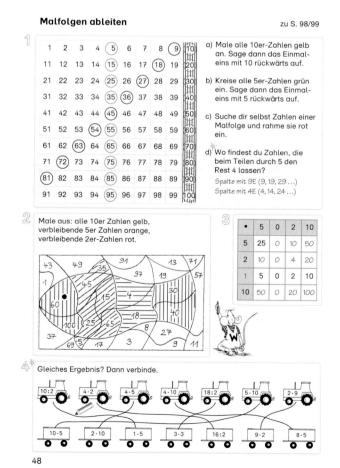

3
·	5	0	2	10
5	25	0	10	50
2	10	0	4	20
1	5	0	2	10
10	50	0	20	100

4 Gleiches Ergebnis? Dann verbinde.
10:2 – 10:5
4·2 – 2·10
4·5 – 1·5
4·10 – 3·3
18:2 – 16:2
5·10 – 9·2
2·9 – 8·5

Lösungen Arbeitsheft / S. 49–42

Malfolgen ableiten
zu S. 96–99

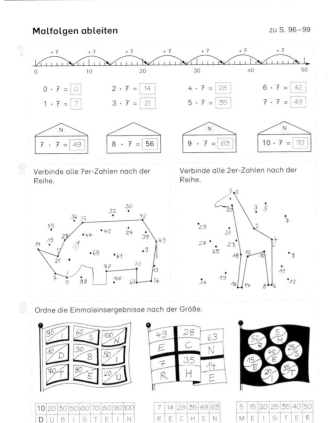

Sachaufgaben
zu S. 102–105

Beim Sportfest

Sarah, Peter, Barbara und Benedikt versuchen sich im Stelzenlaufen.

a) Gemeinsam möchten sie ein Ziel erreichen, das 48 m entfernt ist. Wie weit muss jeder von ihnen laufen, wenn die Strecke gerecht aufgeteilt sein soll?

a) R: 4 8 = 4 0 + 8
4 0 : 4 = 1 0
8 : 4 = 2
1 0 + 2 = 1 2

Kontrolle: 12 + 12 + 12 + 12 = 48

A: Jeder muss 12 m laufen.

b) Insgesamt brauchen sie für den ersten Durchgang 98 Sekunden. Sarah benötigt 23 Sekunden, Peter 25 Sekunden und Barbara 28 Sekunden.

b) F: Wie lange braucht Benedikt?

R: 2 3 + 2 5 + 2 8 = 7 6
      4 8
9 8 – 7 6 = 2 2

A: Benedikt braucht 22 s.

c) Im 2. Durchgang schaffen es die Kinder in 96 Sekunden. Wie lange könnte jeder von ihnen gelaufen sein? Gib mindestens 2 Möglichkeiten an. Schreibe eine Antwort auf.

c) R: 2 4 + 2 4 + 2 4 + 2 4 = 9 6
(1. Möglichkeit)

2 3 + 2 5 + 2 3 + 2 5 = 9 6
(2. Möglichkeit)

A: Jeder könnte 24 s gelaufen sein.

d) Für den 3. Durchgang planen die 4 eine neue Bestzeit mit 22 Sekunden pro Kind. Doch Sarah stürzt und braucht 6 Sekunden länger als abgemacht. Wie schnell müssen nun die 3 anderen Kinder laufen?

d) R: 2 2 + 2 2 + 2 2 + 2 2 = 8 8
                  6 6

Sarah: 2 2 + 6 = 2 8

2 8 + 2 0 + 2 0 + 2 0 = 8 8

A: Jeder muss jetzt 20 s laufen.

Sachaufgaben
zu S. 102–105

Im Zoo

a) Löwen bekommen im Zoo pro Mahlzeit 5 Stücke Fleisch. Am Dienstag und Donnerstag ist für sie jedoch Fasttag. Das ist nötig, da Raubtiere in der Natur auch nicht täglich Beute machen. Wie viele Fleischstücke frisst ein Löwe pro Woche?

R: 5 · 5 = 25

A: 25 Fleischstücke frisst der Löwe pro Woche.

b) Die Seelöwengruppe im Nürnberger Tiergarten besteht aus 6 Tieren. Zusammen verspeisen sie pro Tag 50 Heringe und Makrelen. Wie viele Fische frisst ein einzelnes Tier ungefähr am Tag?

R: 5 0 : 6 = 8 R 2

Kontrolle: 6 · 8 = 48   48 + 2 = 50

A: Ein Tier frisst etwa 8 Fische.

c) Pinguine sind an Land etwas unbeholfen. Im Wasser sind sie aber sehr geschickt und können Höchstgeschwindigkeiten um die 30 Kilometer in der Stunde entwickeln. Tierforscher haben sie 30 Minuten beobachtet.

F: Wie viele Kilometer schaffen Pinguine in 30 min?

R: 1h = 60 min → 30 km
30 min → 30 : 2 = 15 km

A: Pinguine schaffen 15 km in 30 min (halbe Stunde).

d) Ein junges Känguru kann schon bis zu 9 m weit springen. Ein erwachsenes Tier sogar bis zu 13 m. Wie weit kommen die beiden jeweils mit vier solchen Sprüngen?

R: 4 · 9 = 36
oder 9 + 9 + 9 + 9 = 36
1 3 + 1 3 + 1 3 + 1 3 = 5 2
       2 6   2 6

A: Ein junges Känguru kommt mit 4 Sprüngen 36 m weit, ein erwachsenes Tier schafft 52 m.

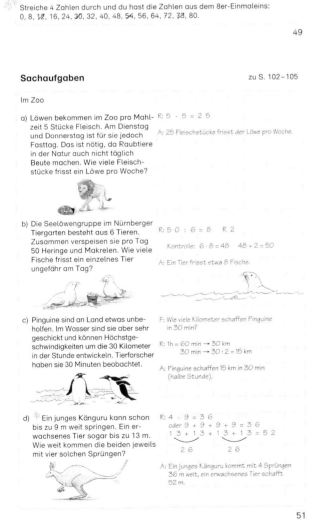

Plus- und Minusaufgaben bis 100 rechnen
zu S. 106/107

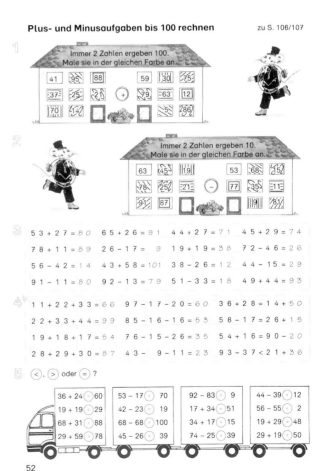

3)
53 + 27 = 80   65 + 26 = 91   44 + 27 = 71   45 + 29 = 74
78 + 11 = 89   26 – 17 = 9   19 + 19 = 38   72 – 46 = 26
56 – 42 = 14   43 + 58 = 101 38 – 26 = 12   44 – 15 = 29
91 – 11 = 80   92 – 13 = 79   51 – 33 = 18   49 + 44 = 93

4)
11 + 22 + 33 = 66   97 – 17 – 20 = 60   36 + 28 = 14 + 50
22 + 33 + 44 = 99   85 – 16 – 16 = 53   58 – 17 = 26 + 15
19 + 18 + 17 = 54   76 – 15 – 26 = 35   54 + 16 = 90 – 20
28 + 29 + 30 = 87   43 – 9 – 11 = 23   93 – 37 < 21 + 36

5) <, > oder = ?

36 + 24 > 60   53 – 17 < 70   92 – 83 = 9   44 – 39 > 12
19 + 19 > 29   42 – 23 = 19   17 + 34 > 51   56 – 55 < 2
68 + 31 > 88   68 – 68 < 100 34 + 17 > 39   19 + 29 > 48
29 + 59 > 78   45 – 26 > 39   74 – 25 > 39   29 + 19 < 50

235

Lösungen Arbeitsheft / S. 53–56

Mal- und Geteiltaufgaben bis 100 rechnen   zu S. 108/109

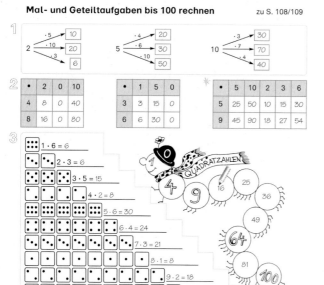

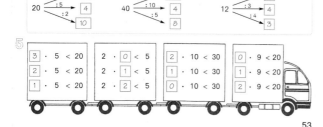

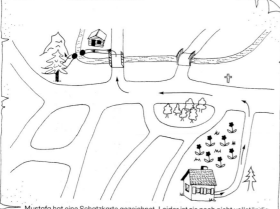

Sachaufgaben   zu S. 110/111

1) Lukas fährt mit dem Fahrrad, Sophia geht zu Fuß. Mit dem Fahrrad kann Lukas fünfmal schneller vorwärtskommen als Sophia. Wie weit ist Sophia gegangen, wenn Lukas 100 Meter zurückgelegt hat?

R: 100 m
10 : 5 = 2,
also Lukas 10 m, Sophia 2 m
10 · 10 = 100   2 · 10 = 20

A: Wenn Lukas 100 m fährt, geht Sophia 20 m weit.

2) Das erste Benzinauto fuhr eine Höchstgeschwindigkeit von über 15 Kilometern in der Stunde. Ein Radprofi schaffte 1925 in der gleichen Zeit 30 Kilometer. Ein Fußgänger kommt in einer Stunde etwa 5 Kilometer weit.
a) Welche Strecken legten dieses Auto, der Radprofi und ein Fußgänger in 3 Stunden zurück?

R:
	Auto	Radprofi	Fußgänger
1h:	15 km	30 km	5 km

3h: Auto: 15 + 15 + 15 = 45
Radprofi: 30 + 30 + 30 = 90
Fußgänger: 5 + 5 + 5 = 15

A:
a) In 3 Stunden schafft das alte Auto 45 km, der Radprofi schafft 90 km und der Fußgänger 15 km.

b) In welcher Reihenfolge würden die drei in einem 15 Kilometer entfernten Nachbarort ankommen, wenn sie gleichzeitig starten?

b) Der schnellste ist der Radprofi. Das Auto wird Zweiter und der Fußgänger Dritter.

c) Kannst du sogar herausfinden, wie viel Zeit jeder dorthin ungefähr brauchen würde?

c) Der Radprofi braucht eine halbe Stunde (30 min), das Auto 1 Stunde, der Fußgänger 3 Stunden.

Eine Schatzkarte zeichnen   zu S. 114/115

Mustafa hat eine Schatzkarte gezeichnet. Leider ist sie noch nicht vollständig.
Zeichne das Fehlende ein.
So lautet seine Beschreibung:
- Der Weg beginnt bei dem Haus.
- Gleich am Anfang steht rechts eine hohe Fichte am Wegrand.
- Zur linken Seite liegt eine große blühende Sommerwiese.
- Nach dem Einbiegen nach links in den Hauptweg siehst du nach ein paar Schritten rechts ein Wegkreuz.
- Nach dem ersten Seitenweg links kommt ein großes Stück Laubwald. Das zieht sich bis zur nächsten Abbiegung auf der gleichen Seite hin.
- Du biegst jetzt in den 2. Seitenweg rechts ein und überquerst die Brücke.
- Vor dem Blockhaus zur linken Seite biegst du wieder ab und gelangst auf einen Waldpfad.
- Zwei große Steine helfen dir beim Überqueren des Baches, der durch eine Waldwiese fließt.
- Nach einigen Schritten triffst du auf einen großen Felsen nahe bei einer hohen Fichte.
- Jetzt musst du den Schatz nur noch finden.

Zeichne ein, welchen Schatz du gerne finden würdest.
Gestalte die freien Stellen in der Schatzkarte nach deinen Ideen.

Mathespaß   zu S. 118/119

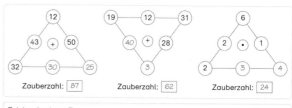

2) Zeichne in einem Zuge nach.

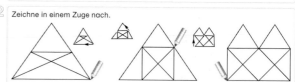

3) Setze das Muster fort.   Erfinde eigene Muster.

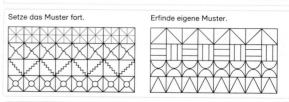

4) Kreuzzahlrätsel

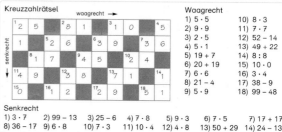

Waagrecht
1) 5 · 5   10) 8 · 3
2) 9 · 9   11) 7 · 7
3) 2 · 5   12) 52 − 14
4) 5 · 1   13) 49 + 22
5) 19 + 7   14) 8 : 8
6) 20 + 19   15) 10 · 0
7) 6 · 6   16) 3 · 4
8) 21 − 4   17) 38 − 9
9) 5 · 9   18) 99 − 48

Senkrecht
1) 3 · 7   2) 99 − 13   3) 25 − 6   4) 7 · 8   5) 9 · 3   6) 7 · 5   7) 17 + 7
8) 36 − 17   9) 6 · 8   10) 7 · 3   11) 10 · 4   12) 4 · 8   13) 50 + 29   14) 24 − 13

23 Kontrollblatt zum Einmaleins

Malnehmen mit Null	Malnehmen mit Eins
9·0, 10·0, 8·0, 1·0, 7·0, 2·0, 6·0, 3·0, 5·0, 4·0 → 0	1 → ·9, ·10, ·1, ·8, ·2, ·7, ·3, ·6, ·5, ·4 → 9, 10, 1, 8, 2, 7, 3, 6, 5, 4

Malnehmen mit Zwei	Malnehmen mit Drei	Malnehmen mit Vier
0 · 2 = 0	0 · 3 = 0	0 · 4 = 0
1 · 2 = 2	1 · 3 = 3	1 · 4 = 4
2 · 2 = 4	2 · 3 = 6	2 · 4 = 8
3 · 2 = 6	3 · 3 = 9	3 · 4 = 12
4 · 2 = 8	4 · 3 = 12	4 · 4 = 16
5 · 2 = 10	5 · 3 = 15	5 · 4 = 20
6 · 2 = 12	6 · 3 = 18	6 · 4 = 24
7 · 2 = 14	7 · 3 = 21	7 · 4 = 28
8 · 2 = 16	8 · 3 = 24	8 · 4 = 32
9 · 2 = 18	9 · 3 = 27	9 · 4 = 36
10 · 2 = 20	10 · 3 = 30	10 · 4 = 40

Malnehmen mit Fünf	Malnehmen mit Sechs	Malnehmen mit Sieben
0 · 5 = 0	0 · 6 = 0	0 · 7 = 0
1 · 5 = 5	1 · 6 = 6	1 · 7 = 7
2 · 5 = 10	2 · 6 = 12	2 · 7 = 14
3 · 5 = 15	3 · 6 = 18	3 · 7 = 21
4 · 5 = 20	4 · 6 = 24	4 · 7 = 28
5 · 5 = 25	5 · 6 = 30	5 · 7 = 35
6 · 5 = 30	6 · 6 = 36	6 · 7 = 42
7 · 5 = 35	7 · 6 = 42	7 · 7 = 49
8 · 5 = 40	8 · 6 = 48	8 · 7 = 56
9 · 5 = 45	9 · 6 = 54	9 · 7 = 63
10 · 5 = 50	10 · 6 = 60	10 · 7 = 70

Malnehmen mit Acht	Malnehmen mit Neun	Malnehmen mit Zehn
0 · 8 = 0	0 · 9 = 0	0 · 10 = 0
1 · 8 = 8	1 · 9 = 9	1 · 10 = 10
2 · 8 = 16	2 · 9 = 18	2 · 10 = 20
3 · 8 = 24	3 · 9 = 27	3 · 10 = 30
4 · 8 = 32	4 · 9 = 36	4 · 10 = 40
5 · 8 = 40	5 · 9 = 45	5 · 10 = 50
6 · 8 = 48	6 · 9 = 54	6 · 10 = 60
7 · 8 = 56	7 · 9 = 63	7 · 10 = 70
8 · 8 = 64	8 · 9 = 72	8 · 10 = 80
9 · 8 = 72	9 · 9 = 81	9 · 10 = 90
10 · 8 = 80	10 · 9 = 90	10 · 10 = 100

24 Kontrollblatt zum Einsdurcheins

Teilen durch Null	Teilen durch Eins	
DURCH 0 KANN MAN NICHT TEILEN. ☐ : 0 = geht nicht	0 : 1 = 0 1 : 1 = 1 2 : 1 = 2 3 : 1 = 3 4 : 1 = 4 5 : 1 = 5	6 : 1 = 6 7 : 1 = 7 8 : 1 = 8 9 : 1 = 9 10 : 1 = 10 ☐ : 1 = ☐

Teilen durch Zwei	Teilen durch Drei	Teilen durch Vier
0 : 2 = 0	0 : 3 = 0	0 : 4 = 0
2 : 2 = 1	3 : 3 = 1	4 : 4 = 1
4 : 2 = 2	6 : 3 = 2	8 : 4 = 2
6 : 2 = 3	9 : 3 = 3	12 : 4 = 3
8 : 2 = 4	12 : 3 = 4	16 : 4 = 4
10 : 2 = 5	15 : 3 = 5	20 : 4 = 5
12 : 2 = 6	18 : 3 = 6	24 : 4 = 6
14 : 2 = 7	21 : 3 = 7	28 : 4 = 7
16 : 2 = 8	24 : 3 = 8	32 : 4 = 8
18 : 2 = 9	27 : 3 = 9	36 : 4 = 9
20 : 2 = 10	30 : 3 = 10	40 : 4 = 10

Teilen durch Fünf	Teilen durch Sechs	Teilen durch Sieben
0 : 5 = 0	0 : 6 = 0	0 : 7 = 0
5 : 5 = 1	6 : 6 = 1	7 : 7 = 1
10 : 5 = 2	12 : 6 = 2	14 : 7 = 2
15 : 5 = 3	18 : 6 = 3	21 : 7 = 3
20 : 5 = 4	24 : 6 = 4	28 : 7 = 4
25 : 5 = 5	30 : 6 = 5	35 : 7 = 5
30 : 5 = 6	36 : 6 = 6	42 : 7 = 6
35 : 5 = 7	42 : 6 = 7	49 : 7 = 7
40 : 5 = 8	48 : 6 = 8	56 : 7 = 8
45 : 5 = 9	54 : 6 = 9	63 : 7 = 9
50 : 5 = 10	60 : 6 = 10	70 : 7 = 10

Teilen durch Acht	Teilen durch Neun	Teilen durch Zehn
0 : 8 = 0	0 : 9 = 0	0 : 10 = 0
8 : 8 = 1	9 : 9 = 1	10 : 10 = 1
16 : 8 = 2	18 : 9 = 2	20 : 10 = 2
24 : 8 = 3	27 : 9 = 3	30 : 10 = 3
32 : 8 = 4	36 : 9 = 4	40 : 10 = 4
40 : 8 = 5	45 : 9 = 5	50 : 10 = 5
48 : 8 = 6	54 : 9 = 6	60 : 10 = 6
56 : 8 = 7	63 : 9 = 7	70 : 10 = 7
64 : 8 = 8	72 : 9 = 8	80 : 10 = 8
72 : 8 = 9	81 : 9 = 9	90 : 10 = 9
80 : 8 = 10	90 : 9 = 10	100 : 10 = 10

Blatt kopieren und laminieren

NOTIZEN

NOTIZEN